Hanspeter Schmitt (Hrsg.)
Der dunkle Gott

Hanspeter Schmitt (Hrsg.)

Der dunkle Gott
Gottes dunkle Seiten

Verlag
Katholisches
Bibelwerk

www.bibelwerk.de
ISBN 10: 3-460-30004-3
ISBN 13: 978-3-460-30004-0
Alle Rechte vorbehalten
© 2006 Verlag Katholisches Bibelwerk GmbH, Stuttgart
Umschlag: Finken & Bumiller, Stuttgart
Satz: Rund ums Buch, Kirchheim/Teck
Druck: Memminger MedienCentrum

Inhaltsverzeichnis

Vorwort 7

Hanspeter Schmitt O.Carm.
Zur Einführung: Der dunkle Gott als
Chance des Menschen 8

Georg Langenhorst
Zuviel „Warum" gefragt? Hiob in der
Literatur unserer Zeit 13

Margit Eckholt
Nicht ohne Dich. Der verletzte Wanderer
und der fremde Gott.
Eine Annäherung an Michel de Certeau SJ 34

Georg Beirer
Der Mensch – ratlos vor dem Bösen?
Ein psychologisch-spiritueller Bewältigungsversuch 63

Martin Neubauer
Offenbarung? Dichtung? Wahn?
Anna Katharina Emmerick und Clemens Brentano 91

Hanspeter Schmitt O.Carm.
Gott und Moral. Befreiende Praxis in Gerechtigkeit,
aus Gnade 115

Maria Katharina Moser
„Nicht länger ein Mann, nicht länger weiß
und aus Europa". Zum Gottesbild aus
feministisch-theologischer Perspektive 145

Michael Plattig O.Carm.
Gott in dunkler Nacht.
Krise des Glaubens und der Erfahrung 161

Dominik Burkard
Vom Leiden an der Inquisition. Gottes Verdunkelung
im institutionellen Handeln der Kirche 198

Verzeichnis der Autorinnen und Autoren 213
Quellennachweis 215

Vorwort

„Der dunkle Gott". Unter diesem Titel fand von November 2004 bis März 2005 im Bildungshaus Marianum des Bamberger Karmelitenklosters eine Vortragsreihe statt. Die fünf ersten Beiträge des hier vorliegenden Sammelbandes wurden im Rahmen dieser Reihe gehalten. Die noch hinzu genommenen Aufsätze ergänzen das Thema um wesentliche strukturelle Aspekte.

Ich bedanke mich bei den Autorinnen und Autoren herzlich für die geleistete Arbeit und ihr persönliches Engagement. Das Institut für Spiritualität (Münster) unter Leitung von Michael Plattig O.Carm. sowie das Bildungshaus Marianum der Karmeliten (Bamberg) unter Leitung von Richard Winter O.Carm. haben durch großzügige Zuschüsse diese Veröffentlichung ermöglicht. Auch dafür herzlichen Dank. Schließlich gebührt dem Verlag Katholisches Bibelwerk (Stuttgart) mit ihrem Geschäftsführer Jürgen Schymura Anerkennung für die gezeigte Unterstützung und die Aufnahme des Bandes in das Verlagsprogramm. Christine Strehl und Roland Weeger haben mit beeindruckender Präzision Korrektur gelesen und die Form des Bandes entscheidend gefördert. Natascha Müller war beim „Gegenlesen" eine wertvolle Hilfe. Ihnen ganz herzlich „Danke"!

Gewidmet ist der Band den Interessenten wie den Verantwortlichen des Projektes „Gelebte Mystik". Seit Jahren wird es im Bamberger Marianum vorangetrieben und trifft auf eine bleibend hohe Resonanz.

Bamberg, im Februar 2006
Hanspeter Schmitt O.Carm.

HANSPETER SCHMITT

Zur Einführung:
Der dunkle Gott als Chance des Menschen

Kaum jemand, der nicht um bedrückende Erfahrungen weiß, die Menschen zutiefst treffen können. Leid, Entfremdung, Angst oder pure Bosheit belasten das persönliche Leben. Aber auch Probleme, die unmittelbar mit den gesellschaftlichen Systemen und Strukturen zu tun haben, beschädigen und verhindern menschliches Lebensglück. Man denke an Armut, Geschlechterdifferenzen oder rigorose bzw. fundamentalistische Formen der Vermittlung von Moral und religiöser Orientierung.

Im Kontext von Kirche und Glauben wurden und werden solche Erfahrungen direkt mit Gott in Verbindung gebracht, aber auf unterschiedliche Weise. Sie werden gerne verdrängt, indem man allzu eilig eine „passende" Gottesrede „darauf setzt": Gott als der Trost in allem Leid, die Rettung in Gefahr, die siegreiche Macht über Bosheit und Tod, das Licht in der Nacht, der Erlöser in Schuld und Versagen. So aber benutzt man das Wort „Gott" wie eine fixe Formel, wie ein Allheilmittel gegen die Abgründe und Unwägbarkeiten des Lebens. Andere halten Gott lieber aus allem heraus, sprechen ihn frei, lassen ihn ungeschoren. Dann ist ein ominöses Schicksal oder der Mensch selbst an allem schuld. Gott hat nichts damit zu tun.

Beides hilft nicht weiter. Deutungen dieser Art – zumal wenn sie schablonenhaft und belehrend eingetragen werden – machen stumm. Sie bringen den Menschen dazu, sein Leid, seine Verwirrung und die damit verbundene existentielle Empörung zu verschweigen oder spirituell zu überhöhen. Sie verhindern den Aufschrei, die Klage, die bohrende „Rückfrage nach Gott" (J. B. Metz). Sie wollen den tiefen Zweifel an Gottes befreiender Gegenwart flugs entschärfen, wegtrösten und stilllegen.

Mutiger ist es, die bohrende Rückfrage nach Gott in ihrer ganzen Unruhe und Schärfe zuzulassen. Man muss sie aussprechen und wenn nötig hinausschreien dürfen. Erst auf diese Weise bringt man die volle Realität des Daseins ungeschminkt mit dem zusammen, was Menschen „Gott" nennen. Dabei wird eines offenbar: Mit Gott kann man die Verwerfungen, Krisen und Abstürze des Lebens nicht schlüssig erklären. Gerade deshalb lässt diese Rückfrage Gott nicht mehr los. Sie zieht ihn hinein in die dunklen Abgründe menschlicher Existenz. Er muss doch etwas damit zu tun haben, wenn er – wie jüdisch-christlich bekannt wird – der Gott der Väter, der Welt und der Geschichte ist! So gesehen und formuliert, wird Gott zum „dunklen Gott", denn nun steht er selbst in Frage. Er ist angesprochen, wird herausgefordert, manchmal sogar angeklagt angesichts der radikalen Fraglichkeit und Bedrängnis seiner Schöpfung: Wo bist du, Gott? Antworte! Was sind deine Verheißungen noch wert?

Ein solcher Aufschrei nimmt die Verheißungen Gottes so ernst wie sonst keine menschliche Äußerung. Aber er hinterfragt sie auch und klagt ihre Erfüllung mitten in Not und Verzweiflung ein. Das führt in den Dialog mit dem „dunklen Gott". Dieser Dialog ist in allen Epochen der jüdisch-christlichen Glaubensgeschichte aufgebrochen, oft quer zur herrschenden Theologie und Frömmigkeit. Es ist kein Frevel, mit Gott so zu reden und zu streiten, sondern vielmehr eine lebensgeschichtliche Notwendigkeit. In Krisen und an Brüchen und Grenzen stellt dieser Dialog eine ehrliche, wenn auch anstrengende Form der Auseinandersetzung und des Überlebens dar. Sich mit Gott zu befassen, ihn angesichts der Dunkelheit nach seiner Verheißung zu fragen, heißt, nicht einfach zu verstummen und zu zerbrechen. Es bedeutet, wach zu bleiben, gegen den Skandal des sinnlosen Leidens und der Unterdrückung zu protestieren und die Hoffnung auf Heilung und Befreiung nicht völlig aufzugeben. Es bedeutet – einen Weg, obwohl alles weglos erscheint.

Das ist der Sinn des „dunklen Gottes": ein Weg in Weglosigkeit wird möglich. Ein steiniger Weg, dem man die Lasten des Lebens ansieht. Ein Weg ohne schnelle Tröstung, ohne glatte Logik. Ein Weg im Widerstreit mit Gott, gegangen unter Klagen und Tränen. Ungestillt bleibt auf diesem Weg die Sehnsucht nach dem Land des Friedens. Und doch – auf dem Weg!

Man ist auf diesem Weg dem eigenen Menschsein mehr auf der Spur als in den Katechismen und philosophischen Handbüchern, dem Menschsein als einer offenen, geschichtlich wachsenden und stets auch gefährdeten Existenz. Vielleicht ist man hier auch Gott näher, dem biblischen Gott zumal. Er bleibt verborgen und fremd – und doch rührt er den Menschen an, ruft ihn und will ihm begegnen. Es bezeichnet das Wesen dieses Gottes, der menschlichen Fraglichkeit und Fassungslosigkeit niemals auszuweichen. Er bleibt ihr nicht fern, setzt sich ihr ohne Einschränkung aus. So hilft er, sie ins Wort zu bringen und zu leben.

Die folgenden Beiträge zeigen, wie sich das in unterschiedlichen Dimensionen möglicher Frustration und Dunkelheit darstellt:

- *Georg Langenhorst* beschäftigt sich anhand der modernen lyrischen Rezeption der Hiobsgestalt mit Leid, das keinen Sinn mehr hat und nur noch zerstörerisch wirkt. Im Spiegel dieser Wahrnehmung erscheint der biblische Weg als eine Form der Leidbewältigung, die vor Gott nichts zu beschönigen oder zu verschweigen braucht.

- *Margit Eckholt* erschließt mit den Schriften des französischen Philosophen und Theologen Michel de Certeau SJ eine wertvolle spirituelle Quelle, die im deutschen Sprachraum nahezu unbekannt ist. Es tritt hier das Wagnis der Fremde als alltägliche und zugleich spirituelle Wegerfahrung hervor, in der sich Gott – jenseits abschließender Begriffe – neu zu erkennen gibt.

- *Georg Beirer* widmet sich dem Phänomen persönlicher oder fremder Bosheit; gemeint sind Aggressionen und destruktive Mächte, die wie Schatten unter der Oberfläche des Verhaltens lauern und „heraus" wollen. Sie produktiv zu gestalten, stellt die eigentliche Herausforderung eines existentiell vollzogenen Glaubens dar und führt in eine neue Selbsterfahrung.

Einführung

- *Martin Neubauer* bringt gleichfalls höchst grenzwertige Situationen zur Sprache, dies am Beispiel der Begegnung zwischen Clemens Brentano und Anna Katharina Emmerick. Darin kommen Verrücktheit und Vision, dunkles Leiden und Erleuchtung einander so nahe, dass sie nur schwer zu unterscheiden sind und gerade deshalb betroffen machen und zu denken geben.

- *Hanspeter Schmitt* untersucht Phänomen und Wirkung einer angstbesetzten, bedrückenden Moral. Sie ist auf Normen blind fixiert, verfährt rigoros und autoritär – und nicht selten in Gottes Namen. Auf diese Weise aber hält sie den Menschen klein und unmündig, anstatt ihm zu helfen, in seine Freiheit und Verantwortung hineinzuwachsen und gerecht leben zu lernen.

- *Michael Plattig* nähert sich der „dunklen Seite" des Glaubens und meint notwendige Krisen und Prozesse, die eine innere und äußere Wandlung des Menschen provozieren. Hierfür interpretiert er Erfahrungen, wie sie bei Therese von Lisieux, Marie Noël, Karl Rahner und Michel de Certeau zu finden sind, um daraus pastoraltheologische Konsequenzen zu ziehen.

- *Maria K. Moser* reflektiert anhand praktischer Recherchen die Beschaffenheit und Wirkung einer von „männlichen und europäischen Begriffen" besetzten Gottesrede. Dabei weist sie auf die Belastungen einer solchen Theologie für die weibliche Glaubensidentität hin, beschreibt aber auch ihre subtile psychostrukturelle Dynamik bezüglich des Missbrauchs von Kindern.

- *Dominik Burkard* stellt sich anhand zweier Beispiele dem Phänomen des Häresieverdachtes, dessen ambivalente Folge das bekanntlich oft leidvolle Faktum inquisitorischer Verfahren war. Für nicht wenige Theologinnen und Theologen aller Zeiten wurden solche Situationen zur Belastung, mit der sie als gläubige Menschen zu leben und umzugehen hatten.

Gewiss wären noch weitere – sowohl personale wie strukturelle – Aspekte dieses Themas aufzugreifen und zu beschreiben. Entscheidend bleibt es, den Abgründen, Krisen und Grenzen des Lebens nicht auszuweichen, sondern sich ihnen konkret zu stellen. Der „dunkle Gott" bietet hierfür zentrale Sprach- und Wegmöglichkeiten an. Sie werden durch persönliche wie kirchliche Formen des Glaubens vermittelt und getragen. Nicht Vertröstung oder Ergebung sind hier angesagt, sondern Sammlung und Aufbruch, und zwar oftmals als Klage und Widerstand. So wird der „dunkle Gott" zur Chance des Menschen.

GEORG LANGENHORST

Zuviel „Warum" gefragt?
Hiob in der Literatur unserer Zeit

„Er las im Buch Hiob, und er las mit klopfendem Herzen."[1] Er, das ist Raimund Gregorius, ein alternder Lehrer, der sein gewohntes Leben von einem Tag auf den anderen hinter sich lässt, nach Portugal fährt und sich dort auf eine faszinierende Suche nach dem geheimnisvollen Autor eines Buches, letztlich jedoch auf die Suche nach sich selbst begibt. Er, das ist der Protagonist eines der reizvollsten Romane der letzten Jahre, 2004 erschienen: „Nachtzug nach Lissabon", veröffentlicht unter dem Pseudonym *Pascal Mercier*, hinter dem sich der in Berlin lehrende Schweizer Philosoph *Peter Bieri* verbirgt. Er, das ist einer der jüngsten Zeugen, welche die bleibende Aktualität und Provokation Hiobs bezeugen: „Hat Hiob nicht jeden Grund zu seiner Klage?"[2]

Denn tatsächlich: Bis in unsere Zeit hinein identifizieren sich zahllose Menschen im Leid mit dem biblischen Hiob. Wie keine andere Gestalt der Geistesgeschichte symbolisiert er das Ringen des schmerzgeplagten Unschuldigen mit seinem Gott, der angesichts des Leidens zum Rätsel, zur unbeantworteten Frage geworden ist: „Was ist von einem solchen Gott zu halten? Einem Gott, der Hiob vorwirft, dass er mit ihm rechte, wo er doch nichts könne und nichts verstehe?"[3] Im Gespräch mit seinen Freunden versucht der biblische Hiob, diesem Urproblem auf den Grund zu gehen. In diesem Ringen um Gott aber ist er eigentlich zeitlos, ist Hiob gerade uns – den Menschen des 20. und 21. Jahrhunderts – ein Zeitgenosse.[4] Das wird bei einem genaueren Blick in das biblische Buch selbst deutlich.

---
1 Pascal Mercier, *Nachtzug nach Lissabon*. Roman, München/Wien 2004, 172.
2 Ders., ebd. 199.
3 Ders., ebd.
4 Zum gesamten Thema vgl. Georg Langenhorst, *Hiob unser Zeitgenosse. Die literarische Hiob-Rezeption im 20. Jahrhundert als theologische Herausforderung*, Mainz 1994; Ders., *Hiobs Schrei in die Gegenwart. Ein literarisches Lesebuch zur Frage nach Gott im Leid*, Mainz 1995. Dort weitere Hinweise auch auf exegetische Grundlagenliteratur.

1. Die bleibende Faszination des biblischen Hiob

Von einem theologischen Diskurs zwischen Hiob und seinen Freunden oder Tröstern zu sprechen, würde die Grundsituation des Hiobbuches falsch wiedergeben. Zwar streiten sie mit- und gegeneinander um Gott und um die Möglichkeit des Menschen, von der Schöpfung und der Weltordnung recht zu sprechen, aber wie unterschiedlich sind die Ausgangspositionen dieses Gesprächs: Hier Hiob, Urbild des Leidenden, der als gerechter Frommer die schlimmstmöglichen Qualen erleiden muss, schmerzgeplagt im Unrat sitzend – dort sie, seine Freunde, bei ihm, um im Leiden tröstend an seiner Seite zu sein. Hier Hiob, der leidenschaftlich seine vorherige Dulderhaltung des Demütigen aufgibt, um trotzig seine rebellischen Klagen hinauszuschreien und den Tag seiner Geburt zu verfluchen – dort sie, die sich herausgefordert sehen, ihren Gott und ihre Theologie angesichts dieser Hiobsklage zu verteidigen.

Doch merkwürdig: Betrachtet man sich die Hiobdialoge genauer, so wird deutlich, dass Hiob letztlich genau demselben Denksystem folgt wie seine Freunde – um freilich für seinen ‚Fall' zu völlig anderen Schlüssen zu gelangen. Die Freunde streiten vehement für eine theologische Grundposition, die man mit einem unschönen theologischen Fachbegriff den ‚Tun-Ergehen-Zusammenhang' nennt. Gott gewährt demnach eine gerechte Weltordnung, in der jedem genau das zukommt, was er verdient. Aus diesem theologischen Motiv, das ursprünglich einer Sehnsucht auf künftige Gerechtigkeit entspringt, wurde in der Entstehungszeit des Hiobbuches ein rückwärtsgewandtes System der vorgeblichen Analyse. Demnach könne man umgekehrt am konkreten Schicksal eines Menschen seinen wahren Charakter ablesen. Daraus schließen die Freunde Hiobs: Wenn es ihm schlecht geht, so verdient er sein Schicksal. Gott schickt ihm das Leiden, um ihn auf ein Vergehen aufmerksam zu machen. Wenn Hiob nur bereut, so wird Gott sein Leben wieder zum Guten wenden.

Hiob aber weiß sich – mit Recht – als völlig schuldlos. Gott selbst hat ihn doch als seinen „Knecht" (1,8) ausgewiesen. Er streitet also deshalb so vehement mit seinen Freunden, weil er weiß, dass ihre theologischen Erklärungsmuster in seinem Fall gerade nicht greifen. Der ‚Tun-Ergehen-Zusammenhang' scheint bei ihm rätselhaft außer Kraft gesetzt. Auch wir als Leser wissen, dass die Erklärungsmuster der Freunde nicht greifen, weil wir Zeugen des ‚Prologs' waren, den Hiobs Freunde nicht kennen können. So wendet sich Hiob von seinen Freunden ab, die ihn nicht verstehen oder trösten können, und richtet seine Klagen direkt an Gott. Er fordert Gerechtigkeit ein, will Gott auf ein vermeintliches Versehen im Schöpfungsplan aufmerksam machen – eben sein unschuldiges Leiden. Doch entscheidend: Auch für Hiob ist Gott letztlich nur so vorstellbar, dass er Fromme belohnt und Böse bestraft.

Wenn er in seinen Klagereden Gott gegenüber das Gegenteil zu behaupten scheint, so nur deswegen, um Gott zu provozieren, sich doch wieder als Gerechter zu erweisen: „Schuldlos wie schuldig bringt er um" (9,22) – nichts anderes ist dies, als der Versuch, Gott daran zu erinnern, dass er sich anders verhalten müsste. Mit dieser Vorstellung aber reiht sich Hiob in dasselbe Denksystem ein, aus dem heraus auch seine Freunde argumentierten. Der Unterschied ist nur graduell: Sie behaupteten, der ‚Tun-Ergehen-Zusammenhang' bestehe – er fordert, dass dieser Zusammenhang bestehen *möge*. Denn dann würde Gott ihm, dem Unschuldigen und Frommen, ja wieder das ihm zustehende glückliche Leben ermöglichen. Doch was für eine Konstellation: Da fordert Hiob, der leidende Mensch, Gott zu einem Prozess heraus, in dem Gott gleich drei Rollen auf einmal spielen soll: den des Angeklagten, den des Richters und den des Zeugen für seine ‚Unschuld'!

2. Warum Hiob recht von Gott spricht

Das kaum Erwartete geschieht: Gott antwortet dem Hiob aus dem Wettersturm – wenn auch in einer Art und Weise, die Bibelleser aller Zeiten ratlos zurückgelassen hat. Hiob selbst aber scheint mit der Antwort zufrieden, besänftigt, getröstet.

Das Buch leitet sein Schlusskapitel (42) mit der folgenden Szene ein:[5]

> 1 Und Ijob antwortete JHWH und sprach:
> 2 Ich habe erfahren, daß Du alles kannst,
> und daß DIR nicht unmöglich ist irgendein Planen
> 3 „Wer, der den Plan verhüllt, ohne Einsicht?" –
> Deshalb redete ich, ohne zu begreifen, von Dingen,
> die mir zu wunderbar sind, und erkannte sie nicht.
> 4 „Höre doch! **Ich** will reden!
> Ich will DICH fragen, laß es mich wissen!" –
> 5 Vom Hörensagen hatte ich von DIR gehört,
> jetzt aber hat mein Auge DICH gesehen.
> 6 Deshalb widerrufe ich und bereue
> auf Staub und Asche.
> 7 Und nachdem JHWH jene Worte zu Ijob geredet hatte, sprach JHWH zu Elifas von Teman: „Mein Zorn ist entbrannt gegen dich und deine beiden Freunde, denn ihr habt nicht geredet über mich Richtiges wie mein Knecht Ijob."

Diese Zeilen sind das Herzstück des Hiobbuches, und ein Verständnis der ‚biblischen Hiobsbotschaft' ist nur von hier aus möglich. Freilich: Wie viele Rückfragen an das Textgefüge drängen sich auf! Vers 7 hält unwiderruflich fest: Hiob *hat* recht geredet von Gott. Aber warum widerruft er dann in Vers 6 – er hat doch recht geredet? Warum bereut er, was doch mit göttlicher Autorität als richtig bestätigt wird? Wie ist diese zentrale Spannung zu lösen? Wir wollen uns einer möglichen Antwort in vier Schritten annähern:

1. Sicherlich ist das Buch Hiob keine textliche Einheit, zeichnet es sich mehr als andere biblische Bücher durch Brüche und Sprünge, gegenläufige Aussagereihen, Einfügungen und Textunsicherheiten aus. Theologische Schulen haben Aussagen neben Gegenaussagen gestellt und so eine einheitliche Deutung un-

---

[5] Die hier abgedruckte Übersetzung stammt von HEINZ-GÜNTHER SCHÖTTLER, einzelne Textbausteine meiner Ausführungen sind entnommen: GEORG LANGENHORST, *Lob des Zweifels – Hiob spricht recht von Gott. Ijob 42,1-7*, in: GABRIELE MILLER/FRANZ W. NIEHL (Hg.), *Von Batseba – und andere Geschichten. Biblische Texte spannend ausgelegt*, München 1996, 11-28.

möglich gemacht. Gerade an dem in Hiob brennspiegelartig gebündelten Problem der Rückfrage nach Gott angesichts unschuldigen Leidens haben Denker, Autoren und Redaktoren vieler Jahrhunderte gearbeitet – wobei sich die Fachexegeten über Ort und Zeit der Entstehung letztlich genauso wenig einigen können, wie über die entstehungsgeschichtliche Reihenfolge der Textbausteine.[6]

Auch der oben zitierte Text zeichnet sich durch einen solchen Sprung aus: Die Verse 1-6 – offensichtlich zum Teil als Zitat zu verstehen – sind in Gedichtform verfasst und gehören zu den Gottesreden. Vers 7 hingegen ist in Prosa gehalten und wird zur Rahmenerzählung gezählt. Aber was besagen diese Zuordnungen über die Auskunft hinaus, dass schon in den Jahrhunderten der vorchristlichen jüdischen Geschichte um das Hiobproblem intensiv gerungen wurde? Der heute vorliegende Text ist als solcher kanonisiert worden und liegt als solcher der folgenden Rezeptionsgeschichte bis in unsere Zeit hinein zugrunde. Die Endgestalt hat ihre eigene Logik und Stimmigkeit, von ihr aus ist das Buch zu betrachten. Von dieser Grundprämisse gehen die folgenden Deutungsansätze aus.

2. Der Zielpunkt der Aussage in Vers 7 richtet sich an die Freunde Hiobs: Sie haben nicht recht geredet von Gott. Gegen ihre Rede wird Hiobs ‚recht Sprechen' profiliert. Keinesfalls liegt Hiobs ‚recht Sprechen' also darin begründet, dass er sein Reden widerruft und bereut (42,6) – denn das geschieht unabhängig vom Kontext der Auseinandersetzung mit den Freunden.

Was aber hatten die Freunde gesagt, das hier so vehement mit göttlicher Autorität zurückgewiesen wird? Ihre These war die, dass der ‚Tun-Ergehen-Zusammenhang' als von Gott gewährtes Erklärungssystem die vom Menschen erkennbare Ordnung dieser Welt sei. Eine solche Vorstellung wird hier definitiv verneint: Nach dem Hiobbuch ist die Rede von einem unmittelbaren Zusammenhang von Tun und Ergehen als übergreifen-

---

6 Vgl. etwa FELIX GRADL, *Das Buch Ijob. Neuer Stuttgarter Kommentar – Altes Testament, Bd. 12*, Stuttgart 2001.

dem Erklärungsmuster letztgültig zurückgewiesen: Wer so spricht, redet „nicht Richtiges" über Gott. Damit ist nicht gesagt, dass es diesen Zusammenhang nicht tatsächlich gäbe. Immer wieder bestätigt sich in der Erfahrung, dass eigenes Tun oder Unterlassen konkrete Konsequenzen für das eigene Leben zeitigen, im Guten wie im Bösen. Auch wird damit nicht geleugnet, dass eine damit verbundene Hoffnung auf einen gerechten Gott zu den unaufgebbaren Vorstellungen des Monotheismus gehört. Vielmehr wird allein festgestellt, dass dieses Prinzip als allgemeingültiges Welterklärungssystem nicht dienen kann.

Doch mehr noch: Nicht nur das ‚Was', der Inhalt der Freundesrede wird getadelt, auch ihre Sprechhaltung, das ‚Wie', erhält eine klare Absage: Wer meint, einem subjektiv Betroffenen eine vermeintlich fertige und widerspruchsfreie Theologie ‚um die Ohren schlagen' zu müssen – und sei es in Sorge um die rechte Lehre – wird dem Verdikt des Hiobbuches verfallen: *„Ihr habt nicht geredet über mich Richtiges".*

3. Was aber heißt dies für das ‚recht Sprechen' Hiobs über Gott und über sein bereuendes „Widerrufen"? Hier hilft dem heutigen Leser nur eine in der Textlogik weiterdenkende Ausdeutung, der Text des Buches selbst bleibt unklar. – Wie oben gezeigt, blieb Hiob zunächst genau wie die Freunde im Vorstellungsrahmen des ‚Tun-Ergehen-Zusammenhangs'. Er fordert von Gott Gerechtigkeit. Ihm stehe als Schuldlosem ein Wohlergehen zu, das Gott zu garantieren oder wiederherzustellen habe!

Diese Vorstellung aber weist Gott ja bei den Freunden gerade zurück. In den Gottesreden bezeugt er sich als schöpfungsmächtig, aber in einer Art und Weise, die sich eben nicht nach menschlichen Nützlichkeitserwägungen messen lässt. Die von ihm durch alle Unverständlichkeit hindurch und zum Guten hin orientierte Schöpfungsordnung ist nicht nach menschlichen Kriterien erstellt – damit aber fällt auch die Vorstellung des ‚Tun-Ergehen-Zusammenhangs' in sich zusammen! Hiob widerruft? – Zurecht, denn die von ihm klagend eingeforderte Weltsicht erweist sich als unzureichend. *Zusammen* mit den Freunden muss Hiob Abschied nehmen von der Forderung, Gott habe sich nach menschlichen Gerechtigkeitskriterien zu orientieren. Gerade so aber wird er frei für eine neue Gottesbeziehung, die nicht auf Forderung und Recht aufgebaut ist, sondern auf Gottes freie Güte.

4. Wieso aber hat Hiob dann letztlich doch ‚recht gesprochen' von Gott? – Sein ‚recht Sprechen' dürfte sich vor allem an der Art und Weise seiner Rede festmachen. Er, der Leidende, wendet sich eben nicht ab von Gott, sondern im Gegenteil zu ihm hin. Seine leidenschaftliche Klage kann sich dabei bis zur Anklage steigern: „Die Erde ist in Frevlerhand gegeben" (9,24)! Aber sie bleibt stets – in allem Zweifeln, in aller Herausforderung und in aller Härte – ein Ringen *um* Gott und *mit* Gott. Sicherlich, dem Leidenden bleibt auch nach Hiob die Möglichkeit, in Demut und Duldsamkeit sein Schicksal zu tragen. Auch Hiobs „Der Herr hat gegeben, der Herr hat genommen, der Name des Herrn sei gelobt" (1,21) bleibt ein ‚recht Sprechen' von Gott – doch wird ihm auf der anderen Seite des Spannungsbogens das Recht zur Klage, ja Anklage gleichfalls zugesprochen. Beides macht das ‚recht von Gott sprechen' aus und jeder Einzelne hat das Recht, die ihm gemäße Form zu wählen. Nur in dem somit beschriebenen Spannungsbogen wird dem Leidenden in den Fußstapfen Hiobs ein Weg gewiesen, zweifeln zu dürfen, ohne verzweifeln zu müssen.

3. Hiob in tausenderlei Gestalt

Quer durch alle Epochen der Geistesgeschichte hindurch haben Menschen das Hiobbuch gelesen und teilgenommen an dem Ringen Hiobs um Gott. Und was haben sie nicht alles im Spiegel ihrer eigenen Erfahrung in diesen Hiob hineingedeutet! Welch Vielfalt der Ausgestaltungen in bildender und darstellender Kunst, in allen Gattungen der Literatur[7], in Deutungsversuchen der Philosophie und Theologie! Schon ein erster Blick[8] auf

---

7 Vgl. dazu allgemein: GEORG LANGENHORST, *Theologie und Literatur. Ein Handbuch*, Darmstadt 2005.
8 Vgl. DERS., *Hiob unser Zeitgenosse*, s. Anm. 4.

ausgesucht eigenprofilierte Deutungen spannt ein schier unüberschaubares Ideen-Netz aus:

Da scheint in Hiob das geradezu archetypische Modell einer „authentischen Theodizee" auf (*Immanuel Kant*), während er anderswo die Notwendigkeit der menschlichen Liebe angesichts eines fühllosen Weltenlenkers illustriert (*Archibald MacLeish*). Da wird Hiob zum einen zur kollektiven Symbolfigur des jüdischen Volkes, dessen Leidgeschichte er im Voraus durchleben musste (*Margarete Susman*), zum anderen als Beleg für einen innerbiblischen Auszug aus der monotheistischen Gottesidee vereinnahmt (*Ernst Bloch*). Da kann Hiob als tiefenpsychologisch ausgedeutete Zeugengestalt für eine moralische Niederlage Gottes gegenüber dem Menschen betrachtet werden, die jenen ‚als Ausgleich' zur Menschwerdung in Jesus Christus zwang (*Carl Gustav Jung*), gleichzeitig aber den universalen Sündenbockmechanismus veranschaulichen, den alle Gesellschaften zur Bewahrung ihrer religiösen Identität bräuchten (*René Girard*). Da erkennt man in Hiob einerseits den theologischen Prototyp, der als ein früher Zeuge die prophetische wie betrachtende Gottesrede der Befreiungstheologie verwendete (*Gustavo Gutiérrez*), während er andererseits seine wahre Antwort erst durch die Erlösungstat Jesu Christi erlange (*Paul Claudel*).

Und mehr noch: Für zahllose Zeitgenossen wurde dieser Hiob zur biographischen Bezugs-, ja Identifikationsgestalt. Im Bild Hiobs begriffen sich etwa Schriftsteller wie *Josef Roth*, *Yvan Goll* oder *Karl Wolfskehl* und gaben so ihrem Leiden eine letzte Sinndimension. Dieser Hiob trägt wahrlich tausend Gesichter, er ist zu einem Zeitgenossen der Menschen des 20. und 21. Jahrhunderts geworden. Das bedeutet nicht, dass alle Dimensionen des biblischen Vorläufers kritiklos übernommen würden, im Gegenteil: Die Beschäftigung mit Hiob realisiert sich in Auseinandersetzung, in Abwehr und Neudeutung. Vor allem in der Lyrik lassen sich zahllose Hiobdeutungen finden. Vier in sich typische und herausragende Gedichte möchte ich im folgenden näher betrachten.

4. Eine christliche Lyrikerin deutet Hiob: Eva Zeller

An den Anfang möchte ich ein Gedicht von Eva Zeller (*1923) stellen, das 1969 entstand und 1971 zum ersten Mal veröffentlicht wurde.[9] Ihr Hiob-Text ist eine deutendbündelnde Zusammenfassung, versehen mit einigen vorsichtig eingefügten Eigendeutungen.

HIOB

Als er nicht mehr wußte
an welchen
der Heiligen
er sich wenden
Wer
seine Verteidigung
übernehmen sollte
auf seinem Beschwerdegang

er sich lieber die Zunge abbiß
als den Namen
dessen zu nennen
der ihn zum Sprichwort
unter den Leuten gemacht
und ihm eine Wunde
nach der anderen geschlagen

bedachte er
wo er selbst gewesen war
als die Erde gegründet
ihr die Richtschnur gezogen
das Band des Orion gebunden

dem Adler befohlen wurde
so hoch zu fliegen
und seinen Jungen
das Blut der Erschlagenen
zu saufen

---

9   EVA ZELLER, *Sage und Schreibe. Gedichte*, Stuttgart 1971, 65-67.

Wo er denn gewesen war
als dem Wind sein Gewicht
dem Licht seine Geschwindigkeit
dem Meer seine Fußstapfen gesetzt
dem Krokodil
seine Schuppen gesteckt
fest und eng ineinander
daß die Angst vor ihm herhüpft

da meinte er nicht mehr im Ernst
das Einhorn müßte ihm dienen
und der Mond
müßte ihm Kußhände zuwerfen

er wurde vielmehr gewahr
daß der
der seine Seele betrübt
der ihm sein Recht verweigert
und ihn verändert
wie Lack unter dem Siegel

derselbe ist
dem nichts zu schwer wird
was er sich vorgenommen
dessen Unsichtbarkeit
ihn kaputt macht
den seine Hände betastet haben
der sich als letzter
über den Staub erheben
und ihn aus der Erde
aufwecken wird

Es soll hier nicht um eine genaue Detailanalyse gehen, sondern nur um zwei Zentralmotive der dichterischen Gestaltung.

1. Hiob, der Leidende, der eindeutig von Gott Geschlagene, bedenkt hier *selbst* seinen eigenen Standort im Rahmen des Weltganzen. Die im Mittelteil des Gedichtes aufgerufenen kosmologischen Bilder entnimmt Eva Zeller dabei sehr bewusst zum größten Teil aus dem Hiobbuch selbst. Ihr Hiob relativiert hier freilich selbst seinen Anspruch auf Verständlichkeit der Welt und seine Erwartung der Zentriertheit der Schöpfung auf seine menschlichen Bedürfnisse hin. Die Selbstoffenbarung Got-

tes aus dem Hiobbuch ist hier – unserer Zeit angepasst – einem autonomen Erkenntnisprozess des Menschen gewichen.

2. Die Hoffnung, die Hiob schließlich zu einer Überwindung seiner Leidenssituation führt, speist sich hier aus einer Quelle, die über den biblischen Hiob hinausgeht. Eva Zeller greift dabei eine breit belegte christliche Ausdeutungstradition auf: In einer zentralen Szene des biblischen Hiobbuches (19,25-27) beschwört Hiob seinen „Löser", der ihn aus seinem Leiden „auslösen" wird. Schon sehr früh haben christliche Deuter – gegen die Intention des biblischen Textes, aber in legitimer *Deutungs*-Perspektive – aus diesem „Löser" einen ‚Erlöser' gemacht und als Christuspräfiguration verstanden. So weitet sich auch für Eva Zellers Hiob der Blick auf eine „Aufweckung", „Auferweckung" am Ende der Zeit. Gott bleibt hier – durchaus dem biblischen Denken angepasst – in sich zwiespältig als Verursacher und gleichzeitig als potentieller Überwinder von menschlichen Leid-Erfahrungen. Der in seiner irdischen Existenz „betrübte", „kaputtgemachte" Hiob gründet seine Hoffnung auf den jenseitigen Erlöser, der nicht explizit, aber ganz sicher implizit als Christus zu denken ist.

5. Ein atheistischer Lyriker deutet Hiob: Johannes R. Becher

Mit dem zweiten Text betreten wir eine völlig andere geistige Welt. Johannes R. Bechers (1891-1958) ebenfalls schlicht „Hiob"[10] benanntes Gedicht wird im Jahre 1949 entstanden sein. Becher, überzeugter und selbsternannter Kommunist und Atheist, ist zu diesem Zeitpunkt nach mehr als zehnjährigem Exil in der UDSSR in die DDR zurückgekehrt, lebt in Berlin als Präsident des „Kulturbunds zur demokratischen Erneuerung Deutschlands". Er schreibt dieses Gedicht als Auseinanderset-

---

10 JOHANNES R. BECHER, *Gesammelte Werke, Bd. VI: Gedichte 1949-1958*, Berlin/Weimar 1973, 43. Vgl. GEORG LANGENHORST, *Gedichte zur Bibel. Texte – Interpretationen – Methoden*, München ²2004, 156-158.

zung mit der Frage nach dem Leid im Wissen um Auschwitz und Hiroshima.

HIOB

Er bittet nicht, daß Gott sein Leiden wende,
Mitleiden ist es und ist Vorerleiden,
Und aller Leiden leidet er zu Ende.
In seiner Brust und in den Eingeweiden

Liegt bloß die Welt in ihrem Leidensgrund.
O Leidensabgrund, der wird offenbaren
Den Menschen sich nach aber tausend Jahren,
Vorhergesagt aus seinem, Hiobs, Mund.

Und dennoch hat er mit dem Leid gestritten,
Als wäre in dem Leid ein Widersinn,
Den er hat seiner Zeit vorausgelitten ...
Als er sich leidend fragte einst: „Worin

Besteht das Leid, womit uns Gott geschlagen?",
Erkannte er – o unsagbare Pein –:
Das Unerträgliche, das wir ertragen,
Ist Menschenwerk und müßte nicht so sein.

Ein traditionell gebautes kreuzreimiges Vierstrophengedicht, dem die Zeilensprünge eine eigene kraftvolle Lesedynamik verleihen. So wird der Spannungspunkt ganz auf die letzten zwei Zeilen zugespitzt. Bechers Hiob ist hier deutlich als die zentrale menschliche Leidensgestalt gezeichnet: „Aller Leiden leidet er zu Ende". Und als Leidensgestalt wird er zum Vorläufer der Erfahrungen der Menschen in unserer Zeit („Vorerleiden"). Dennoch: habe nicht schon Hiob selbst den Hauch eines überzeitlichen „Widersinns" in seinem Leiden gespürt?

Bechers Hiob ist von vornherein nicht als Abspiegelung seines biblischen Vorbildes gezeichnet, denn dieser bittet Gott ja unablässig, dass er „sein Leiden wende". So bleibt dem Hiob dieses Gedichtes eine moderne, sicherlich nicht alttestamentliche Erkenntnis. Die Antwort auf die Frage nach dem Wesenskern des Leidens lautet hier: Es ist ausschließlich „Menschenwerk" und müsste „nicht so sein". Bei Becher verschiebt sich – theologisch gesprochen – die Theodizee als Anklage Gottes völlig zur Anthropodizee als Anklage des Menschen. Hiobs Schrei zu Gott erweist sich als fehlgeleiteter Schrei ins Leere, der seine wahren und einzig möglichen Adressaten, die Mitmenschen, verfehlt. Deutlich wird dabei der – in sich sympathische – tief humane Aufruf, alles Menschenmögliche zur Aufhebung von Leiden zu tun; und das ist gewiss nicht wenig! Aber was ist mit dem Leid, das nicht direkt vom Menschen verursacht ist: Naturkatastrophen oder Krankheit? Der alttestamentliche Klagende bringt im Gegensatz dazu sehr bewusst gerade die Verantwortung Gottes mit ins Spiel: *Gott* schickt das Leid, nur er kann es wenden.[11] – Ob nicht beide Fragekreise zusammen sowohl Hiob als auch den Leidenden unserer Zeit am ehesten gerecht werden?

6. Eine jüdische Lyrikerin deutet Hiob: Nelly Sachs

Nelly Sachs (1891-1970) – bis zur Auszeichnung von *Elfriede Jelinek* im Jahr 2004 die einzige mit dem Literaturnobelpreis ausgezeichnete deutschsprachige Schriftstelle*rin* – wurde im selben Jahr geboren wie Johannes R. Becher. Doch wie anders ihre Erfahrung! Wo jener als sozialistischer Expressionist schon in den zwanziger Jahren zur literarischen Avantgarde gehörte, verlebte sie – die im Berliner Bürgertum assimilierte Jüdin – eine weitgehend unbeachtete Jugend und frühe Erwachsenenzeit. Ihr literarisches Schaffen wurde erst tiefster Not abgerungen, als ihr in allerletzter Minute die Flucht vor den Nazis nach Schweden gelungen war. Mit den Gräuelberichten der Vernichtungslager konfrontiert, beginnt sie ‚wie in Flammen' ein eigenes geistiges Überleben dadurch zu sichern, dass sie ihre Sprachlosigkeit dem verstummenden Schweigen entreißt und gegen letzte Verzweiflung in Sprache gießt. Hiob wird ihr dabei zur großen Leit- und

---

11 Vgl. dazu: WALTER GROSS/KARL-JOSEF KUSCHEL, *„Ich schaffe Finsternis und Unheil". Ist Gott verantwortlich für das Übel?*, Mainz 1992.

Leidgestalt. Neben zahlreichen weiteren Verweisen auf ihn in allen Phasen ihres schriftstellerischen Schaffens widmet sie ihm das – wohl zeitgleich zu Bechers Hiob-Text – vor 1949 entstandene folgende Gedicht:[12]

HIOB

O DU WINDROSE der Qualen!
Von Urzeitstürmen
in immer andere Richtungen der Unwetter gerissen;
noch dein Süden heißt Einsamkeit.
Wo du stehst ist der Nabel der Schmerzen.

Deine Augen sind tief in deinen Schädel gesunken
wie Höhlentauben in der Nacht
die der Jäger blind herausholt.
Deine Stimme ist stumm geworden,
denn sie hat zuviel Warum gefragt.

Zu den Würmern und Fischen ist deine Stimme eingegangen.
Hiob, du hast alle Nachtwachen durchweint
aber einmal wird das Sternbild deines Blutes
alle aufgehenden Sonnen erbleichen lassen.

Schon im ersten Vers wird Hiob direkt und persönlich angesprochen als letzter verbleibender imaginärer Gesprächspartner für Leidende: „Du Windrose der Qualen". Das Bild der Windrose symbolisiert dabei die universale Dimension der Qual – Hiob verkörpert für Sachs wie schon für Becher das Leiden schlechthin. Doch die Assoziationsfügung ist noch viel konkreter. In Ijob 23,8-9 heißt es: „Geh ich nach Osten, so ist er nicht da,/ nach Westen, so merk ich ihn nicht,/ nach Norden, sein Tun erblicke ich nicht;/ bieg ich nach Süden, sehe ich ihn nicht." Das Bild der vier Himmelsrichtungen entstammt also dem biblischen Hiobbuch selbst und steht dort für die Erfahrung einer universalen Gottesverdunkelung, dem Gefühl völliger Gottesverlassenheit. Genau diese Aspekte betont auch Nelly Sachs

---

12 NELLY SACHS, *Fahrt ins Staublose. Gedichte*, Frankfurt a. M. 1988, 95.

ganz bewusst: Als der leidende Mensch ist Hiob – in seiner subjektiven Wahrnehmung – gleichzeitig der gottverlassene Mensch. Die folgenden Verse bestätigen diese Lesart: Hiobs Schicksal ist „Einsamkeit", sein Leiden wird dabei rätselhaft von außen verursacht und ist total, raumumgreifend („Süden"), es ist aber auch zeitumgreifend („Urzeit"). Präsentisch in einem Bild zusammengefasst: Hiob als Zentrum, als „Nabel der Schmerzen".

Wie sah die Reaktion des biblischen Hiob aus? – Er hatte immer wieder „Warum" gefragt! Die klagende Bitte Hiobs um eine Begründung des Leidens, die sich im biblischen Buch findet, wird auch hier aufgenommen. Doch dann der entscheidende Unterschied zum biblischen Vorbild: Angesichts von Auschwitz verändert sich die Situation: die tausendfache Warum-Frage blieb ungehört, die Theophanie, die Gotteserscheinung der Bibel blieb aus. Der Hiob des 20. Jahrhunderts erhielt keinerlei Antwort. Was blieb ihm? Oder, bewusst hypothetisch gefragt: was wäre auch dem biblischen Hiob ohne die Gotteserscheinungen geblieben? – Die Einsicht, irgendwann „zuviel Warum gefragt" zu haben und das schließliche Verstummen! Bild für dieses Sprachlos-Werden ist der Gang der Stimme zu „den Würmern und Fischen". Gerade das mehrdimensionale Zentralmotiv „Fisch" birgt in sich die Dimensionen ‚Ersticken', ‚Schweigen' und ‚Verstummen'. Der Wurm steht andererseits für die Vergänglichkeit alles Irdischen und die Hinfälligkeit des Menschen.

Neben diese Verurteilung zum Verstummen tritt das Bild der Erblindung durch nächtelanges Weinen. Beide Bilddimensionen – das Verstummen einerseits, und die „in den Schädel gesunkenen Augen" andererseits – sind sicherlich bewusst und direkt dem Gebet des ungetrösteten Schwerkranken aus Psalm 88 entnommen. Gleichzeitig aber sind sie biographisch im Leben der Dichterin verankert.[13] Nach zahllosen durchweinten Nachtwachen am Bett der kranken Mutter waren ihre eigenen Augen in

---

13 Vgl. dazu: RUTH DINESEN, *Nelly Sachs. Eine Biographie*, Frankfurt a. M. 1992.

dieser Lebensphase tief in den Schädel gesunken. Und mehr noch: Nach einem Verhör durch die Gestapo litt Nelly Sachs selbst tagelang unter einer Kehlkopflähmung, die buchstäbliche Erfahrung des ‚Stumm-Gemacht-Werdens' war ihr also leidvoll bekannt. Nelly Sachs beschreibt also im Bilde Hiobs ihr eigenes Spiegelbild. Der imaginäre Gesprächspartner kann deshalb diese Erfahrungen jenseits von Benennbarkeit ertragen, weil er im eigenen Bilde gezeichnet ist.

Doch das Gedicht endet nicht mit diesem Bild des Verstummens, die letzten beiden Verse sprengen schon durch ihre einen Gegensatz andeutenden Anfangsworte „aber einmal" die vorherige Perspektive. Ein vorsichtiger Deutungsversuch wird den genauen Wortlaut und den Kontext zu beachten haben. Es geht um die zentrale Bildwelt des Übergangs von der – durchweinten – Nacht zum Tag. Hier ist die Rede von einem alles überstrahlenden „Sternbild", das „einmal" „alle aufgehenden Sonnen erbleichen lassen wird". Die poetische Sprache bedient sich hier, auf der Grenze des Sagbaren, des Mittels der paradoxalen Übersteigerung und der bewusst durchbrochenen Erwartungshaltung. Denn die „aufgehenden Sonnen" stehen bei Nelly Sachs gerade nicht als Hoffnungsmetapher, sondern, wie in vielen anderen Gedichten belegbar, als ein Bild für die blutende Menschheitsexistenz überhaupt. Die Morgenröte versinnbildlicht hier also nicht ein Hoffnungsbild, sondern dient als Zeichen dafür, dass der Leidensexistenz nur noch ein weiterer untragbarer Tag hinzugefügt wird.

Dieses blutrot gefärbte Symbol des Elends wird nun einstmals „erbleichen"! Erbleichen angesichts jener Gestalt, die das Leiden schlechthin verkörpert – Hiob! Nur so, in einer endgültigen Demonstration des Zuviel an Leiden in Form eines unübersehbaren Sternbildes am Himmel, kann die leidende Existenz selbst aufgehoben und überwunden werden. Sicherlich wird hier also ein Ende des Leidens herbeigesehnt, die konkrete Form einer solchen Hoffnung – das Wort ist nicht direkt im Gedichttext benannt – bleibt jedoch sehr bewusst ungesagt. Dennoch darf man – auch im Gesamtblick auf die Texte dieser Dichterin – sagen: Hiob steht bei Nelly Sachs einerseits als zentrale

Leidensgestalt, aber dennoch andererseits als Figur, die eine allerletzte, wenn auch unsagbare Hoffnung mitverkörpert.

7. Mit Hiob auf der Hoffnungssuche nach Gott: Paul Celan

Ein letzter literarischer Beispieltext nimmt das Thema „Hoffnung wider alle Hoffnung im Zeichen Hiobs" direkt auf, knüpft gleichzeitig an das vorgestellte Nelly-Sachs-Gedicht direkt an. Es stammt von Paul Celan (1920-1970), wurde 1963 veröffentlicht und seiner kongenialen Dichterfreundin *Nelly Sachs* gewidmet: „Zürich, zum Storchen"[14]

„ZÜRICH, ZUM STORCHEN"

Für Nelly Sachs

Vom Zuviel war die Rede, vom
Zuwenig. Von Du
und Aber-Du, von
Trübung durch Helles, von
Jüdischem,
von deinem Gott.

Da-
von.
Am Tag einer Himmelfahrt, das
Münster stand drüben, es kam
mit einigem Gold übers Wasser.

Von deinem Gott war die Rede, ich sprach
gegen ihn, ich
ließ das Herz, das ich hatte,
hoffen:
auf
sein höchstes, umröcheltes, sein
haderndes Wort –

---

14 PAUL CELAN, *Gesammelte Werke, Bd. 1: Gedichte I*, Frankfurt a. M. 1983, 214f. Vgl. GEORG LANGENHORST, *Gedichte zur Gottesfrage. Texte – Interpretationen – Methoden*, München 2003, 112-123.

Dein Aug sah mir zu, sah hinweg,
dein Mund
sprach sich dem Aug zu, ich hörte:

Wir
wissen ja nicht, weißt du,
wir
wissen ja nicht,
was
gilt.

Um den Text und seine Aussage im Hinblick auf die Möglichkeit eines Sprechens von Gott wirklich verstehen zu können, bedarf es einiger Hintergrundinformationen zur Entstehung dieses Textes.[15] Celan und Sachs sind ohne Frage die beiden wichtigsten deutschsprachigen Dichter, die es als Juden wagten, nach dem ‚Holocaust' in der Sprache der Verfolger weiterhin Gedichte zu schreiben: über die Shoa, über ein Denken, Sprechen, Dichten und Weiterleben nach der Shoa. Sie hatten bereits Briefkontakt aufgenommen und dort die aus ihren Gedichten bereits gegenseitig erahnte tiefe Seelenverwandtschaft entdeckt, bevor sie sich im Mai 1960 tatsächlich trafen. Nelly Sachs war aus ihrem schwedischen Exil in die Schweiz gereist, um den renommierten Droste-Preis entgegenzunehmen. Der wurde freilich in Meersburg überreicht, auf deutschem Boden also, den sie nie wieder betreten wollte. Ein Kompromiss wurde gefunden: Sie reiste in die Schweiz und von dort per Boot über den Bodensee direkt nach Meersburg. So kam es zu der lang ersehnten Begegnung mit Celan in Zürich, im Hotel „Zum Storchen" direkt gegenüber des Großmünsters an der Limmat gelegen, wo sie in den wenigen Tagen ihres Aufenthaltes wohnte. Es muss dort zwischen den beiden zu einem einzigartig dichten Gespräch über Gott gekommen sein, ein Gespräch, das Paul Celan im Nachhinein in diesem Gedicht lyrisch bündelt.

Die Unverwechselbarkeit des Gesprächs wird von Celan bewusst dadurch unterstrichen, dass er Gesprächspartner, Ort, Zeit

---

15 KARL-JOSEF KUSCHEL, *Paul Celan, Nelly Sachs und ein Zwiegespräch über Gott*, in: DERS., *„Vielleicht hält Gott sich einige Dichter ...". Literarisch-theologische Porträts*, Mainz 1991, 285-306.

(Himmelfahrt) und Atmosphäre (das goldene Spiegelbild des Großmünsters im Wasser der Limmat) explizit in Erinnerung ruft. Und das Thema? Nun, so die Eingangsverse, es ging um ein „Zuviel und Zuwenig". Diese Anspielung verweist auf ein einzigartiges Buch, das Grundlage und Ausgangspunkt des Gespräches gewesen sein muss, auf *Margarete Susmans* 1946 erschienenen – 1996 wieder veröffentlichten – Essay: „Das Buch Hiob und das Schicksal des jüdischen Volkes". Die Religionsphilosophin und Literaturwissenschaftlerin Susman versuchte in diesem Buch etwas Revolutionäres und heftig Umstrittenes: Die erste Sinndeutung der Shoa unter Bezug auf biblische Muster. Denn das „Schicksal des jüdischen Volkes", so Susman, zeichne „sich rein im Lebenslauf Hiobs ab"[16]. Ist das aber möglich, eine Sinndeutung der Shoa allgemein, und dann noch unter Bezug auf den biblischen Gott? Sie selbst ist sich der Frag-Würdigkeit ihres Versuchs bewusst und lässt ihr Werk mit den – im Gedicht von Celan dann später anklingenden – Worten beginnen: „Wohl ist diesem Geschehen gegenüber jedes Wort ein *Zuwenig* und ein *Zuviel*"[17].

Dass es um eine Deutung der Shoa im Zeichen Hiobs, um die weitere Möglichkeit eines jüdischen Gottesglaubens überhaupt ging, belegen auch die Folgezeilen. Es ging um „Trübung durch Helles", wohl eine Anspielung auf das genauer betrachtete Hiobgedicht von Nelly Sachs, das ja mit den Zeilen endet: „Aber einmal wird das Sternbild deines Blutes/alle aufgehenden Sonnen erbleichen lassen." Das „Zuviel und Zuwenig" ist dann jedoch gleichzeitig eine Ergänzung und Korrektur zu dem so eindeutigen „zuviel Warum gefragt" aus dem Sachs-Gedicht. Genau so, wie jede Warum-Frage letztlich zuviel ist, ist sie gleichzeitig immer zuwenig ...

Verhandelt wurde in dem Züricher Gespräch das „Du und Aber-Du", Anspielungen auf das dialogische Prinzip *Martin Bubers*, dessen Werke für beide zu wichtigen Grundsteinen des eigenen Denkens wurden. Rede von Gott – sie ist nur im wirkli-

---

16 MARGARETE SUSMAN, *Das Buch Hiob und das Schicksal des jüdischen Volkes*, Frankfurt a. M. 1996, 51.
17 DIES., ebd. 23.

chen Gespräch, in wirklicher Begegnung möglich. Und Ausgangspunkt dieses konkreten Gesprächs war offensichtlich der trotz allem unzerbrochene Gottesglaube von Nelly Sachs, ihr „jüdischer Gott". „Da-von": Celan betont und bricht die Nennung dieses Themas durch die Wiederholung, die er in zwei Zeilen auflöst. Ja, ein drittes Mal spricht er das Thema des Gesprächs an, um einzuschränken: er selbst sprach *gegen* diesen Gott. Wie vielen anderen Juden, zerbrach für ihn die Möglichkeit, angesichts der Shoa weiterhin an diesen Gott glauben zu können.[18]

Und dennoch: Im Moment des Gesprächs hatte er das Herz, dennoch auf Gottes Wort – hadernd, röchelnd – zu hoffen. Die einschränkende Betonung: „das Herz, das ich *hatte*", mag darauf verweisen, dass ihm die benannte Hoffnung im Gespräch möglich schien, im Moment des Verfassens dieses Erinnerungsgedichtes aber schon nicht mehr. Hoffnung auf Gottes Wort, leidend, zweifelnd? Keine endgültige Absage an Gott, nur noch eine letztmögliche, mehrfach gebrochene, bis ans Äußerste zurückgenommene Hoffnung auf ihn? Die vorletzte Strophe durchbricht diese Aussage, stellt noch einmal die Szene vor Augen – zwei Menschen im Gespräch über Gott, die eine trotziggläubig im ‚Dennoch', der andere zweifelnd, rebellierend gegen diesen Gottesglauben und doch mit einer letzten Hoffnung versehen. Ein Moment des Schweigens wird aufgerufen, des Hinschauens und Wegschauens, des Nachdenkens, Bedenkens der beiden Positionen. Und dann die Schlussworte, vorsichtig, stockend formuliert – durch den Drucksatz deutlich gemacht; Worte, durch die persönliche Anrede in ihrer Dringlichkeit und Ernsthaftigkeit noch intensiviert: „Wir wissen ja nicht, weißt du, wir wissen ja nicht, was gilt". Die Glaubenshaltungen bleiben nebeneinander stehen, beide behalten – durch das „wir" betont – ihre Gültigkeit, und werden doch relativiert, aufgehoben durch die Zurücknahme, die gleichzeitig die Hoffnung erst ermöglicht, dass der eigene Gedanke doch nicht der letztgültige sein mag.

---

18 Vgl. dazu: LYDIA KOELLE, *Paul Celans pneumatisches Judentum. Gott-Rede und menschliche Existenz nach der Shoa*, Mainz 1997.

8. Ausblick: Hiob heute

Keine Frage: Vor allem in seiner Rezeptionsgeschichte lebt der alttestamentliche Hiob weiter, stellt er seine Warum-Frage bis in unsere Gegenwart und wird sie weiter stellen, eben weil sie – im Sinne einer Theodizee, also Rechtfertigung Gottes angesichts des Leidens – schlichtweg unbeantwortbar ist. Nicht um endgültige Antworten also geht es dem Hiobbuch, sondern darum, einen Weg aufzuzeigen, als gläubiger Mensch im Leid bestehen zu können, ohne an Gott verzweifeln zu müssen. Gerade so wird das Hiobbuch zum „Trostbuch ohnegleichen"[19]. In der Andeutung einer derartigen letzten „Hoffnung wider alle Hoffnung" – die sich freilich der Definition und jeglicher vorschnellen religiösen Vereinnahmung bewusst versperrt und entzieht – haben gerade Nelly Sachs und Paul Celan diese Hiobs-Botschaft kongenial in die Gegenwart übertragen.

Daraus lässt sich kein handhabbares Patentrezept herleiten, keine schlichtweg zu befolgende Vorgabe für die pastorale Praxis im Umgang mit Leidenden. Nur die Warnung an die Freunde Hiobs bleibt zu beachten: Schlüssig scheinende theologische Theorien, die alles als sinnvoll und geordnet erklären wollen, helfen dem Leidenden nicht, reden „nicht Richtiges" von Gott! Nein, im Spannungsbogen von demütiger Akzeptanz des Schicksals und trotzig aufbegehrender Rebellion muss es jedem Einzelnen selbst überlassen bleiben, den eigenen Standort zu finden. Die eine Zusage aber macht das Hiobbuch: Im zweifelnden Ringen um Gott und vor Gott im Gefolge Hiobs sind die Grenzen des ‚recht Sprechens' für die Leidenden selbst weit gesteckt.

---

19 RUDOLF BOHREN, *Trost. Predigten*, Neukirchen-Vluyn 1981, 12.

MARGIT ECKHOLT

Nicht ohne Dich. Der verletzte Wanderer und der fremde Gott
Eine Annäherung an Michel de Certeau SJ

1. Vorbemerkung: eine Suchbewegung mit Michel de Certeau

Das folgende Zitat sagt sehr viel aus über Michel de Certeau, über seine Ehrlichkeit sich selbst gegenüber, seine große Demut, sein je neues Aufbrechen, wenn es um das Sprechen von Gott geht. Sich Certeau anzunähern heißt, sich zu einer Reise aufzumachen:

„Als Professor zu sprechen, das ist nicht möglich, wenn es um Erfahrung geht. Ich wage es ebensowenig, als Zeuge zu sprechen. Was ist in der Tat ein Zeuge? Derjenige, den die anderen als solchen bezeichnen. Wenn es sich um Gott dreht, wird der Zeuge von demjenigen bestimmt, der ihn sendet, aber er ist auch ein Lügner, er weiß sehr wohl, daß er, ohne anders sprechen zu können als wie er es tut, nicht weniger den verrät, von dem er spricht. Er wird unaufhörlich von dem überholt und verdammt, was er bezeugt, und er kann dies nicht leugnen. Er würde sich deshalb an der Wahrheit verfehlen, wenn er sich einfach so als ein Zeuge vorstellen würde. Ich bin nur ein Reisender ..."[1]

Das Zitat sagt aber auch viel über meine Reise der Annäherung an Michel de Certeau aus. Bin ich nicht auch eine solche „Lügnerin", gerade was das Leitthema der Vortragsreihe angeht, die Frage nach dem „dunklen Gott"? Kann ich mich auf meiner Reise mit Certeau einem „dunklen" Gott annähern? Was oder wer ist dies überhaupt, ein „dunkler Gott"? Wo und wann bringen wir „Dunkles" und Gott zusammen? Das „Dunkle" hat für uns zumeist negative Konnotationen, ist es doch das, wo wir uns

---

1 MICHEL DE CERTEAU, L'Etranger ou l'union dans la différence. Nouvelle édition établie et présentée par Luce Giard, Paris 1991, 1. Die Übersetzungen der Certeau-Texte sind von der Verfasserin erstellt. Nur an wenigen Stellen wird die französische Textversion zitiert.

nicht zuhause fühlen, in dem Ängste auftauchen, das für Gefahr, Gewalt, Verbrechen steht? Ist ein „dunkler Gott" vielleicht der strafende Gott, der zürnende Gott, vor dessen „Liebe" wir nicht bestehen können (und, wenn wir so fragen, ist es dann überhaupt noch „Liebe", nicht eher ein unerfüllbarer Anspruch)? Ist ein „dunkler Gott" ein Gott, dessen Gnade uns fern ist, unbegreiflich fern, so dass die nagende Frage eines Luther – wie bekomme ich einen gnädigen Gott – sich auch heute noch formulieren lässt? Assoziieren wir dies mit dem „Dunkel"? Was ist es? Kann Gott dunkle Seiten haben, gar dunkel sein? Oder denken wir an Hiob: das Leid, das unermessliche, das immer wieder neu einbricht, die Todesflut des 26. Dezembers 2004, das Erinnern an die Verbrechen des Nazi-Regime, Auschwitz, die vielen anderen Todeslager, die Schrecken des Krieges, das Hadern mit Gott und doch die Treue, eine Treue in der „Nacht", in der keine Sprache mehr spricht, sondern nur noch ein Schrei möglich ist: wie an einen Gott der Liebe glauben? Ist dies das Dunkel? Das Dunkel des Schicksals, des Unerklärlichen, des Bösen? Oder: Ist Dunkel der Abstand, der Graben zwischen diesem unbegreiflichen Gott und dem Leid auf der anderen Seite? Fragen, viele weitere ließen sich stellen. Und je weiter ich gefragt habe, umso mehr schickt mich die Frage selbst auf die Reise …

Wenn ich als systematische Theologin diese Frage auf eine mehr rationale Ebene hebe, so stehen wir hier mitten im schwierigen, auch verminten Feld des Sprechens von Gott, der Gottesrede. Selbst Hiobs Klagen, die abstraktes theologisch-philosophisches Sprechen durchbrechen und die uns je neu aus einer Theologiegeschäftigkeit reißen können und sollen, stehen ja für diese Gottesrede in Grenzsituationen, selbst dann, wenn von der Sprache nur die Sprachlosigkeit bleibt und diese sich im Schrei ausdrückt. Wenn wir vom „dunklen Gott" sprechen, so ist dies eine metaphorische Rede, wir beziehen Bilder ein, die aus unseren – sicher sehr unterschiedlichen – Erfahrungswelten herrühren, wir übertragen sie auf Gott. Und doch, einfach ist die „Lösung" auch dann nicht: Beziehen wir das Dunkel auf Gott, beziehen wir es auf uns selbst, auf unsere Erfahrung? Dunkel ist das Gegenstück zum Hellen, zum Lichten. Die Lichtmetapher wird mit dem Sehen verbunden, in der philosophischen Tradition mit dem Gott-Erkennen. Gott-Erkennen ist „visio", eine Schau, die letztlich erst im endgültigen Bei-Gott-Sein – nach unserem Tod – für uns eine Auflösung erhält. Gerade darum haben die mystischen Traditionen die andere Seite des Lichten und Hellen eingeführt, die Nacht, das Dunkel, eine Weigerung den (scheinbar) leichten Lösungsvorschlägen philosophischer Provenienz im Blick auf die Gottesrede und das Gott-Erkennen gegenüber. Die großen Gottsucher, die sich auf den Weg gemacht haben, haben gelernt, mit den Metaphern zu spielen, dem Licht und dem Schatten, dem Dunkeln und dem Hellen. Beides sind Metaphern der liturgischen Zeit nach dem Fest der Inkarnation, an dem wir uns erinnern an den Gott, der „erschienen" ist, der sich „geoffenbart" hat – also den „hellen", den „lichten" Gott, der greifbar für uns geworden ist, der das Dunkel der Welt berührt hat? Und doch: auf welcher Seite ist das Licht, auf welcher Seite ist das Dunkel? Können wir das so leicht festmachen? Ein Licht ist aufgegangen, und doch bleibt das Geheimnis, ein Licht in der Finsternis ...

In einem seiner persönlichsten Texte, so die Certeau-Forscherin Luce Giard, hat Michel de Certeau das Gott-Sehen als Sterben bezeichnet: das ist die „eschatologie blanche"[2] („weiße Eschatologie"): „So schleicht sich ein Verstehen dessen ein, was ohne uns *ist*, das Weiße, das alle Trennung übersteigt, die Extase, die das Bewußtsein tötet und alle Spektakel auslöscht, ein erleuchteter Tod – ein ‚glücklicher Schiffbruch', sagen die Alten." Das Lichteste, das Hellste ist, wenn wir nicht sind, es ist ohne uns. Sehen ist etwas „Schreckliches", aushalten können wir es kaum; gerade darum ist Leid das, was uns an unsere Grenzen bringt, wenn wir fast nicht mehr an uns halten können, denn Leid lässt sehen. Hier berührt der Tod das Leben, hier bricht das Lebensnetz, hier werden Verbindungen zu anderen gekappt, „eschatologie blanche". Gerade hier ist nicht der „dunkle Gott",

---

2 DERS., *La Faiblesse de croire*. Texte établi et présenté par Luce Giard, Paris 1987, 317f.; DERS., ebd.: „Souffrir éblouit. C'est déjà voir, tout comme il n'y a de visionnaires que privés de soi et des choses par la fascination des malheurs qui visitent le pays."

hier wird alles licht. Darum: Der Gott im Dunkel, der dunkle Gott, ist dies dann nicht der Gott an unserer Seite? In all unserer Alltäglichkeit, in unseren Schwächen und kleinen und großen Bosheiten, wenn wir selbst lieber Geheimnisse hüten als sie aufdecken?[3] Wenn wir uns gegen eine „universale Transparenz" wehren, uns lieber an „Darstellungen", die die Nacht möglich macht (auch im Blick auf Gott), festhalten?[4]

„Wie soll ich Ihnen das erklären?, sagte der Mönch Symeon zu seinem Besucher ... Wie soll ich das unermeßliche Ziel beschreiben des tausendjährigen, ja viele Male tausendjährigen Marsches der Reisenden, die sich auf den Weg gemacht haben, um Gott zu sehen? Ich bin alt und ich weiß es immer noch nicht ..."[5] – so Michel de Certeau in seinem Text „extase blanche", seinem Vermächtnistext. Auf der folgenden Reise mit Michel de Certeau steht auch dieses „ich weiß es nicht" im Hintergrund aller Ausführungen. Es wird darum gehen, den Denkweg Michel de Certeaus zu erschließen, wobei ich mich vor allem auf einige seiner Texte zur mystischen und geistlichen Erfahrung konzentrieren werde – die Frage nach dem „dunklen Gott" wird diesen Weg dabei begleiten.[6] Michel de Certeau ist ein Grenzgänger, Jesuit, Theologe, Philosoph, Historiker, ein Mensch, der je neu im bewegten Jetzt seiner Zeit, vor allem der 60er und 70er Jahre in Paris, auf seinen eigenen Reisen nach Kalifornien, nach Brasilien, Chile und Mexiko die Zeichen einer – verborgenen,

---

3   Vgl. DERS., ebd. 316: „Avec l'âge, avec la mesquinerie que le grand âge apprend, je m'attache de plus en plus aux secrets, aux détails têtus, aux taches d'ombre qui défendent les choses, et nous-mêmes, contre une transparence universelle. Je me retiens à ces minuscules débris de nuit ..."
4   Vgl. DERS., ebd. 317.
5   DERS., ebd. 315.
6   Ich beziehe mich vor allem auf: DERS., L'Etranger, s. Anm. 1; DERS., La Faiblesse de croire, s. Anm. 2; DERS., La Fable mystique. XVIe – XVIIe siècle, Paris 1982. Vgl. auch DERS., La culture au pluriel, Paris 1974; DERS., L'écriture de l'histoire, Paris 1975; JEAN-JOSEPH SURIN, Correspondance. Texte établi, présenté et annoté par Michel de Certeau. Préface de Julien Green, Paris 1966. Vgl. aus der Sekundärliteratur: CHRISTIAN DELACROIX u. a. (Hg.), Michel de Certeau – Les chemins d'histoire, Paris 2002.

dunklen – Gegenwart Gottes zu buchstabieren bemüht war. Er fasziniert mich vor allem in seiner Diskretion der eigenen – geistlichen – Erfahrung gegenüber, in seiner Diskretion Gott gegenüber. Und doch führen seine Texte hinein in eine Erfahrung, die vielleicht für jeden Leser bzw. jede Leserin seiner Texte eine neue, weil eigene ist. Certeau will nicht „Lösungen" bieten, Erkenntnismodelle, er will auf eine Reise mitnehmen, auf der Licht und Dunkelheit changieren, auf die uns *der* mitnimmt, den er weniger mit Namen nennt, „Gott", als dass es *der* ist, „ohne" den nicht ist, was ist: „nicht ohne dich".[7]

2. Der Beginn der Reise – was es heißen kann, „Missionar" zu sein

Michel de Certeau hat sich selbst als einen „Wanderer", einen „Reisenden" verstanden. Mystik und Mission sind die beiden Momente, die den Spannungsbogen seines Lebens bilden. Michel Jean Emmanuel de la Barge de Certeau wurde am 17. Mai 1925 in Chambéry geboren, 1950 tritt er in den Jesuitenorden ein, bereits mit abgeschlossenen Studien in Theologie, Philosophie und „lettres", die er im Grand Séminaire von Saint-Sulpice in Issy-les-Moulineaux begonnen, dann in Lyon fortgesetzt hat. Seit seiner Zeit in Issy steht er in Kontakt mit Claude Geffré, in Lyon wird Henri de Lubac einer seiner großen Lehrmeister. Certeau war, wie François Dosse in seiner Biographie schreibt, ein „disciple indiscipliné"[8] des großen Theologen der „nouvelle théologie", der Schule von Fourvière. 1956 wurde er zum Priester geweiht. Auch auf Veranlassung seiner Oberen arbeitet Certeau sich in die frühe Geschichte des Jesuitenordens ein, vor allem in die geistliche und mystische Literatur der ersten und zweiten Generation der Jesuiten. Nach seiner Annäherung an das Werk von Pierre Favre und der Edition seines geistlichen Tagebuchs wird der Jesuit Jean-Joseph de Surin, eine der

---

7 Vgl. z.B. MICHEL DE CERTEAU, *L'Etranger*, s. Anm. 1, 9f. Siehe dazu die Ausführungen im dritten Punkt dieses Beitrages.
8 FRANÇOIS DOSSE, *Michel de Certeau – marcheur blessé*, Paris 2002, 47ff.

großen, aber auch tragischen Gestalten der ersten Hälfte des 17. Jahrhunderts, zu einem – geistigen – Weggefährten, mit dessen Schriften er sich immer wieder neu auseinandersetzt. 1966 hat er für die Edition de la Pléiade die Korrespondenz von Surin herausgegeben. 1982 erscheint seine eigene Studie „La Fable mystique", in der Certeaus Weg und je neue Auseinandersetzung mit mystischer Literatur in verschiedenen Aufsätzen gesammelt ist.

Seit ihrer Gründung 1964 ist Certeau Mitglied der „Ecole freudienne de Jacques Lacan", der Schule des Strukturalismus steht er nahe, wobei er verschiedene psychoanalytische und semiotische Methoden in seinem eigenen Denken verarbeitet. Certeau ist den Zeitschriften der Jesuiten – „Christus" und „Etudes" – verbunden, er wird bis zu seinem Tod 1986 dem Redaktionskomitee der „Recherches de science religieuse" angehören. Er unterrichtet am Centre Sêvres und Institut Catholique in Paris. Sein Entschluss für den Eintritt in den Jesuitenorden war vor allem mit dem Wunsch verbunden, in die Mission nach China gesandt zu werden; dorthin ist er nicht gekommen, aber seit 1966 unternimmt er Reisen nach Südamerika, vor allem nach Brasilien, nach Chile, nach Mexiko. Von 1978-1984 hat er einen Lehrauftrag in San Diego, einem der lebendigsten Zentren für die Entwicklung neuer wissenschaftlicher Methoden; hier findet er einen Ort, seinen strukturalistischen und psychoanalytischen Ansatz sowie die Methoden semiotischer Bibellektüre weiter zu vertiefen – ein Leben zwischen „alter" und „neuer" Welt, Paris und Kalifornien. Nach seiner Rückkehr nach Paris 1984 wurde er Studiendirektor an der Ecole des Hautes Etudes en Sciences sociales, 1986 ist de Certeau nach kurzer, heftiger Krankheit gestorben.

Was Certeau auszeichnet, ist seine große Offenheit und geistige Neugier, seine Fähigkeit, Freundschaften zu knüpfen und vor allem auch über die Grenzen „klassischer" katholischer Milieus hinaus an den brodelndsten intellektuellen Zentren zu wirken, gerade auch an denen, die christlichem Glauben fernstehen. Die Studentenrevolte 1968/69 hat er aufmerksam beobachtet und wichtige Anfragen an theologisches Arbeiten formuliert:

„La contestation universitaire, indice d'une tâche théologique"[9], so der Titel eines Beitrages, der 1970 publiziert wurde. Dass die intellektuelle Elite Paris' bei seinem Requiem in der Jesuitenkirche in der Rue de Sèvres anwesend war, Philippe Sollers, Julia Kristeva u. a., dass dort ein Lied von Edith Piaf aufgelegt wurde – „Non, je ne regrette rien" –, ist Zeichen für diesen unkonventionellen Geist, der Certeau gewesen ist. Begegnung mit dem/der Anderen, mit dem Fremden, eine „mystique de l'altérité", so Luce Giard, zeichnet Certeau aus.[10] Jeder Weg, auch der zu Eigenem, ist immer wieder Neuaufbruch, ist nicht Festsetzen in Vertrautem, sondern ein sich dem Fremden Aussetzen; der Identitätskern, der Gesuchte, ist nicht etwas „Verrechenbares", er ist eher da als ein Abwesendes, als ein „Nicht-ohne-Dich", das als solches immer wieder neu aufbrechen lässt. Certeau ist ein neuer Typ des „Missionars", den es nicht an einem Ort bleiben lässt, wobei Aufbruch gerade nicht heißt, das Netz der Beziehungen, das sich geknüpft hat, zu lassen; es wird hineingenommen in das Neue. Was Certeau angetrieben hat, ist dieses „Du", das er erfährt und formuliert als ein „Nicht-ohne-Dich". Die Texte der geistlichen Traditionen und der Reiseliteratur der frühen Neuzeit, mit denen er sich auseinandersetzt, sind Zeichen dafür, die er lesen lernt, eine Spur des Anderen, die ihn je neu aufbrechen lässt.[11]

Der „dunkle" Gott ist dieses Paradox von Gegenwart und Abwesenheit, das wie ein roter Faden die Texte de Certeaus durchzieht. Glauben, religiöse Erfahrung ist gerade nicht Macht und Besitz, an denen ich mich festhalten kann; je weiter die Reise führt, umso stärker wird auch die „faiblesse de croire"

---

9 Veröffentlicht in: Etudes théologiques et religieuses 1 (1970) 25-44.
10 Vgl. LUCE GIARD, *La passion de l'altérité*, in: DIES. (Hg.), *Michel de Certeau*, Paris 1987, 17-38. Nach dem Tod von Michel de Certeau sind Sondernummern der Zeitschrift „Recherches de science religieuse" erschienen: Recherches de science religieuse 76, Nr. 2 und 3 (1988): „Le voyage mystique"; Recherches de science religieuse 91, Nr. 4 (2003): „Le marcheur blessé".
11 Vgl. dazu u. a. MICHEL DE CERTEAU, *Das Schreiben der Geschichte*. Aus dem Französischen von SYLVIA M. SCHOMBURG-SCHERFF, Frankfurt a. M. u. a. 1991, 137-171; ebenso MICHEL DE CERTEAU, *La Fable mystique*, s. Anm. 6.

("Schwäche zu glauben"). Was in der Tiefe die Erfahrung begründet, ist das, was fehlt, ist ein „manque", so schreibt Certeau 1970 in einem Beitrag für die Zeitschrift „Etudes", der in die Textsammlung „Faiblesse de croire" aufgenommen worden ist:
> „In der Erfahrung gibt es eher als einen ‚Vorstoß des Seins' (Heidegger merkt dies in ähnlicher Perspektive an) einen ‚Vorstoß der Abwesenheit'. Ein Ausdruck, den es abzuwägen gilt. Das, was das Handeln bestimmt, ist das, was ihm *fehlt*. ... Um mit Vorsicht und Genauigkeit die Bewegung des Glaubens auszudrücken, mit Furcht oder mit Zuversicht, den einzelnen Situationen entsprechend, spricht der Christ zum Herrn wie der Geliebte oder die Freundin: Nein, *nicht ohne Dich*. ‚Daß ich niemals von Dir getrennt werde.' Aber er wendet sich in gleicher Weise auch an die anderen: *Nicht ohne Euch*."[12]

Das, worin die Erfahrung gründet, wird „negativ" bestimmt, es ist ein „ohne das", ohne das Leben, Glauben, Aufbrechen usw. nicht möglich ist. Dieses „Nicht-ohne-Dich" durchzieht die verschiedenen Wegmarken seiner wissenschaftlichen Reise. In ihm drückt sich eine Demut aus, von Gott oder auch der eigenen Erfahrung zu sprechen. Im „Dunkeln" gelassen wird Gott, wird die Erfahrung; die wissenschaftliche Methodik ist demgegenüber ein genaues Hinschauen auf die Texte, auf ihre Struktur, auf ihr Funktionieren, auf ihren geschichtlichen Charakter.

Certeaus wissenschaftlicher Beitrag, der vor allem im deutschsprachigen Raum noch unentdeckt ist[13], eröffnet neue Wege in der Geschichtswissenschaft und für die Theologie- und Mystikgeschichte, für den Umgang mit Texten der geistlichen und mystischen Traditionen. „Jede Spiritualität hat einen we-

---

12 DERS., *La Faiblesse de croire*, s. Anm. 2, 112f. Vgl. dazu auch: JOSEPH MOINGT, *L'ailleurs de la théologie*, in: Recherches de science religieuse 76 (1988) 365-380, hier 370: „L'Autorité en effet, celle de la Parole de Dieu dont toutes les autres se réclament, est de l'ordre de l'absence: elle est ‘ce *sans quoi* il ne serait pas possible de vivre et de penser'." Moingt bezieht sich auf: MICHEL DE CERTEAU, *La Faiblesse de croire*, s. Anm. 2, 112.
13 Vgl. die einzige größere Publikation im deutschsprachigen Raum: DANIEL BOGNER, *Gebrochene Gegenwart. Mystik und Politik bei Michel de Certeau*, Mainz 2002. Einzelne Tagungen zu Certeau wurden von einem Certeau-Arbeitskreis organisiert, z.B. an der Katholischen Akademie in Berlin.

sentlich geschichtlichen Charakter"[14], so Michel de Certeau. Geschichte und Mystik – und hier geht er in den Fußstapfen sowohl von Henri de Bremond als auch von Michel de Foucault – gehören für ihn zusammen, beide, „die Geschichte wie die Mystik sind dazu bestimmt, das andere zu sagen, sie sind die Kinder einer Abwesenheit".[15] Zur Erforschung dieses Schreibens der Geschichte, auch der Geschichten unterschiedlicher Erfahrungen, knüpft Certeau an die strukturalistischen und psychoanalytischen Methoden der 50er und 60er Jahre des vergangenen Jahrhunderts an. Der genaue Blick auf den Text, auf seine Struktur, auf sein Funktionieren, auf die jeweilige sprachliche Fassung ist für ihn der Zugang zur mystischen Erfahrung, der gerade nicht „Intimitäten" verletzt und eine falsche Objektivität herstellt. „Nein, in jeder Spiritualität ist das Wesentliche nicht ein *Anderes*, das außerhalb der Sprache der Zeit zu finden wäre. Es ist die Sprache, die der geistlich Begabte ernst nimmt; ... durch sie findet er Gott und sucht er ihn immer noch, durch sie drückt er seinen Glauben aus, erfährt er zugleich ein Gespräch mit Gott und ein Gespräch mit seinen wirklichen Brüdern und Schwestern."[16] Ein solcher Weg bedeutet Distanz einer Metaphysik gegenüber, die Transzendentes „in den Griff" zu bekommen versucht, ist die Distanznahme jeglicher „Macht" gegenüber und ein Hineinfinden in eine Sprache der „Schwäche", die sich weigert, unbedarft mit dem Wort „Gott" umzugehen, die sich zurückhält, die es im Dunkeln lässt, die diesen „dunklen" Gott bevorzugt, aber in der Überzeugung, dass einmal alles Licht sein wird – „extase blanche".

Mystik und Mission – das ist der Spannungsbogen, in den sich Lebensweg und Denken Michel de Certeaus einschreiben, und für die in den beiden folgenden Punkten einige Wegmarken gesetzt werden sollen. Theologie zu treiben, sich auf einen Denkweg einzulassen, ist vergleichbar, so Certeau, mit der

---

14 MICHEL DE CERTEAU, *La Faiblesse de croire*, s. Anm. 2, 32.
15 PHILIPPE LECRIVAIN, *Théologie et sciences et l'autre, la mystique ignatienne dans les „approches" de Michel de Certeau*, in: BERNARD VAN MEENEN (Hg.), *La mystique*, Brüssel 2001, 67-85, hier 71.
16 MICHEL DE CERTEAU, *La Faiblesse de croire*, s. Anm. 2, 31.

„voyage abrahamique" (Gen 12,1)[17], dem je neuen Aufbruch auf eine Verheißung hin, auf ein Anderes, Fremdes hin. Der Aufbruch, der Durchbruch zu Neuem, der Bruch mit Altem vollzieht sich auf dem Grund einer Geschichte der Treue, dem Ursprungsereignis des Glaubens gegenüber, dem sich die abrahamitische Reise je neu anzunähern versucht.[18]

3. Der geschichtliche Referenzpunkt der Reise: Ignatius und die mystischen Traditionen der Jesuiten im 17. Jahrhundert

Gerade weil jede Spiritualität geschichtlich ist, versucht Certeau immer wieder neu, sich an die ursprüngliche Erfahrung heranzutasten, die den Jesuitenorden auf den Weg geschickt hat. Dabei setzt er sich mit den Texten des Ignatius auseinander, vor allen mit den „Exerzitien", und versucht zu verstehen, was das „fondement" ist und wie es weiterlebt, auch nach dem Ende der Gründungsphase. Auf die Texte des Jesuiten Jean-Joseph Surin, einem der großen Mystiker der ersten Hälfte des 17. Jahrhunderts, der einen beeindruckenden, aber auch tragischen Weg geht und dessen Korrespondenz er 1965 herausgibt, greift er gerade darum immer wieder neu zurück. Im Vorwort dieser Ausgabe der Korrespondenz schreibt er: „Um den spirituellen *Sinn* einer Erfahrung zu unterscheiden, muß man alles Gelebte annehmen und die Distanz anerkennen, die ihre geschichtliche Dichte zwischen dieser und uns legt. So wird dann, in einer Vergangenheit, die Erschütterung greifbar, die der Durchzug Gottes – ‚le passage de Dieu' – verursacht hat."[19] Genau dies ist ein Leitmotiv seines „Schreibens" der Mystikgeschichte.

---

17 DERS., ebd. 260.
18 Vgl. dazu: JOSEPH MOINGT, *L'ailleurs de la théologie*, s. Anm. 12, 366.
19 MICHEL DE CERTEAU, *Introduction*, in: JEAN-JOSEPH SURIN, *Correspondance*, s. Anm. 6, 27-89, hier 29.

3.1 Die spirituelle Sehnsucht und die „Exerzitien"

Ein erster Text, der uns Certeau näher bringen kann, ist seine beeindruckende Interpretation der „Exerzitien" des Ignatius, die 1973 in der Zeitschrift „Christus" erschienen ist unter dem Titel: „L'espace du désir ou le ‚fondement' des Exercices spirituels".[20] Gerade hier wird die Nüchternheit und Zurückhaltung Certeaus im Blick auf das, was Erfahrung ist, deutlich. Es geht ihm darum, Raum zu machen für die Erfahrung, die immer etwas ist, das außerhalb des Textes zu finden ist, aber der Text ist genau der Raum, um sie aufzuspüren; die Erschütterung durch das Ereignis, das „bouleversement", das sich ereignet hat im „passage de Dieu", das eine „blessure" hinterlassen hat, ist das, was der Text auf seine Weise repräsentiert und strukturiert. Der Text beschreibt einen „orden de proceder", er zielt darauf, „ihm das Mittel zu geben, seine Sehnsucht heute zu benennen, sicher ganz provisorisch ... Sie (d.h. die Methode, M.E.) organisiert die Orte, die einer Reise des Exerzitanten entsprechen." (106) Genau diese Methodik interessiert Certeau, die in der Struktur des Textes zu finden ist. Gott selbst, er wird nicht genannt, er ist immer der Andere, der Fremde, es können keine „Orte" genannt werden, an denen wir verbleiben könnten, weil Er dort zu finden wäre: „Eine alte Versuchung, eine sehr grundlegende Sehnsucht treibt den Menschen dazu, auf der Weltkarte ein Paradies, ein Peru, ein fabelhaftes Land, ein Eldorado zu bestimmen. Im religiösen Leben tun wir es ebenso. Aber vielleicht ist es der Ausgangspunkt einer geistlichen Erfahrung, einen *Ort* zu finden, doch es ist unmöglich, dort zu verharren."[21] Die Exerzitien bereiten eine „Topik" vor, Wegmarken, an denen Erfahrung und Sehnsucht „festgemacht" werden können, wobei diese Wegmarken sich auf ein „fondement" beziehen, das gerade ein „nonlieu" ist: „Aber jede topologische Organisation spielt mit einem

---

20 MICHEL DE CERTEAU, *L'espace du désir ou le „fondement" des Exercices spirituels*, in: Christus 20 (1973) 118-128; zitiert wird nach dem Wiederabdruck in: BERNARD VAN MEENEN (Hg.), *La mystique*, s. Anm. 15, 105-118. Die Seitenangaben im Text beziehen sich auf diese Ausgabe.
21 MICHEL DE CERTEAU, *L'Etranger*, s. Anm. 1, 2.

zusätzlichen und scheinbar widersprüchlichen ‚Prinzip', das die Bedingung ihres Funktionierens darstellt: einem Nicht-Ort, der als ‚das Fundament' bezeichnet wird." (106) Das Paradox von „Ort" bzw. Entwurf einer Topik und „Nicht-Ort" gibt den Exerzitien ihre Struktur auf.

Das „fondement", das der Sehnsucht einen Raum öffnet, ist gerade kein Ort, ist nicht der Zeit unterworfen: Sinn des „fondement" ist, einen „ursprünglichen Bruch" zu initiieren, auf den sich dann alle weitere Entwicklung bezieht.[22] Zu diesem Prinzip zurückzukehren, das heißt, auch je neu diesen Bruch zuzulassen, Certeau drückt dies in einer poetischen Sprache aus: „Gott ist indifferent, ‚größer' als deine – wahren oder nur angenommenen – Begegnungen mit ihm ... Zum ‚Prinzip' zurückkommen, das bedeutet, sich mit Metaphern, die eine um die andere von einem *Abgrund* und einem *Fest* sprechen, ein Begehren einzugestehen, das dem Idealbild oder den Vorstellungen, die man sich machte, *fremd* ist. Das heißt, das Rauschen des Meeres zu hören." (109) Das „fondement" ermöglicht gerade, dass die normale Schrittfolge eines Weges unterbrochen wird, dass Raum wird für eine neue Sprache, in der die Spur des „Anderen" sich eingeschrieben hat: Es lässt sehend werden für das „entre-deux", für die „Schwelle", für die „Unterbrechung", für das, was zwischen den Schritten liegt. Genau an dieser Stelle wird Sprechen zum „mystischen Sprechen", ein Sagen verdichtet sich, das keinen Ort hat, das in Beziehung steht zum Unsagbaren.

„Das ‚Fundament' (an dessen Grenzen ich stoße) läßt den Bruch stehen. Es funktioniert genau wie ein Rückschritt oder ein Zurückdrehen auf *Null*, das die Ausbildung einer *Reihe* erlaubt. Es scheint in der Tat, daß man zur größtmöglichen ‚Wahrheit' des Wortes, zu dem, was das *Sagen* am meisten in Bezug auf das *Tun* charakterisiert, dort hingelangt, wo es von einem Bleiben und einer Zugehörigkeit getrennt ist, in der Gefahr und dem Fehlen des Zwischen, und zwar in dem Augenblick, in dem *Sagen* genau das bedeutet, keinen Ort zu *haben*, oder eben keinen anderen

---

[22] Vgl. DERS., L'espace du désir, s. Anm. 20, 107: „... qui consiste essentiellement à *ouvrir un espace au désir, à laisser parler le sujet du désir* en une place qui n'est pas un lieu et n'a pas de nom. ... Le 'Fondement' a pour sens d'opérer une rupture initiale sur laquelle s'appuie tout le développement qui suit: il est retour au désir et place faite à l'énonciation."

Ort mehr zu haben als das Wort selbst. Dann strömt die Sprache zurück, um Wort zu werden, nur flüsternd vielleicht, aber sie kann nicht mehr besessen werden in einer Gegenwart, im häufigen Aufsuchen, in geheimen Aneignungen, die jede Praxis bedeutet. Das ‚Wort' ist mit der Trennung verbunden. Es bricht in all' jenen Zwischenräumen auf, in denen sich die Beziehung des Begehrens zum Tod zeigt, das heißt zur Grenze. Das ist die Abwesenheit, oder die Entmächtigung, die sprechen läßt." (112)

Das „fondement" ermöglicht es, dass von allen Orten Distanz gehalten werden kann; ein solches Verstummen des „Bestimmten" lässt Raum für die „Sprache der Abwesenheit", ein Rilke-Zitat, das Certeau hier aufgreift.[23] Diese wird dann zum Ausgangspunkt eines neuen Weges. Beginn ist das „volo", das „ich will," in dem sich göttliches und menschliches Wollen begegnen, das sich gerade in diesem Moment des Verstummens, in diesem Raum für die Sprache der Abwesenheit findet: „Diese beruht auf dem Postulat des christlichen Glaubens: was das Tiefste und am wenigsten Bekannte in Gott ist (die beunruhigende Fremdheit seines Willens) ist das Tiefste und Unbekannteste im Menschen (die beunruhigende Vertrautheit unseres eigenen Willens). So führt die ignatianische Methodik den Exerzitanten zum Unbestimmten dieses Wollens zurück im Blick auf eine neue Bestimmung seiner Objekte." (114) Darin besteht dann die Wahl, dass das „Begehren", die Sehnsucht, sich im Konkreten zeigt.[24] Auf dem Hintergrund der Analyse der Grundstruktur der „Exerzitien", dem Paradox von Topik und Ortlosigkeit des „fondement" beschreibt Certeau so nicht die Erfahrung: „Die Erzählung ist verboten, und sie wird nur in jenen Unterbrechungen angezeigt, die auf den *Platz des Anderen*, außerhalb des Textes, hinweisen." (116) Der Text ist gleichsam die „Erwartung des Anderen": „Der Text selbst funktioniert also wie eine *Erwartung des Anderen*, ein Raum, der von der Sehn-

---

23 Vgl. DERS., ebd. 113.
24 Vgl. DERS., ebd. 116: „Le but n'est pas d'épuiser toutes les ressources d'une vérité, mais de construire un discours organisant, par une succession d'écarts, la manifestation du désir dans l'effectivité d'une situation: ce sera 'l'élection' ou le choix."

sucht geordnet wird. Er ist der Garten, der für einen Wanderer gebaut wird, der von woanders herkommt. Er zeigt in Unterbrechungen und im Schweigen jenen Platz an, den er selbst nicht besetzt. Was die hier angeordneten Teile vereint im Blick auf eine Unterscheidung, ist die Abwesenheit des Anderen – des Exerzitanten –, der der Empfänger ist, aber der allein die Reise unternimmt. Eine Reise, von der es keine Beschreibung und keine Theorie gibt." (116)[25]

Die „Exerzitien" sind ein Methodenbuch, der Text ist eine Weise, „dem Anderen Platz zu machen". „Der Text gestaltet sich, indem er sich öffnet. Er ist das Produkt des Begehrens des Anderen. Er ist ein Raum, der von diesem Begehren erstellt ist."[26] Der Andere – Gott – wird nicht genannt, er bleibt „im Dunkeln", was vorliegt, ist der Text. Und dieser Text wird zu dem, was er ist, erst durch den „Besucher, den er erwartet", das „Begehren" des Anderen.

„Was wird aus diesem Text, wenn sein Anderer ihm fehlt? Die Rede ist dann nur ein lebloses Objekt, wenn der Besucher, den sie erwartet, nicht kommt, und wenn der Andere nur ein Schatten ist. Es bleibt dann nur ein Werkzeug, das noch durch verschwundene Gegenwarten charakterisiert wird, wenn es, außerhalb von ihm, keinen Platz mehr für die Sehnsucht gibt, die zu dieser Rede geführt hat. Es hält dann nicht, was es verspricht. Es ist ein literarischer Raum, dem allein das Begehren des Anderen Sinn gibt." (116f.)

3.2 Grenzgänge und Grenzgänger: mystische Literatur des 16. und 17. Jahrhunderts

Was haben die Texte des Ignatius ausgelöst, durch welches „Begehren" werden sie neu lebendig? Diese Frage – und damit die Frage nach dem Nachwirken des spirituellen Impulses des Gründers einer Gemeinschaft – durchzieht Michel de Certeaus Annäherung an die mystische Literatur der ersten und zweiten

---
25 Vgl. auch: Ders., ebd. 117.
26 Ders., ebd.: „... manière de faire place à l'autre. ... A cet égard, le texte fait ce qu'il dit. Il se forme en s'ouvrant. Il est le produit du désir de l'autre. C'est un espace construit par ce désir."

Generation der Jesuiten. In seiner Promotionsarbeit hat er sich den Texten von Pierre Favre (Petrus Faber) angenähert, einem der ersten Weggefährten von Ignatius von Loyola, und dessen Tagebuch ediert. Das am 15.6.1642 begonnene „Mémorial" dokumentiert die große Reisetätigkeit Favres, seine Reisen nach Deutschland, nach Speyer, Mainz und Köln, nach Portugal usw.[27] In der Einführung und Kommentierung der Texte durch Certeau wird der große Spannungsbogen deutlich, der den geistlichen Weg Certeaus selbst auszeichnet, die Spannung von göttlicher Gegenwart und gleichzeitig deren „Abwesenheit". Von Ignatius angeleitet kommentiert Favre selbst immer wieder neu die „wirkliche und verborgene Gegenwart" der „humanitas divina"; er entfaltet eine inkarnierte Spiritualität, die Gegenwart Gottes in den konkreten Dingen des Alltags zu leben, und doch dies als „Abwesenheit" zu erfahren.[28] Am 6.1.1645 hatte Favre in Coimbra notiert: „… aber der wahre Sieg, die wahre Selbstbeherrschung und der wahre Selbstbesitz lassen sich umso mehr erkennen, wenn wir unseren König als abwesend glauben, ihn, der dennoch unsere Kämpfe anleitet, bis er uns zu Königen gemacht hat."[29]

---

27 Vgl. die Textausgabe: BIENHEUREUX PIERRE FAVRE, *Mémorial*. Traduit et commenté par MICHEL DE CERTEAU, Paris 1960.
28 Vgl. MICHEL DE CERTEAU, *Introduction*, in: BIENHEUREUX PIERRE FAVRE, *Mémorial*, s. Anm. 27, 7-95, hier 92: „… ce que le *Mémorial* nous apprend de Favre le montre de plus en plus absorbé dans le mystère du Christ, médiateur du Commencement et de la Fin, présence de l'un et de l'autre, donné et promis dans toutes les humbles réalités de ce monde. L'*humanitas divina* est en tout la présence réelle et cachée, infinie et se proportionnant pourtant à des forces limitées de toutes parts. Elle est aussi la pierre de touche de l'action et des objectifs visés: car cela n'est pas divin qui n'est pas réel. Le présent, – ce que Favre n'envisageait d'abord que comme un 'milieu' –, est la communication du Principe et de la Fin; et il n'y en a pas d'autre. La place que prend dans la vie de l'apôtre cette 'humilité infinie' manifeste cette concentration sur le présent: le Corps du Christ, la vie de l'Eglise, les petits travaux du service quotidien, les pauvres et les enfants, tout ce qui attache Favre à ce monde lui fait percevoir aussi l'insondable et invisible Activité qui se donne ainsi sous les espèces du visible et du particulier dans la fidélité quotidienne."
29 BIENHEUREUX PIERRE FAVRE, *Mémorial*, s. Anm. 27, 389.

Einer, der unter dieser Spannung von Gegenwart und Abwesenheit, von Licht und Dunkelheit, fast zerbrochen wäre, ist Jean-Joseph Surin. Surin gehört zur zweiten Generation der Jesuiten, er ist in Bordeaux aufgewachsen, in einer Zeit, in der die spirituellen Impulse der Gründerphase des Ordens bereits zu versiegen drohten. Surin war gefragter geistlicher Begleiter, sein umfangreicher Briefwechsel, vor allem mit vielen Ordensfrauen, dokumentiert dies. Certeau hat die umfangreiche Korrespondenz und weitere Schriften Surins herausgegeben, kommentiert, immer wieder greift er auf dessen Schriften zurück. Gerade die einfühlsamen Briefe an befreundete Ordensfrauen weisen auf seine große Vertrautheit mit dem Wort Gottes hin, sein Leben aus einer tiefen Erfahrung der Gegenwart und Nähe Gottes. Er selbst wächst jedoch immer mehr in eine Dunkelheit hinein. Was ihn dabei gezeichnet hat, ist eines der wichtigsten religiösen Ereignisse seiner Zeit, das vor allem Westfrankreich erschüttert hatte, das Phänomen der „Besessenheit" im Kloster der Ursulinen in Loudun, das sich 1637 zuspitzt in Gestalt verschiedenster Exorzismen, auch mit Todesfolgen. Surin wird zum „Exorzisten" der Oberin Jeanne des Anges bestimmt, sie wird geheilt, er bleibt mit ihr danach in einem lebenslangen Kontakt. Gerade in den Briefen an Jeanne des Anges enthüllt er sich selbst, seine eigenen Ängste, er ist nicht mehr der starke, alles verstehende, alles wissende weise Begleiter. Folge seiner großen Nähe zu den Ursulinen ist, dass Surin selbst dieses „Dunkel" durchlebt. Er wird als ein „Besessener" in einen abgedunkelten Raum gesperrt, erlebt über zwanzig Jahre seines Lebens (1637-1657) eine Nacht, den Abgrund Gottes, den „dunklen" Gott. Julien Green vergleicht ihn in seinem Vorwort der von Certeau herausgegebenen Korrespondenz mit Hiob: „… Der Gott Surins, während dieser Krise, ist ein Gott, der Angst macht. Er hat jene Qualität, die die Italiener als terribilità bezeichnen. Der Christ selbst, der Christ Surins macht Angst: ‚Ich sah seine Gestalt, sein Gesicht und seine Kleidung', schreibt der Halluzinierende, ‚seine Kleidung war rot, und sein Gesicht hatte den Ausdruck eines solchen Zorns, daß keine Geisteskraft ihm standgehalten hätte. Es scheint mir ganz ernsthaft, daß er auf diese Weise in der Todesstunde erscheinen wird, um das Urteil für die Bösen auszusprechen ...' ‚Gott ist ein Meer der Strenge, die jedes Maß übersteigt.' ..."[30] Es ist die Umkehrung einer Erfahrung der lichtvollen Gegenwart, es ist ein Dunkel, das mit Gott selbst assoziiert wird. Certeau wird gerade auch in späteren Texten immer wieder auf diese Erfahrung der „Besessenheit" zurückkommen: die sogenannten „Verrückten" sind Grenzgänger, die in der Tiefe ihrer seelischen Erfahrung „Seismographen" für das Geheimnis sind, das Gott ist. Mit Surin deutet Certeau diese Besessenheit christologisch: Es ist die „menschliche Ähnlichkeit" zu einer „Verwundung, die der göttlichen Passion auf geheimnisvolle Weise innerlich ist. Gott sagt sich aus, in dem er ‚sich vernichtet'". Was in der Inkarnation des göttlichen Wortes beginnt, verdichtet sich in dem Augenblick, in dem, so Certeau, „das Herz Jesu durchstoßen wird". Gerade in der Begegnung von zwei so fern liegenden Dingen, die scheinbar nicht zu vereinbaren sind, Gott und Mensch, kommt es zu einem „Schock", die menschliche Realität wird „verschlungen" von der Größe und Liebe des göttlichen Wesens. Der Schock verwundet, er hinterlässt eine Wunde, durch die immense Kraft dieser Größe, der Liebe, ist sie verursacht.[31]

In diesen frühen Texten, in denen Certeau sich der mystischen Literatur des 17. Jahrhunderts annähert, können wir auf eine Spur stoßen, was es sein kann, das Dunkel, das mit Gott, mit der Erfahrung Gottes assoziiert wird. Sie setzt an bei der „humanitas divina", dem „Schock", zu dem es kommt, wenn diese beiden „Realitäten", Gott und Mensch, aufeinanderstoßen, und der sich verdichtet im Ereignis des Kreuzes. Das Kreuz ist diese Erfahrung des Dunkels, hier können wir, so schreibt es Surin in einem Brief an Jeanne des Anges 1664, zugeschüttet werden mit „allen Bedrängnissen, die die Wut der Hölle verursachen kann". Wenn Jeanne des Anges selbst diese Erfahrung mache, dann, so Surin, „halte ich Sie wirklich für die Braut des gekreuzigten Je-

---

30 JULIEN GREEN, *Préface*, in: JEAN-JOSEPH SURIN, *Correspondance*, s. Anm. 6, 9-23, hier 16. Green gibt keine Belegstellen an.
31 Vgl. MICHEL DE CERTEAU, *Introduction*, in: JEAN-JOSEPH SURIN, *Correspondance*, s. Anm. 6, 48f.

sus Christus, und das wäre der Gipfel des Guten, wo seine Liebe Sie hinführen kann. ... der Rest Ihres Lebens möge eine beständige Ehre diesem Gott, der gestorben ist, gegenüber sein, und das Licht der Sonne möge Ihnen nicht mehr Freude geben, allein die, die von seinem Geist herrührt."[32] Das Dunkel ist beides, es wird mit Gott selbst assoziiert, es verdichtet sich im tiefsten Punkt der Begegnung von Gott und Mensch, am Kreuz, es ist aber auch die „Verwundung" unserer menschlichen Realität durch dieses Ereignis.

4. Michel de Certeau: der verletzte Wanderer – „nicht ohne Dich"

Certeau ist ein Reisender gewesen, und dies in ganz vielfältiger Hinsicht. In den meisten seiner wissenschaftlichen Arbeiten hat er sich auf die Reise gemacht in frühe Zeiten des Jesuitenordens, der mystischen Literatur der Gemeinschaft. Aber genau dies hat ihn nicht zu einem Menschen der Vergangenheit gemacht. Er war zutiefst ein Mann der Gegenwart, ihm ging es um das Aufspüren der Momente, die Menschen in eine Lebendigkeit hineingeführt haben, die sie zu dem gemacht haben, was sie sind. Die Momente, die Menschen zu „gegenwärtigen" Menschen machen, erwachsen aus der Erfahrung der „Gegenwart" Gottes, selbst in den Momenten höchster „Entfremdung", Abwesenheit, Besessenheit. Was Wahrheit stiftet, ist die Begegnung mit „Anderen" – sei es in der Vergangenheit oder der Gegenwart: „Die Bewegung der Geburt zur Wahrheit ist die Dialektik eines Gesprächs. Jeder bezieht seine Wahrheit von dem her, was ihn an die anderen bindet und zugleich von ihnen unterscheidet."[33] Leitmotiv der „Spiritualität", des Gott-Denkens Certeaus ist die Reise. Certeau konnte nicht anders, als in Bewegung zu

---

32 JEAN-JOSEPH SURIN, *Correspondance*, s. Anm. 6, Brief Nr. 562 an Mère Jeanne des Anges, 27.11.1664, 1615-1617, hier 1616.
33 MICHEL DE CERTEAU, *L'Etranger*, s. Anm. 1, 146f. Die in Klammern gesetzten Ziffern dieses 4. Abschnittes beziehen sich auf Texte aus der Sammlung „L'Etranger".

sein, je neu aufzubrechen. Alles, was zu einer Reise gehört, die Landkarte, die Orientierungspunkte, Wegmarken, die Begegnungen usw., sind Momente, die dieser Spiritualität eine Struktur geben. Was ihn dabei nicht loslässt, ist die Frage nach dem, was auf die Reise schickt. Dabei will er keinen „ersten" Punkt festmachen; solchen Versuchen klassischer Metaphysik verweigert er sich. Die Reise, die Bewegung ohne Anfang oder Ende, ist das „Erste", wenn überhaupt von einem „Ersten" gesprochen werden kann. Auf dieser Reise kann sich etwas ereignen, das dann wieder neue Orientierung gibt, das in eine andere Richtung gehen lässt. Im Folgenden wird einigen „Eckpunkten" nachgegangen, wie dieser unermüdliche, verletzte Wanderer Certeau den Weg der spirituellen Reise absteckt. Es wird zunächst die Frage nach der „Begegnung" mit *dem* sein, der auf die Reise schickt, die Frage nach dem „dunklen" Gott: „pas sans toi". Daran wird sich die „Arbeit des Begehrens" bzw. die „Arbeit an der Sehnsucht" anschließen und ein neuer Blick auf das, was „Mission" ist, Mission als Schlüsselthema für Glaubensleben und Kirche in nachchristlichen Zeiten.

Eine Interpretationsperspektive, die ich zur Diskussion anbiete, und die sich im letzten Punkt verdichten wird: Schlüssel unserer christlichen Glaubenserfahrung ist die Inkarnation – dass Gott Mensch geworden ist, uns Menschen gleich, außer der Sünde. Menschenwege sind Gotteswege. Gotteserfahrung ist nicht etwas, das unverbunden neben unserer Welterfahrung steht. Können darum nicht Menschen mit großer geistlicher Erfahrung, mit einer Sensibilität für den Raum ihrer Seele und den der anderen, die Zeichen der Zeit und die Gotteserfahrung darin auf besondere Weise „erspüren"? Certeau ist seinen Weg der Nachfolge in einem immer mehr entchristlichten Umfeld gegangen, die Gottesrede ist hier nicht „selbstverständlich" – wenn sie es je gewesen ist. Gott und Gotteserfahrung liegen „im Dunkeln", Gott selbst ist für viele ein „dunkler" Gott. Ist Certeaus „Reise" vielleicht ein Weg, gerade mit und in dieser Abwesenheit auf die verborgenen Räume des „Anderen" hinzuweisen, eine Leseanleitung, Zeichen zu deuten in Zeiten, in denen „dogmatische Wahrheiten" nicht greifen?

4.1 „Pas sans toi" – Mach, dass ich niemals von dir getrennt werde

Was kann im Leben festgemacht werden? Es gibt Punkte, Kommata, Momente, die die Zeit strukturieren, die einen Rhythmus bilden. Dabei gibt es bestimmte Ereignisse, die eine „coupure" bedeuten, eine Unterbrechung, einen Schnitt, der das, was kommt, in einem anderen Licht erscheinen lässt. Erst im Nachhinein werden sie als solche verstanden und gedeutet. Ein solches Ereignis in der Geschichte war die Menschwerdung Gottes; auch die Jünger sind erst „après coup" in ein Verstehen hineingewachsen. Gott zieht vorüber, wir können ihn nur „von hinten" sehen.[34] Und doch ändert sich mit dieser Erfahrung die Landschaft. So bildet sich in der eigenen religiösen Erfahrung mit dieser „coupure" ein „Ort" aus, der als solcher Ort wiederum ein „non-lieu" ist; in ihm können wir nicht verweilen, er sendet uns wieder aus. Aber genau hier zeigt sich, was für Certeau der „Sinn" der mystischen Erfahrung ist, die „existentielle Verbindung mit dem Anderen, das heißt mit dem, der nicht aufhört, ihm zu fehlen" (Etranger, 11). Was auf die Reise schickt, ist dieses Ereignis, eine „coupure", die aber kein „Ort" ist, weil der, der vorüberzieht, der ist, der immer auch „fehlt". Die grundsätzliche Bezogenheit auf Anderes, einen Anderen, ist das, was den Lebenstext ausmacht – so wie Jesus selbst gesagt hat, „ich bin nichts ohne meinen Vater, und ich bin nichts ohne Euch, Brüder, ohne eine Zukunft, um die ich nicht weiß." (10) In seiner Annäherung an die Beziehung von Petrus und Jesus in Joh 6,68 schreibt Michel de Certeau:

> „Petrus versteht nicht besser, aber er weiß bereits, daß aufzubrechen bedeutet, sein Leben zu verlassen – das ist das, was dieser Mann ihm von seiner eigenen Existenz enthüllt hat (Joh 6,68). Jesus ist nicht das, was er besitzt, sondern das, *ohne das* leben nicht mehr leben hieße. Er ist bereits das Wesentliche und er bleibt verschieden; notwendig und ungreifbar. Er übersetzt, geographisch und sozial, die Gewißheit, daß Gott der Unverstehbare ist, ohne den es dennoch unmöglich ist, Christ und Mensch zu sein. Eine Solidarität im Glauben bindet an den *Un-*

---

34 Vgl. DERS., ebd. 4ff.

bekannten, der immer auch der *Verkannte* ist. Dieser Fremde hört nicht auf (wenn man den Begriff analog zu einer Liebesbeziehung versteht), derjenige zu sein, der den Christen *fehlt*." (15f.)

Darum können wir auch das, was den „Sinn" unserer christlichen religiösen Erfahrung stiftet, nicht festmachen. Er zeigt sich als etwas, „ohne das" wir nicht leben können, weder wir als einzelne, noch eine Gemeinschaft. Certeau greift in der Formulierung „nicht ohne" auf Heidegger zurück, der den Bezug zum „Sein" gerade darin ausgedrückt hat, dass unser Sprechen ohne diesen überhaupt nicht möglich ist. Im „Nicht ohne" drückt sich eine Beziehung aus, die selbst im „Fehlen", in der Abwesenheit weiter besteht und die ins Unendliche hinein eine neu zu Findende ist.[35] Hier ist angelegt, warum für Certeau Spiritualität, geistliche Erfahrung eine „geschichtliche" ist: Sie geht auf ein „Ereignis" zurück, das sich als solches in der Geschichte „auszeitigt" und gerade darin, in den Beziehungen, die in der Geschichte wachsen, als wahres erkannt wird. „Gott kann *nicht ohne* uns leben. Das will auch heißen, daß Jesus, als geschichtliche Person, *nicht* leben und auch nicht sprechen kann *ohne* diejenigen, die ihm folgen werden und die ihn noch nicht kennen ... Er hat Bedeutung nur in dem Maße, in dem er ohne andere Momente, ohne andere Begegnungen, nicht verstehbar ist." (10) Das einmalige Ereignis der Begegnung von Gott und Mensch in Jesus Christus zeigt sich so in der Geschichte in einer Fülle von Ausdrucksformen, und genau darin bewahrheitet es sich. Glaube ist je neu und immer wieder eine „rupture instauratrice", ein „Bruch", der neue Ausdrucksgestalten entstehen lässt.[36] Das

---

[35] Vgl. auch DERS., ebd. 9: „Au fond, il est perçu dans l'expérience comme ce sans quoi un homme ne peut pas vivre, ce sans quoi une communauté, un groupe d'hommes, ne peut pas exister. ... Heidegger essayait de définir le rapport que nous avons avec l'être en le caractérisant par le fait qu'on ne peut *pas* parler *sans* lui. Cette catégorie 'pas sans' énonce en effet la tension d'un rapport et le lien indéfiniment retrouvé par l'expérience."

[36] Vgl. dazu: JOSEPH MOINGT, *L'ailleurs de la théologie*, s. Anm. 12, 373. Moingt zitiert hier den Artikel von Certeau: *Faire de l'histoire. Problèmes de méthodes et problèmes de sens*, in: Recherches de science religieuse

Christusereignis ist „überall impliziert, aber es wird nirgendwo ‚ergriffen'": „Jesus ist der Andere. Er ist der lebende Verschwundene in seiner Kirche. Er kann kein Objekt sein, das besessen wird."[37]

Die Beziehung zum Ursprung ist für christliche Glaubenserfahrung ein „procès d' absence"[38] („Prozess einer Abwesenheit"). Jedes Sprechen von Gott hat je neu daran zu erinnern, hat diese Abwesenheit zu respektieren; der Ursprung ist immer „imprenable" („ungreifbar"). Und gerade darin liegt die Vielfalt der Glaubenszeugnisse begründet: „Eine Kenose der Gegenwart führt zu einer pluralen und gemeinschaftlichen Schrift."[39] Das Christentum bewahrheitet sich gerade darin, dass es „möglich gemacht" wird, „zugelassen" wird, dass es immer neu Glaubende gibt.[40] „Es geht für jeden Christen, für jede Gemeinschaft und für das Christentum im Ganzen darum, das *Zeichen dessen zu sein, der ihnen fehlt,* und dann dreht es sich um Glauben oder um Gott."[41] Genau dies ist der Weg, dem „dunklen Gott" auf die Spur zu kommen; Certeau setzt bei dieser „Abwesenheit" an – es ist die Abwesenheit eines „Anderen", der selbst zutiefst Gegenwart ist, aber erfahren wird in seiner Abwesenheit.

---

58 (1970) 481-520, hier 516: „De part et d'autre, la foi apparaît comme une *rupture* sans cesse *instauratrice*, soit sur le mode de fondations communautaires qui produisent un langage, soit sur le mode d'écarts qui se démarquent de langages reçus pour en trouver le sens." Vgl. dazu auch: PHILIPPE LECRIVAIN, *Théologie et sciences et l'autre*, s. Anm. 15, 75: „Ainsi, de même que le fait passé, l'absent de l'histoire, 'permet' l'écriture de l'histoire; de même l'Absent toujours manquant, le Dieu toujours plus grand, 'permet' l'écriture mystique; de même l'irruption de Jésus irrémédiablement disparu 'permet' une écriture croyante, une 'fable qui fait croire'. Mais ce langage théologique, pour M. de Certeau, ne peut être que blessé, non seulement parce qu'il doit témoigner de la 'différence' évangélique, mais parce que, dans le champ moderne du savoir, il ne peut qu'attester de l'effacement du corps social de l'Eglise."

37 Vgl. MICHEL DE CERTEAU, *Faire de l'histoire*, s. Anm. 36, 519.
38 DERS., *La Faiblesse de croire*, s. Anm. 2, 214.
39 DERS., ebd.
40 Vgl. dazu: DERS., ebd. 214f.
41 DERS., ebd. 217.

4.2 Die Arbeit an der Sehnsucht – „travail d'un désir"

Der „Ort", die Sinnspitze der mystischen Erfahrung, ist kein Ort, der uns ausruhen lässt, als „non-lieu" ist er Ausgangspunkt eines Weges. Wir können diesen Ort nicht mit der Wahrheit, mit Gott, identifizieren. Was identifiziert werden kann, ist das „Fehlen" – das „pas sans toi". Damit aus und in diesem Fehlen eine „identifizierbare" Erfahrung wird, muss daran „gearbeitet" werden. Michel de Certeau erinnert an den „travail d'un désir", den die Mönche der Ostkirche immer wieder neu unternommen haben. Das Bild dieser Mönche, die die Nacht in Erwartung des Morgens durchwachen, mit ausgestreckten Armen, die Nacht durchlebend mit all ihren Sinnen, wird für Certeau zum Symbol der Reise der geistlichen Erfahrung. Hier wird deutlich, dass die Reise keine „beliebige" ist, sie wird angestoßen in dieser „Arbeit an der Sehnsucht". Certeau interpretiert hier auf neue Weise das ignatianische „volo", in dem sich göttliches und menschliches Wollen auf geheimnisvolle Weise begegnen. In der Nacht stehen die Mönche da, in Erwartung:

> „In der Nacht standen sie da, aufrecht, in der Haltung der Erwartung. Sie waren unter freiem Himmel aufgestellt, aufrecht wie Bäume, sie streckten die Hände gen Himmel, zu der Ecke des Horizontes gerichtet, von woher die Morgensonne kommen sollte. Die ganze Nacht über wartete ihr in Sehnsucht gespannter Körper auf den Tagesanbruch. Das war ihr Gebet. Sie hatten keine Worte. Wozu Worte? Ihre Sprache, das war ihr Körper in Arbeit und in Erwartung. Diese Arbeit an der Sehnsucht war ihr schweigsames Gebet. Sie waren da, ganz einfach. Und als am Morgen die ersten Sonnenstrahlen ihre Handflächen erreichten, konnten sie innehalten und sich ausruhen. Die Sonne war gekommen." (3)

Es geht darum, an der Sehnsucht zu arbeiten, die Mönche tun dies, in ihren Gesten, im Durchwachen der Nacht, in der Hoffnung, dass der Tag, dass Gott kommen wird, auch wenn im Dunkel der Nacht diese Sicherheit nicht da ist. Das Bild ist Symbol für die Lebensreise, die Reise ist in das Dunkel gehüllt, es gibt eine Hoffnung auf das Licht, es gibt aber keine Sicherheit, die Lebensreise selbst ist durch das „Fehlen" dieses Lichtes charakterisiert. In den großen liturgischen Feiern der Heiligen Nacht, der Osternacht, lebt dieses Bild; wir feiern hinein in den Anbeginn des Tages, Symbol der Lebensreise, dass einmal – in der Zukunft Gottes – Licht sein wird, „extase blanche", wie Certeau es nennt. In diesem Bild können wir uns einen Schritt weiter an den „dunklen Gott" Certeaus herantasten. Es ist der Gott auf unserer Lebensreise, der hier ins Dunkel gehüllt ist, den wir mit all unserer Sehnsucht erwarten, weil er der ist, der uns immer neu auf diesen Weg geschickt hat und schickt, im Aufblitzen einer Gegenwart, die „vorbeigeht" – „non-lieu". „Die Sehnsucht geht beständig über das hinaus, worin sie sich bis dahin ausgedrückt hat. Das ist der Beginn einer Reise." (6)

4.3 Apostolat und Mission: die Begegnung mit dem Fremden

Mystik und Mission, Ort und Wegstrecke gehören zusammen. „Gott ist, Immanuel, gegeben und empfangen im Licht *eines* Tages" – das ist die mystische Erfahrung. Aber Gott ist wiederum auch nicht da, er kommt, er wird „bis zum *letzten* Tag" erwartet und „überrascht alle Sehnsucht, die ihn ankündigen sollte".[42] Der Ort ist so wie ein Aufbruch, er ermöglicht den Weg der Suche. Was auf diesem Weg uns in die Wahrheit einführen kann, ist die Begegnung mit dem Anderen, dem Fremden; im Beziehungsnetz, das sich verdichtet, sagt sich diese Wahrheit an. Von den Anderen „erwarten wir die Wahrheit, die wir bezeugen" (11). Ein ganz neuer Sinn des Apostolats, der Mission tut sich auf: „Sie hat ganz wesentlich nicht zum Ziel zu ,erobern', sondern Gott dort anzuerkennen, wo er bis dahin nicht erkannt worden ist. Der Aufbruch in die ,Wüste' oder in die Fremde flieht die damaligen christlichen Städte, wo der Glaube Gefahr lief, sich einzuschließen, sich ganz komfortabel auf Macht und in Systemen niederzulassen; er läßt sich auf eine Reise ein in Länder, Sprachen und Kulturen, in denen Gott eine Sprache spricht, die noch nicht dekodiert und aufgezeichnet worden ist. Sie setzt

---

42 DERS., *L'Etranger*, s. Anm. 1, 6.

den Pilger der Überraschung aus." (15) Gerade in der Fremde, in der „Wüste", lernen wir, Gott ganz neu zu lesen; Gott schreibt hier in Buchstaben, die der Missionar noch gar nicht kennt, er spricht eine Sprache, die kein christliches Zeichen entschlüsseln kann. (73) Dabei ist sie kein Ort der Einsamkeit; der Missionar wird in der Fremde in ein neues Beziehungsnetz eingebunden, Certeau spricht hier sogar von einem „Sakrament" des Apostolats (81), weil der Missionar und die Fremde einander schenken und – wie in der Ehe – „den Herrn von einander empfangen" (81).[43]

Die Tiefendimension des Glaubens ist, in den Spuren Michel de Certeaus, eine „missionarische". Gerade in der Begegnung mit dem Fremden wachsen wir immer mehr in sie hinein, weil wir in der Begegnung das vom anderen empfangen, was wir ihm schenken – Gegenwart Gottes.

„‚Wir müssen uns,' sagte Heidegger, ‚von unseren eigenen Ursprüngen entfremden.' Der Apostel weiß in seinem Glauben, daß Gott bis zu ihm kommt in allen seinen menschlichen und religiösen Ursprüngen. Aber er muß dies jeden Tag immer mehr lernen. Auch wenn er sein Land verlassen hat, um Jesus Christus auf einem neuen Gebiet zu verkünden, so wird er zur Kirche, die ihn ausgesandt hat, zurückgeführt. Er findet diese Entfremdung in den Reichtümern, die Gott ihm schon seit langem geschenkt hat. Hatte er also unrecht, aufzubrechen? Nein, denn das, was ihn von den Fremden trennte, machte ihm das Geheimnis unzugänglicher, das er bereits kannte, aber dessen volles Verstehen jedem nur in der Begegnung mit anderen gegeben wird. Die Entfernung zwischen seinen Brüdern und Schwestern und ihm hielt ihn noch entfernt von Gott. So entdeckt er durch sie die Gegenwart, die er sie in ihnen selbst entdecken hilft. Wenn die Begegnung ihre gegenseitigen Engen bricht, wenn sie in ihnen eine neue Zukunft öffnet und ihre Erfahrungen verbindet, so lehrt sie (die Begegnung) sie, bis zu welchem Punkt Gott der Urheber ihrer eigenen Existenz ist. An jedem Ort, in jedem Leben ist Christus bereits da. Aber seine Transzendenz und seine Nähe enthüllen sich nach und nach im Zuge des Aufeinandertreffens, das die vielfältigen Zeugen seiner Gegenwart in ihren eigenen Ursprüngen entfremdet." (96)

---

43 Vgl. auch DERS., ebd. 81: „Le missionnaire ne se contente pas d'observer et de connaître; il se donne, mais le geste qui donne est un geste qui quête."

In der Tiefe ist Gott selbst dieser Fremde, er ist der Fremde par excellence, ohne den zu leben nicht mehr leben ist. Mystik und Mission verdichten sich in dieser Erfahrung.[44] Ein biblischer Text, der in diese Erfahrung hineinführt, ist der Emmausweg. Auf ihn kommt Michel de Certeau immer wieder zurück (Lk 24,13-35) – und Emmauswege gibt es viele, mit dem unbekannten Nachbarn, dem getrennten Bruder, dem, dem ich flüchtig auf der Straße begegne, mit denen, die in Gefängnissen sitzen, mit den vielen Armen. (13) Ein Fremder gesellt sich zu den Jüngern, sie sind betroffen, ihr Gottesbild hat sich verdunkelt, ihr Freund ist an das Kreuz geschlagen worden; in der Begegnung mit dem Fremden geht ihnen dann auf, wer Gott ist. Als Unbekannter kommt der Herr zu den Seinen, „ich komme wie ein Räuber". (13) Der Fremde ist immer jenseits der Grenzen, die wir setzen, und gerade darum werden in der Begegnung mit ihm unsere eigenen Grenzen gesprengt. Dabei bleibt Gott der „*Unbekannte*, derjenige, den wir nicht kennen, auch wenn wir an ihn glauben; er bleibt der Fremde für uns, in der Dichte der menschlichen Erfahrung und unserer Beziehungen. Aber er ist auch der *Verkannte*, den wir nicht erkennen wollen." (14) So ist das Gesicht Gottes immer neu, wir können es nicht festschreiben, festhalten, es überrascht immer wieder neu. Ist das vielleicht auch der „dunkle Gott", weil wir mit all unseren Lichtern sein Gesicht nicht auszuleuchten vermögen, weil es selbst als Überraschendes immer wieder neu aufblitzt?[45] „Er ist für die

---

44 Vgl. DERS., ebd. 16: „... le mystique expérimente, dans le présent de l'union, la nécessité de se perdre: il est pris, 'ravi', disait-il dans le passé, c'est-à-dire volé et comme effacé de sa propre subjectivité par quelque chose ou quelqu'un d'autre qui est sa nuit en même temps que son nécessaire. Il est pacifié par qui lui enlève ses biens. Il revit de ce qui le dévore. Cette structuration de l'expérience apparaît aussi dans la perspective eschatologique, aspirée par un avenir: le désir vise l'inconnu, et il en vient, mais il fait vivre dès à présent; l'étrangeté du futur a sens; une existence est arrachée à elle-même, mais par une espérance qui lui donne sa subsistance actuelle. Finalement, de part et d'autre, quoique sous des formes inverses, resurgit cet Autre qui est pourtant 'ma vie'. Sur le mode de l'expérience personnelle, l'Etranger est à la fois l'irréductible, et celui sans qui vivre n'est plus vivre."
45 Vgl. auch DERS., ebd. 78f.

Christen ihre Berufung und zugleich der, der sie verurteilt. Er fehlt ihnen und er wirft sie aus der Bahn. Er lehrt sie, was sie bereits sagten, und er enthüllt (oft ohne sein Wissen und ihnen zum Trotz) ihre Uneinsichtigkeit und ihre Enge – wie es bereits der Fremde getan hat, auf dem Weg nach Emmaus. Er ist ihr wahrer Richter im Namen ihres Glaubens. Die ‚Gläubigen', die immer irgendwo wohnen, arbeiten daran, daß sich eine Tür im Bekannten öffnet oder auf Unbekanntes hin, aber ohne daß sie im Voraus bereits wüßten wo oder wie." (18)

Certeau hat in seiner Zeit zur „Avantgarde" gehört und bereits in den 60er Jahren für den französischen Katholizismus Zeichen eines Aufbruchs gesetzt, die erst langsam in den letzten Jahren ernsthaft wahrgenommen werden. Unsere Zeiten sind nicht mehr „christliche", immer mehr säkularisiert sich die Gesellschaft und gewinnt eine nicht mehr überbrückbare Distanz zu „dogmatischen" Wahrheiten; Glaube fällt aus einer lange selbstverständlichen Kirchlichkeit heraus.[46] Michel de Certeau stellt komplexe Überlegungen zum Phänomen der Religion und Religiosität in diesen modernen, postchristlichen Gesellschaften an. Religiosität ist nicht mehr bloß an die Religionen gebunden; diese stecken vielmehr tief in einer Glaubwürdigkeitskrise, wie die Institutionen in der zu Ende gehenden Moderne überhaupt. Gerade weil die ethischen und politischen Diskurse in den modernen Gesellschaften „leer" werden, bietet sich diese „Leerstelle" für eine neue, poetische Sprache des Religiösen, eine Sprache ohne die Sicherheit der Institution, eine der Offenheit und Verletzlichkeit des Religiösen eigene Sprache.[47] Die Spiritualität in der Begegnung mit Fremdem ist der Weg, den Certeau einschlägt. Die Sprache, zu der er findet, gewinnt ihren Ausdruck und ihre Dichte aus der „Arbeit an der Gastfreundschaft dem

---

46 Vgl. hier die Studie: DERS./JEAN-MARIE DOMENACH, *Le christianisme éclaté*, Paris 1974. Dazu: DANIELE HERVIEU-LEGER, *La figure présente du christianisme*, in: LUCE GIARD (Hg.), *Michel de Certeau*, Paris 1987, 75-80.

47 MICHEL DE CERTEAU, *La Faiblesse de croire*, s. Anm. 2, 252. Vgl. hier auch die Arbeiten Certeaus zur „Alltäglichkeit": *L'invention du quotidien. Bd. 1 Arts de faire*, Paris 1980.

Fremden gegenüber".⁴⁸ Vom Glauben können wir nur noch in den „lieux de transit" – den „Transiträumen", den Wartehallen, den vielen kleinen und großen Passagen – sprechen: „Über die Sicherheiten von damals hinaus scheint eine Arbeit *ganz bloßgelegt* verfolgt zu werden müssen, ohne den Schutz einer Ideologie, die von einer Institution garantiert wird, unter einer Gestalt, die den Charakter einer Reise hat – ‚sous forme voyageuse'."⁴⁹

Das Gottesbild verdunkelt sich für viele unserer Zeitgenossen, es ist ein „dunkler Gott", an den sie, wenn überhaupt, denken und zu glauben versuchen. Aber genau hier kann Michel de Certeau Mut machen in seiner Erinnerung an den ursprünglichen Impetus christlichen Glaubens, den missionarischen Glauben, die Offenheit für Neues, weil gerade dort, in der Fremde, Gott, der Fremde, entdeckt werden kann – in der Flüchtigkeit eines Augenblicks, in der Unverhofftheit der Begegnung. In einem seiner persönlichsten Texte, „Extase blanche", an den ich bereits erinnert habe, wird dabei aber auch deutlich, dass diese Fremde nicht das letzte Wort hat. In der Begegnung mit dem Fremden werden wir an das eigene Land erinnert, eine „Ebene ohne Schatten": „Es gibt kein anderes Ende der Welt".⁵⁰ Dann werden Licht und Dunkelheit nicht mehr changieren, dann werden wir nicht mehr zwischen Licht und Dunkelheit unterscheiden wollen. Dann sind wir in der Heimat angelangt, bei Gott, nicht dem Dunklen, nicht dem Lichten, bei Ihm, der sich zeigen wird, wie Er ist.

---

48 Vgl. DERS., *La Faiblesse de croire*, s. Anm. 2, 262: „Ce travail d'hospitalité à l'égard de l'étranger est la forme même du langage chrétien. ... perdu, heureusement noyé dans l'immensité de l'histoire humaine. Il s'y efface comme Jésus dans la foule."
49 DERS., ebd. 252. Vgl. dazu auch: MATTHIAS SELLMANN (Hg.), *Deutschland – Missionsland. Zur Überwindung eines pastoralen Tabus*, Freiburg i. Br. u. a. 2004.
50 MICHEL DE CERTEAU, *La Faiblesse de croire*, s. Anm. 2, 318: „Je voyageais en espérant découvrir un lieu, un temple, un ermitage où loger la vision. Mon pays se serait aussitôt mué en une terre de secrets, par le seul fait d'être éloigné de la manifestation. Mais vos doutes me renvoient à ma plaine sans ombre. Il n'y a pas d'autre fin du monde."

Ich möchte schließen mit einem Text aus den „Geistlichen Gesängen" von Jean-Joseph Surin, der Michel de Certeau begleitet hat:

> „Ich möchte durch die Welt streifen,
> wo ich wie ein verlorenes Kind leben werde;
> ich habe den Charakter einer vagabundierenden Seele angenommen,
> nachdem ich mein ganzes Hab und Gut verteilt habe;
> es ist mir alles eins, ob ich lebe oder sterbe,
> es reicht mir, wenn die Liebe bleibt."

> „Je veux aller courir parmi le monde,
> Où je vivrai comme un enfant perdu;
> J'ai pris l'humeur d'une âme vagabonde,
> Après avoir tout mon bien répandu;
> Ce m'est tout un, que je vive ou je meure,
> Il me suffit, que l'amour me demeure."[51]

---

51 JEAN-JOSEPH SURIN, *Cantiques spirituels*, Paris 1731, Cantique V, 1.

GEORG BEIRER

Der Mensch – ratlos vor dem Bösen?
Ein psychologisch-spiritueller Bewältigungsversuch

Im Vorwort zu dem Sammelband „Gott – ratlos vor dem Bösen?" stellt der Herausgeber Wolfgang Beinert die Frage, ob wir nicht ratlos sind, „wenn wir das Böse und Gott zusammendenken sollen"[1]. Die Ratlosigkeit des Menschen angesichts des Bösen muss die Frage noch schärfer und eindringlicher zum Fragenden selbst hin verschieben. Ist nicht der Mensch ratlos vor dem Bösen, davor, das Böse und den Menschen zusammen zu denken? Weigert er sich nicht, das Böse als zutiefst zu seiner Existenz, als zu sich selbst gehörig anzunehmen? Schiebt er nicht allzu gerne die Frage von sich weg auf Gott und versucht eine Antwort, die dann nur im Paradox, im heilsamen, ernüchternden Widerspruch endet? Ein Widerspruch, der ihn auch nur wieder auf sich selbst zurückwirft?

Der Mensch muss sich *seiner* Ratlosigkeit, *seiner* Ohnmacht vor dem Bösen stellen und den schweren, ihn bis an seine Grenze herausfordernden Weg der Begegnung und Auseinandersetzung mit dem eigenen Bösen wagen und jedem vordergründigen Wegerklären und glättenden Deuten widerstehen.

Das Böse und die deutende Frage nach ihm,[2] um zu verstehen, was den Menschen gleichermaßen grausam wie ohnmächtig sein lässt, stehen im Zentrum gesellschaftlichen Interesses. Da

---

1 WOLFGANG BEINERT (Hg.), *Gott – ratlos vor dem Bösen?*, Freiburg i. Br. 1999, 12.
2 Vgl. exemplarisch: PAUL RICOEUR, *Die Fehlbarkeit des Menschen. Phänomenologie der Schuld, Bd. I*, Freiburg i. Br. 1971; DERS., *Die Symbolik des Bösen. Phänomenologie der Schuld, Bd. II*, München 1971; RÜDIGER SAFRANSKI, *Das Böse oder Das Drama der Freiheit*, München 1997; SUSAN NEIMAN, *Das Böse denken. Eine andere Geschichte der Philosophie*, Frankfurt a. M 2004; KUNST- UND AUSSTELLUNGSHALLE DER BUNDESREPUBLIK DEUTSCHLAND (Hg.), *Das Böse. Jenseits von Absichten und Tätern oder: Ist der Teufel ins System ausgewandert?*, Göttingen 1995; HERMANN KOCHANEK (Hg.), *Wozu das Leid? Wozu das Böse? Die Antwort von Religionen und Weltanschauungen*, Paderborn 2002.

ist einerseits die konkrete Erfahrung der Wirklichkeit der Welt mit den vielen unvorstellbaren Abgründen menschlichen Tuns, den Schrecken seines Denkens und Handelns, aus der sich kein Mensch herausnehmen kann. Und bei allem Erschrecken begegnen wir darin der persönlichen wie politisch-gesellschaftlichen, sich oft religiös-fundamentalistisch zeigenden oder sich durch andere „hohe Ideale" begründenden Legitimation, selbst destruktiv (böse) zu handeln und „berechtigterweise" das Böse als Notwendigkeit für sich und sein Handeln in Anspruch zu nehmen, um das Gute (für wen?) bewirken zu wollen.

Andererseits gibt es ein neugieriges Fasziniertsein vom Bösen, das sich in den vielen Facetten der Darstellung in den Medien, Filmen und Romanen, den PC-Spielen, in der Lust und der Freude am Destruktiven auslebt. Toben sich darin auch die dunklen Phantasien des Menschen aus, so ist es doch oft ein Bannen der menschlichen Angst vor dem für ihn Bösen, ein Auseinandersetzen mit der Bedrohung, die man im Wissen um sie als vermeintlich leichter zu bewältigen erfährt – zum hohen Preis einer kollektiven Angst. So lebt das Böse in unserer Zeit, unserer Welt, unserer Gesellschaft, in jedem von uns. Gerade seine Existenz in uns wird uns täglich vor Augen geführt: Die Abgründe unseres „zivilisierten Menschseins" werden uns nicht nur im Blick zurück erinnert, sondern in der Gegenwart immer neu schmerzlich bewusst.

Meist wehrt man das (eigene) Böse psychisch – auch kollektiv-gesellschaftlich – ab. Man verdrängt es, identifiziert sich selbst mit dem Guten. Die anderen sind dann das Böse (Projektion), das/die es dann mit Recht zu bekämpfen gilt. Gerade in der Abwehr des Bösen und dem Retten des eigenen Gutseins, um sich nicht den eigenen dunklen Seiten, dem eigenen Bös-Sein stellen zu müssen, ist der Mensch sehr erfinderisch. Er weist das Böse weit von sich, oft weit vom Menschen, indem er es einem Versucher, einem personifizierten Bösen als Ursache zuordnet. Gerade die Deutungen des Bösen neigen dazu, es zwar unabänderlich mit dem Menschsein verbunden zu sehen, aber den Menschen als den „nur Versuchten" zu retten. Man teilt die Welt, die Wirklichkeit in gut und böse, gibt dem Guten und dem Bösen eine eigene, oft personifizierte Qualität, wobei den Menschen dann eher das Böse zu bestimmen scheint. Gleichzeitig individualisiert man nicht selten das Böse und gibt dem einzelnen Menschen die Schuld. Indem man Person und Sache vermischt, ist der Mensch dann „der Böse". Man rettet so die Gemeinschaft und das eigene heile Gottesbild.

Dieser Ratlosigkeit vor dem Bösen möchte ich in der folgenden Ausführung nach einer kurzen umschreibenden Benennung des Bösen zweifach begegnen:
- Die Auseinandersetzung mit der psychologischen Schattentheorie Carl G. Jungs soll den Blick für die Möglichkeit einer konstruktiven Gestaltung der Wirklichkeit des Bösen im Menschen schärfen und zu einer veränderten Praxis ermutigen.
- Der theologische Zugang über den Umgang Jesu mit dem Bösen soll den Grund der Versöhnung des Menschen mit sich selbst offen legen und zu einem Handeln bewegen, das bewusst die Liebe wagt und lebt und darin die Menschwerdung Gottes bis in die letzte Konsequenz radikal inkarnatorischer Nachfolge je neu verwirklicht und vollzieht.

1. Was nennen wir böse?

Allgemein ist für den Menschen das Böse das, was schadet und zerstört.[3] Es ist immer ein Angriff auf das Dasein, unser Leben. Es ist all das, was uns (vermeintlich) stört, ist alles Schlechte für uns.

Das Böse ist zunächst das faktisch eintretende „*physische Übel*" (Krankheit, Katastrophen, Unglück, auch materieller Schaden), das lebensbehindernd und -bedrohlich auf den Menschen zukommt, ihn treffen kann. Es ist die „Signatur des Endlichen überhaupt"[4].

---
3 Vgl. die kurze, gute Hinführung: GOTTHARD FUCHS, Art. *Böses*, in: GABRIELE HARTLIEB u. a. (Hg.), *Spirituell leben. 111 Inspirationen von Achtsamkeit bis Zufall*, Freiburg i. Br. 2002, 49-52.
4 Vgl. GOTTHARD FUCHS, s. Anm. 3, 49.

Im Zentrum der Frage nach dem Bösen aber steht das „*moralische Übel*", das Böse als ethisch zu bewertendes Phänomen, wo das Böse als Böses Tat der Freiheit ist, das bejahte Nein zum Guten, das Nein zur Liebe.[5] Paulus selbst schon relativiert im Römerbrief diese vermeintlich klare Entschiedenheit des Menschen für das Böse und stellt uns so vor die Herausforderung, uns eindringlicher dem Verstehen des Menschen zuzuwenden. Denn der Mensch tut „willentlich" das, was er zutiefst nicht will: Sich und andere zu stören und zu zerstören. „Ich tue nicht das Gute, das ich will, sondern das Böse, das ich nicht will. Wenn ich aber das tue, was ich nicht will, dann bin nicht mehr ich es, der so handelt, sondern die in mir wohnende Sünde" (Röm 7,19-20). Dies gilt adäquat im Umgang mit anderen, dies gilt auch gesellschaftlich, so dass man von „sozialem Übel", vom „strukturellen Bösen", von „dämonischen Strukturen" sprechen kann.

Je wacher und selbstbewusster der Mensch und die Menschheit wird, umso mehr tritt die Auseinandersetzung mit dem Bösen aus dem Schatten des tragisch numinos Unentrinnbaren. Haltungen und Wege zur Bewältigung des Bösen rücken in den Vordergrund.

Die Ratlosigkeit vor dem Bösen führt zum Menschen selbst. Er muss erst das Außen des Bösen zurückweisen und in der Annahme der eigenen Ohnmacht, seiner existentiellen Schuldigkeit und seiner Schuld nach sich selbst fragen, mit Mut die Selbsterkenntnis wagen und sich der ihn radikal hinterfragenden Wirklichkeit stellen, dass er grundsätzlich zu allem nur erdenklich Bösen fähig ist.

---

5   Vgl. MANFRED DESELAERS, *„Und Sie hatten nie Gewissensbisse?" Die Biographie von Rudolf Höß, Kommandant von Auschwitz, und die Frage nach seiner Verantwortung vor Gott und den Menschen*, Leipzig ²2001, 265 (s. auch dort die entsprechenden Literaturverweise).

2. Die Versöhnung mit dem eigenen Schatten. Die psychische Dimension der Auseinandersetzung mit dem Bösen[6]

Im Persönlichkeitsmodell Carl G. Jungs ist der persönliche wie kollektive Schatten für das Selbst-Verständnis des Menschen von entscheidender Bedeutung. In der Erarbeitung seiner Schattentheorie konnte Carl G. Jung auf eine reiche Tradition zurückgreifen. In den Religionen und Mythen ist die Auseinandersetzung mit dem Dunklen, dem Bösen ein zentraler Bestandteil. Vor allem in der Begegnung mit der christlichen Glaubenserfahrung – angefangen bei den Vätern bis in die Mystik der Gegenwart – zeigt sich immer neu die befreiende Erfahrung, dann nämlich, wenn das Dunkel durchlebt und durchgestanden wurde, wenn der Mensch sich den eigenen Abgründen ausgesetzt, sie durchlitten hat und durch dieses Dunkel hindurch Menschwerden als erlöstes Sein in Gott geschenkt wurde. Die existentielle Plausibilität der psychologischen Schattentheorie Carl G. Jungs motiviert, der Ratlosigkeit vor dem Bösen gestaltend zu begegnen.

2.1 *Der persönliche Schatten*

Als Folge der durch die Umwelt gebotenen einseitigen Entwicklung des Bewusstseins entsteht in der ersten Lebenshälfte der Schatten als die im Ichaufbau vernachlässigte, abgelegte, nicht akzeptierte Summe von Eigenschaften. Er wächst parallel

---

6 Vgl. hierzu JEAN MONBOURQUETTE, *Umarme deinen Schatten. Negative Energien in positive verwandeln*, Freiburg i. Br. 2001, 79-83; ROBERT BLY, *Die dunklen Seiten des menschlichen Wesens*, München 1993; VERENA KAST, *Der Schatten in uns. Die subversive Lebenskraft*, Zürich ⁴2000; ROLF KAUFMANN, *Das Gute am Teufel. Eigenen Schattenseiten und Abgründen begegnen*, Olten 1998; JULIA KRISTEVA, *Fremde sind wir uns selbst*, Frankfurt a. M. 1990; DAWNA MARKOVA, *Die Versöhnung mit dem inneren Feind. Heilung durch Annehmen und Integration*, Paderborn 1997. Im Folgenden verzichte ich bewusst auf die zahlreichen Hinweise und Querverweise auf Carl G. Jungs umfangreiches Werk. Seine Bedeutung in dieser Frage ist nicht hoch genug einzuschätzen und unumstritten.

mit dem Ich, gleichsam als „dunkles Spiegelbild", und setzt sich zusammen aus den teils verdrängten, teils wenig oder gar nicht gelebten psychischen Zügen des Menschen, die von Anfang an aus moralischen, sozialen, erzieherischen oder sonstigen Gründen weitgehend vom Mitleben ausgeschlossen wurden und darum der Verdrängung oder Abspaltung anheim fielen. In ihm steckt alles, was sich den Gesetzen und Regeln des bewussten Lebens nicht unbedingt anpassen will. Er ist moralisch und geistig minderwertig und rückständig und verbildlicht so die dunklen Charakterzüge bzw. die dunklen Aspekte der Persönlichkeit. Er ist die Summe jener persönlichen Eigenschaften, die der Mensch vor den anderen und vor sich selbst verbergen möchte.

Zum Schatten in uns gehören nach allgemeinster Umschreibung alle jene Wesenseigenschaften, Tendenzen, Impulse, Wünsche, Reaktionen und Wahrnehmungen, die den Gesetzen und Regeln des bewussten Lebens zuwiderlaufen. In ihm findet sich das allgemein als unmoralisch Verurteilte, das Antisoziale und Verbrecherische, aber auch das Unästhetische. Weiter gehören primitive Begehrlichkeit und Triebhaftigkeit dazu. In der Regel ist der Schatten nicht nur etwas Niedriges, Primitives, Unangepasstes und Missliches, sondern kann auch als Verdrehung, Verkrüppelung, Missdeutung und missbräuchliche Anwendung an sich natürlicher Tatsachen erscheinen. So können durch den Schatten sowohl negative als auch positive Qualitäten charakterisiert sein. Er braucht nicht nur aus moralisch verwerflichen Tendenzen bestehen, sondern kann durchaus eine Reihe guter Qualitäten aufweisen wie etwa normale menschliche Bedürfnisse, zweckmäßige Reaktionen, wirklichkeitsgetreue Wahrnehmungen, schöpferische Impulse und anderes mehr.

Der Schatten ist ein psychischer Faktor oder autonomer Komplex. Er wird von Jung einerseits als negative Persönlichkeitskomponente, als inferiorer Persönlichkeitsanteil bezeichnet, andererseits aber umfassender als eine negative oder inferiore Persönlichkeit, als der primitive und inferiore Mensch in uns, als unheimliche(r), schreckliche(r) Bruder/Schwester und als unser Gegenstück, das alles enthält, was wir allzu gerne unter dem Tisch verschwinden lassen.

2.2 Der kollektive Schatten

Außer dem „persönlichen Schatten" gibt es nach Jung auch einen „kollektiven Schatten", in dem das allgemeine Böse enthalten ist. Nicht die zur persönlichen Lebensgeschichte gehörenden Inhalte finden hier ihren Ausdruck, sondern solche, die das Negativ, den scharfen Gegensatz zum Zeitgeist, zur eigenen gelebten Wirklichkeit und Kultur darstellen. Der unpersönliche, kollektive Schatten ragt weit über die Persönlichkeit hinaus; denn er wurzelt nicht nur im persönlichen Unbewussten. Er ist archetypischer Natur[7] und – im Vergleich zum persönlichen Schatten in seiner relativen Dunkelheit („relativ-Böse") – von absolutem Dunkel („absolut-Böse"). Es ist das im Menschen, was den nicht bewussten Bedürfnissen und Trieben gehorchend mit geradezu „dämonischer" Dynamik am Werke ist.

Der Schatten hat eine persönliche und unpersönliche Seite. Er gehört halb zum Ich, halb ist er Inhalt der Kollektivpsyche. Beide Seiten sind aber nicht voneinander getrennt, sondern im Gegenteil ineinander verwoben und bedingt ununterscheidbar verschmolzen. So wirkt der Schatten in das ganze Menschsein hinein, ist Teil von ihm. Die Wurzeln des Schattens aber gehen letzten Endes immer viel tiefer, so dass der Anteil des kollektiven Unbewussten, der kollektive Schatten, die bewusste Persönlichkeit übersteigt. Erst die Einwirkung des Bewusstseins unterscheidet die einzelnen Figuren und Komponenten, die im unbewussten Zustande bloße intensive Wirksamkeit sind.

2.3 Schattenpersönlichkeit und Schattenprojektion. Die Auseinandersetzung mit dem Schatten und seine Integration

Der Schatten ist ein relativ autonomer Komplex und hat das Wesen einer eigenen Persönlichkeit, die es in der bewussten

---

7 Zu verstehen als gesellschaftlicher Schatten, als die andere Seite der von uns akzeptierten Seinsweise. Sie meint die andere, ambivalente Seite, die in allem steckt (vgl. die dunklen Urbilder in den Mythen und Märchen, in Fantasy, Sciencefiction, Horror).

Konfrontation, Auseinander- und Absetzung einer annehmenden Differenzierung zu integrieren gilt. Ist der Mensch unbeherrscht oder verliert aus irgendeinem Grunde die bewusste Kontrolle, tauchen die Schatteneigenschaften an ihm selber in Form von Fehlhandlungen, von dissozialen Verhaltensweisen, von Egoismen oder gar Grobheiten auf, die jetzt nicht mehr projiziert werden können, sondern beweisen, dass außer seinem Ich noch andere Mächte in ihm hausen. Die Konfrontation mit dem Schatten ist dann unausweichlich geworden, da er sich nicht nur in Träumen, sondern im alltäglichen Leben im unmittelbaren Ausbrechen des Verdrängten in Momenten des Nicht-konzentriert-Seins, der Unachtsamkeit gezeigt hat. Die nun notwendig gewordene Auseinandersetzung mit dem Schatten kann verschiedene, destruktive und konstruktive Wege nehmen.

a. Vermeidung und Verdrängung

Man kann den Schatten mit seiner Minderwertigkeit verdrängen und aus dem Bewusstsein isolieren. Er kann dann aber niemals korrigiert, geschweige denn integriert werden. Vielmehr besteht die Gefahr, dass er mit allem Verdrängten in einem Augenblick erneuter Unachtsamkeit plötzlich um so stärker ausbricht oder wenigstens ein unbewusstes Hindernis bildet, das sich etwa durch die „Angst zu fallen" oder zu versagen äußern kann. Reaktionsmuster können ein immer deutlicher sich ausprägender moralischer Perfektionismus sein, eine unablässige Pflege des äußeren Erscheinungsbildes mit einem permanenten Achten auf das, was andere denken, sagen und tun.

Der Begegnung mit dem Bösen, dem Schatten, ständig auszuweichen, in unentwegter Angst vor ihm zu leben, führt auf Dauer zu einer neurotischen Persönlichkeitsstörung. Aus dieser gleichen Angst heraus bemühen sich viele Neurotiker verzweifelt, das Leben „auszudenken", es sich vorzustellen, anstatt es zu erfahren und zu erleben. Sie entziehen sich damit einer Bewusstwerdung der Existenz des Bösen, vor allem in sich selbst.

b. *Abspaltung*

Das Abspalten des Schattens geht meist einher mit einer Identifikation mit dem Ich-Ideal. Der Wunsch und die Sehnsucht, nur unter den Guten zu leben, selbst perfekt und gut zu sein, leugnet nicht nur die Regungen des eigenen Schattens, sondern das eigene Dasein selbst. Moralvorschriften des sozialen Umfeldes bis hin zu gesellschaftlichen Trends werden zum Lebensinhalt und sind begleitet von der Sorge, von den anderen ausgeschlossen zu werden. Im permanenten Achten, wie die Umgebung tatsächlich oder nur in der eigenen Einbildung reagiert, verzichtet man auf die Erfüllung legitimer Wünsche und Ansprüche der Persönlichkeit.

Sich selbst und anderen gegenüber ist man unerbittlich hart, psychisch, moralisch und spirituell radikal und rücksichtslos. Die dauernde Anpassungsleistung führt zu einer hohen, kaum erträglichen Anspannung. Schmerzliche Reaktionen sind Zwangsvorstellungen, unkontrollierte Ängste, Ausrutscher, psychische Erschöpfung bis hin zu depressiven Zuständen. Das Einfordern (bei sich und anderen) von Eindeutigkeit, Klarheit und Sicherheit zeigt sich in einer rigiden Intoleranz gegen alles Ambivalente und Zweideutige. Das fragile, schwache Selbstwertgefühl wird begleitet von Starrheit im Denken, Engstirnigkeit, dogmatischen Überzeugungen, Ängsten, deutlichem Ethnozentrismus, religiösem Fundamentalismus, Konformität, Vorurteilen und geringer Kreativität.

Der versuchte Ausschluss des Schattens wird erkauft mit der Dissoziation der Persönlichkeit und neben der schweren neurotischen Schädigung mit enormen sozialen Defiziten und Beziehungsstörungen. Depressive Verstimmungen, Verlust der Lebensfreude sind oft ein klares Anzeichen dafür, dass eine Veränderung angesagt ist.

c. *Identifikation*

Verwechselt sich das Ich mit dem Schatten und identifiziert sich mit ihm, spielt der Mensch in Wirklichkeit die Rolle seines Schattens. Die dunkle Seite hat Vorrang und ohne Unterscheidung folgt er den inneren Antrieben und Bedürfnissen. Er wird

Opfer des Schattens. Indem er Neigungen wie Sadismus, Neid, Eifersucht, aber auch Bedürfnissen wie Sexualität und Sicherheit freien Lauf lässt, wird er zum Sklaven seiner Leidenschaften.[8]

Sehr belastend ist eine abwechselnde Identifikation mit dem Ich und dem Schatten. Der Mensch führt eine Art Doppelleben. Die Anstrengung eines perfekten, einwandfreien Lebens ermüdet und erschöpft. Er nimmt sich dann Freiheiten gegenüber den Moralvorstellungen und lebt die Schattenanteile, die verdrängte Wirklichkeit. Dann folgt ein Aufraffen, ein Bedauern des Fehltritts, ein Fassen neuer Vorsätze. Hin- und Hergerissen gerät er immer tiefer in einen verhängnisvollen Teufelskreis.

Diese Menschen erleben das in Wirklichkeit, was im psychischen Raume erlebt werden sollte. Sie finden keine richtige Beziehung zur Außenwelt, fühlen sich an allem schuldig und meinen, für jedes Unglück verantwortlich zu sein. Die Gefahr, dass sich eine neurotische Persönlichkeitsstörung ausbildet, ist groß.

d. Projektion

Die wahrhaftige Begegnung mit sich selber (Selbsterkenntnis) gehört zu den unangenehmeren Dingen, denen man entgeht, solange man alles Negative auf die Umgebung projizieren kann. Menschen, die ihr Ich als die Gesamtheit ihrer Psyche betrachten und nicht wissen oder nicht wissen wollen, was alles außer ihrem Ich noch zu ihrer Seele gehört, pflegen die ihnen unbekannten „Seelenteile", vor allem den Schatten, auf die Umwelt zu projizieren; denn was unbewusst ist, erlebt man erst in der Projektion als Eigenschaft anderer Objekte. So erscheinen die Eigenschaften des Schattens in der Projektion als Eigenschaften äußerer Objekte und Menschen, zu denen eine entsprechende positive oder negative Bindung besteht und die dann oft im Urteil abgewertet werden.

Der Schatten, dessen der Mensch sich nicht bewusst ist, wird auf andere projiziert. Er wird über die Beziehung zu anderen,

---

8 Hier liegt eine Gefahr von Therapien, die jegliche Hemmung abbauen und das „Ausleben" von Bedürfnissen mit Persönlichkeitsentfaltung verwechseln.

auf die er projiziert wird, realisiert. In der Auseinandersetzung mit den anderen wird er als eigene Wesensseite erkannt und bewusst gemacht. Es gilt im Laufe der Persönlichkeitsentfaltung, diese Projektionen zurückzunehmen und sich seines Schattens bewusst zu werden. Ein solcher Mensch hat sich neue Probleme und Konflikte aufgeladen. Er ist sich selbst eine ernste Aufgabe geworden, da er jetzt nicht mehr sagen kann, dass die anderen dies oder jenes tun, dass sie im Fehler sind und dass man gegen sie kämpfen muss. In Selbstbesinnung weiß er, dass, was immer in der Welt verkehrt ist, auch in ihm selber ist, und wenn er nur lernt, Verantwortung für seinen Schatten zu übernehmen und mit dem eigenen Schatten fertig zu werden, dann hat er etwas wirklich Wichtiges für die Welt getan.

e. Integration

Die Konfrontation mit dem Schatten, soll sie konstruktiv verlaufen, zwingt zur Bewusstwerdung, Anerkennung, Realisierung und Integration des Schattens. Dazu ist zunächst der in der eigenen Persönlichkeit liegende Schatten wahrzunehmen und zu erkennen. Es ist schon viel gewonnen, und es lässt sich viel Böses vermeiden, wenn der Mensch von den Inhalten, die in seinen unbewussten Tiefen liegen und die ihn zu überfallen und in Versuchung zu führen drohen, etwas weiß. Denn dadurch allein kann der Autonomie und der Dämonie begegnet werden, die allem Unbewussten und Unbekannten anhaftet.

Da man nicht ändern kann, was man nicht annimmt, ist die Annahme des Schattens unumgänglich; denn in der Annahme liegt die Verwandlung. Den Schatten annehmen und akzeptieren heißt nicht, wie häufig missverständlich gemeint wird, dass man ihn mit seinen dunklen Eigenschaften einfach lebt, „auslebt" und ausagiert. Das Annehmen des Schattens ist kein Freibrief für ethische Libertinage, kein Aufruf zum Abstreifen von Selbstentscheidung und Verantwortungsbewusstsein, sondern bedeutet das Bewussthalten und Bewussthaben dieser „dunklen" Eigenschaften, anstatt sie zu verdrängen mit der Absicht, sich zu überzeugen, man habe sie nicht. Nicht durch Verdrängung und gewaltsame Unterdrückung noch durch Ausleben, sondern durch wissende und einsichtige Besonnenheit können sie integrierend gestaltet werden. Bewusstsein und der zur Verfügung stehende freie Wille können im Erkennen der Zugehörigkeit des Schattens zur eigenen Existenz ihn sehend und verstehend integrieren.

Mit dem Annehmen und Anerkennen des Schattens eng verbunden ist seine Realisierung. Realisierung heißt, den Schatten zu sehen, das Wissen um ihn bewusst zu ertragen und ihn als lebendigen Teil der Persönlichkeit mitleben zu lassen. Die echte Realisierung ist keine intellektuelle Angelegenheit. Es handelt sich um ein Erleben und Erleiden, das den ganzen Menschen ergreift. Und im Maße der Bewusstwerdung tritt auch das Gute und Positive mehr ans Licht. Unechtheit, Unehrlichkeit, Nichtsehen-Wollen verhindern die wirkliche Konfrontation mit dem eigenen Schatten und das Wachsen der ganzen Persönlichkeit.

Die Realisierung des Schattens in der Anerkennung der dunklen Aspekte ist unerlässliche Grundlage jeglicher Art von Selbsterkenntnis, eine Grundbedingung der Menschwerdung ebenso wie des mystischen Weges. Sie ist mit größten Anstrengungen verbunden, da dieser Erkenntnis beträchtlicher Widerstand entgegengesetzt wird. Kommt es zur Bewusstwerdung, so ist die Versuchung groß, den Schatten sofort wieder zu verdrängen. Erst wenn die Schattenprojektionen – das Projizierende ist bekanntlich nicht das bewusste Subjekt, sondern das Unbewusste – erkannt, zurückgezogen, vom Objekt abgelöst und aufgelöst werden, die Schattenseite der eigenen Person akzeptiert wird, kann der Mensch seine Mitmenschen besser verstehen und lieben lernen. Die Realisierung des Schattens zur Integration ist so nicht nur unumgänglich für die eigene Menschwerdung, sondern auch wichtige Voraussetzung zur „begegnenden Kommunikation". Denn ist der Mensch tolerant genug, den Nächsten in sich anzuerkennen, und ihm, wo nötig, sein Recht zu geben, versteht er nicht nur seine eigene, sondern auch die Wirklichkeit des anderen besser, als wenn er sich über ihn erhebt. Er lernt den Nächsten wirklich lieben wie sich selbst.

Mit der Realisierung ist die Integration des Schattens erreicht. Integration aber ist mehr als ein bloßes Wissen um bestimmte Schatteneigenschaften; denn ein Inhalt kann nur dann integriert werden, wenn sein Doppelaspekt in der ganzen Ambivalenz bewusst geworden ist, und wenn er nicht nur intellektuell erfasst, sondern auch seinem Gefühlswert entsprechend verstanden ist. Wer zugleich seinen Schatten und sein Licht wahrnimmt, sieht sich von beiden Seiten, und damit kommt er in die Mitte. Er erfährt, indem er urteilend zwischen den Gegensätzen, die beide zu einem gehören, steht, etwas davon, was mit Einheit der Person, mit dem eigenen Selbst gemeint sein könnte. Man kann diesen Gegensatz, und somit den Schatten, nur „beherrschen", indem man durch die Anschauung der beiden Seiten sich von ihnen befreit und so in die Mitte kommt; denn nur dort ist man den Gegensätzen nicht mehr unterworfen.

Die Integrierung des Schattens ist so der Beginn einer objektiven Einstellung zur eigenen Persönlichkeit. Sich seines Schattens bewusst, lässt der Mensch ihn mitleben, hält sich an Maß und Mitte und wird damit dem paradoxen Wesen seines Menschseins gerecht. Er entgeht auch der Gefahr, dem Schatten ebenso wenig zu „verfallen" wie dem Ich-Ideal.

2.4 Mit dem Schatten leben lernen

Jedem folgt ein Schatten nach, und je weniger dieser im bewussten Leben des Individuums verkörpert ist, um so schwärzer und dichter ist er. Erst durch Erfahrungen, meist sind es unangenehme Zusammenstöße, Enttäuschungen und Kränkungen, lernt der Mensch, dass er selbst wie die anderen Menschen Schatteneigenschaften hat. Diese Einsicht bereitet den Weg zur Selbsterkenntnis, die das annehmende Verarbeiten des Schattens bedingt.

Je mehr von den ursprünglich unbewussten Persönlichkeitskomponenten, auch den „bösesten", dem Bewusstsein angegliedert und vom Menschen im Auge behalten werden können, desto eher lässt sich Böses vermeiden. Der Mensch muss ohne Schonung wissen, wie viel des Guten er vermag und zu welchen Schandtaten er fähig ist, und er muss sich hüten, das eine für wirklich und das andere für Illusion zu halten. Es ist beides wahr als Möglichkeit, wenn er ohne Selbstlüge oder Selbsttäuschung leben will. So sind im Negativen und Bösen Keime der Verwandlung zum Positiven, zum Guten verborgen, die zum Ausgangspunkt einer Umkehr und Läuterung werden können. Denn der Schatten birgt eine Ambivalenz derart, dass er nicht ausschließlich negative Bedeutung hat, sondern bei richtiger Ernstnahme und bewusster Integration nützliche, persönlichkeitsfördernde Perspektiven entwickelt.

Wird das Problem des Schattens nicht bewältigt, wird die Dringlichkeit des Schattenproblems, die andere Wesensseite nicht gesehen, bleiben Konflikt und neurotische Dissoziation bestehen. Die Schattenseite wird zu einem autonomen Komplex und entzieht sich bewusster Einsicht. Die daraus entstehende tiefe Zerrissenheit und Uneinigkeit mit sich selbst führt in eine immer aussichtslosere neurotische, das Zusammenleben störende und zerstörende Situation.

Die Integration des Schattens ist für die Menschwerdung unabdingbar notwendig. Die Schattentendenzen sind mit der nötigen Kritik als dem Menschen zugehörig anzuerkennen und ihre Verwirklichung mit Sinn und Maß, die gebotene Mitte haltend, zu ermöglichen. Die Versöhnung der Gegensätze, nicht die Unterdrückung des Schattens, ist das anzustrebende Ziel. Da der Schatten in allem ist, was der Mensch ist und tut, ist es gut zu wissen – gibt er sich wirklich und unbedingt in eine Situation hinein –, dass Böses stets auch in ihm selber haust. Dieses Wissen tragen zu lernen, anstatt es auf die anderen abzuschieben und die Schuld für alles immer bei den anderen zu suchen, ist eine der vordringlichsten Postulate gelingenden Menschwerdens.

Das Schattenproblem lässt sich nie ganz bewältigen. Denn die Realisierung und Annahme des ursprünglichen, kollektiven Schattens ist nur selten möglich, etwas, das ans Unmögliche grenzt. Doch in der Objektivierung des Schattens durch eine kontinuierliche, gründliche Selbstkritik wird das Ich sich seines eigenen Wesens bewusst. In dieser Bewusstwerdung wird der Mensch im Sehen des gesellschaftlichen und kulturellen Schattens immer sensibler. Neu muss er sich seiner Möglichkeiten einer gemeinschaftlichen Schattenklärung bewusst werden und nicht selten die Ohnmacht einer gesellschaftlichen Verdrängung durchleiden und aushalten. Der Schatten wird zwar erkannt und abgegrenzt, aber seine Wirksamkeit ist damit nicht aufgehoben, sondern kann sich nun erst – in der Auseinandersetzung integrierend – „konstruktiv" entfalten. Er bleibt aber eine Kraft, an der wir lediglich teilhaben, die wir aber nie ganz beherrschen. So ist die Bearbeitung des Schattens und die Auseinandersetzung mit ihm eine lebenslange Aufgabe und erst mit dem Erreichen der Fülle unseres Menschseins – ein immer Ausstehendes – gelingt die endgültige Integration des Schattens.

2.5 Die Schattenintegration und die Befreiungserfahrung im Glauben

Dieser Weg der radikalen Selbstkonfrontation scheint den Menschen bedingt zu überfordern. Nicht nur, dass er, solange er ist, scheitert, gebrochener Mensch ist und immer wieder seine Grenzen in der Schuld erfährt. Es stellt sich die Frage: Wie muss ein Mensch sein, der das alles in sich erträgt und aushält, der trotz gegenteiliger Erfahrung den Weg der Integration des Schattens ein Leben lang geht, ohne an sich endgültig zu zweifeln oder im Kierkegaardschen Sinne zu verzweifeln, der den Schatten selbst als Chance zur eigenen Menschwerdung erkennt und gelingend integriert?

Im Grund seiner Existenz, dem Selbst, da wo der Mensch die Erfahrungen seines Seins bis an den Rand seines Erkennens durchdrungen hat und gleichzeitig die Mitte seines Wesens denkend erahnt, öffnet sich die psychische Wirklichkeit des Menschen hin zur Transzendenz, dem Grund seines Seins. Er erfährt sich, gehalten und getragen, in die wahre Freiheit seines Menschseins gesetzt. Aus der Mitte seines Seins wächst ihm die Kraft zu, im Angesicht des Schattens zu bestehen, sich immer wieder der eigenen Wirklichkeit zu stellen und mit Mut je neu sein Menschwerden in der Brüchigkeit seines Seins zu wagen.

Die Erfahrung dieser tragenden Mitte des eigenen Menschseins als existentielle Ermutigung in der Schattenauseinandersetzung erfährt im Glauben an den befreienden Gott Jesu eine letzte, tiefe Antwort.[9] Gelassen kann der Christ sich dem Schatten stellen, weil das Böse durch Gott selbst aufgebrochen, zerbrochen ist. Es wird dem Menschen nicht zum Verhängnis, weil Gott mit seiner Vergebung dem Menschen zuvorkommt. Seine bedingungslose Zuwendung und Liebe gibt Kraft und Mut, im Vertrauen auf Gott zu sich zu stehen, sich mit sich selbst bis in den tiefsten (Ab-)Grund konfrontieren und sich mit sich selbst und den Mitmenschen versöhnen zu können. Durch die zuvorkommende Güte Gottes kann sich der Mensch als der erkennen, annehmen und lieben, der er in Wahrheit ist, und so unverstellt den anderen und Gott antwortend lieben.

Daraus ergibt sich die selbstkritische Maxime, die es mehr denn je zu beherzigen gilt: „Laß dich nicht vom Bösen besiegen, sondern besiege das Böse durch das Gute" (Röm 12,21). Und das „Widersteht dem Bösen nicht" (Mt 5,39) ist dann nicht Resignation, sondern ein Lösen vom Bösen, ein Sich-Herausbewegen aus der auch negativen und bekämpfenden Abhängigkeit von ihm. Dann wird das Böse zum Ort des Heils, der Selbst- und Gotteserfahrung, der Selbst- und Gotteserkenntnis, weil der Mensch sich an sein wahres Sein erinnert, von dem er sich entfremdet hat. Durch das Wahrnehmen und Erkennen des Bösen selbst wird er vor sein wahres Wesen gestellt und in sein wahres Selbst zurückgeführt werden.[10]

Wenn der Mensch, im Vertrauen auf Gott und darin auf sich selbst, den Mut hat, bewusst in der täglichen Begegnung auch mit seinem Schatten zu leben, lernt er mit der Zeit, „mit dem Schatten zu tanzen". Und dieser Schatten wird den Menschen zu seinem ganzen, wahren Menschsein herausfordern und im entschiedenen Tun des Guten eine ambivalente kreative Dynamik bleiben, die ihn davor bewahrt, das zu tun, was er nicht will.

---

9   Vgl. hierzu die theologisch-heilsgeschichtliche Entfaltung im 3. Abschnitt dieser Auseinandersetzung.
10 Vgl. hierzu Paul Tillichs Definition der Sünde als Selbstentfremdung. Die Wirklichkeit der Umkehr – als Weg zurück in sein eigentliches Sein – wird dabei ganz neu verständlich.

3. Die Versöhnung des Menschen mit sich selbst. Die heilsgeschichtliche Wirklichkeit der Bewältigung des Bösen

Über den Weg der Selbsterkenntnis, wie wir ihn in Auseinandersetzung mit der Schattentheorie Carl G. Jungs bedacht haben, öffnet sich der Mensch immer mehr auf sein Wesen und den Grund seines Seins hin.

- Die innere und äußere Wirklichkeit des Menschen weitet sich. Sein Leben gewinnt an Tiefe und Nähe zu sich selbst, zu den Mitmenschen und zu Gott.
- Haltungen wie Toleranz, Demut, Gelassenheit und Achtsamkeit, alles Ausdrucksformen der Liebe, werden zum Lebens- und Handlungsprofil.
- Gleichzeitig steigt die eigene Sensibilität für Unrecht, Gewalt und das sinnlose Böse, das der Mensch dem Menschen antut. Es wächst das Empfinden und die Empathie für die vielfältigen Nöte der Menschen an den Rändern der Gesellschaft und des Lebens, für die innere Not der Menschen, die nach Heil rufen, deren Sehnsucht nach Heilung und Heiligkeit in den vordergründigen, machbaren Heilsangeboten oft missbraucht und deren Identität beschädigt oder gar zerstört wurde und wird.

Der Weg der Begegnung mit dem persönlichen und kollektiven Schatten und die lebenslange Versöhnungsarbeit mit sich selbst lassen die Schwere der Selbsterkenntnis erahnen und erfahren, dass Selbsterkenntnis nicht einfach machbar ist, mit ein paar psychologisch-therapeutischen Hinweisen gelingen kann. Sie gehört zu den großen Herausforderungen des Lebens, denen der Mensch allzu gerne ausweicht. Indem er relativ schnell seine Grenzen erfährt, erahnt er – weiß es immer mehr –, dass dieser Weg der Selbsterkenntnis eine spirituell-mystische Entsprechung braucht, eine andere Mitte als das Selbst allein: Die Verwiesenheit an den Grund selbst, die Rückgebundenheit an die tragende Wirklichkeit des Seins.

Wer diesen Weg geht, erlebt darin nicht nur die Grenzen seiner eigenen Möglichkeiten, sondern die Ohnmacht eigenen Seins und Handelns. Er muss sich auf das Risiko, die Herausforderung der „dunkeln Nacht" bis hinein in die Gottverlassenheit (Erfahrung des „dunklen Gottes") gefasst machen. Er hat nicht souverän diesen Weg in der Hand, sondern erfährt, dass er sich selbst aus der Hand genommen zu sein scheint. Sich ganz zu überlassen, fordert vom Menschen alles. Ein langer Weg, auf dem er manchmal auch die Hoffnung verlieren kann, sich verwandelt neu geschenkt zu bekommen.

Um den Weg des Menschen und seine Auseinandersetzung mit dem Bösen bis in den Grund zu verstehen, muss der Weg der Bewältigung des Bösen, der Weg radikaler Menschwerdung an und mit dem vollzogen werden, der ganz Mensch und ganz Gott, Gottes Sohn, war und ist: Jesus dem Christus.

3.1 Jesu befreiende Begegnung mit dem Bösen

Das glaubende Vertrauen, dass Gott den Menschen endgültig aus der Macht des Bösen befreit (erlöst) hat, gründet in der intensiven Begegnung und entscheidenden Auseinandersetzung Jesu mit dem Bösen. In drei heilsgeschichtlich für die Menschwerdung relevanten Schritten hat er sich der Wirklichkeit des Bösen gestellt und die Macht der Dunkelheit verwandelt in ein erlöstes Dasein vor und in Gott.

a. Die Versuchung Jesu als Bewältigung des persönlichen Schattens

Der erste Schritt Jesu in der Auseinandersetzung mit dem Bösen, der der psychologischen Selbsterkenntnis und Schattenintegration weitgehend entspricht, geschieht in der Versuchung, der Begegnung Jesu mit dem Bösen in der Wüste zu Beginn seines öffentlichen Wirkens (vgl. Mk 1,12-13; Mt 4,1-11; Lk 4,13). Die Versuchung ist für ihn *die* Herausforderung, sich seinem Schatten zu stellen, sich mit dem in sich auszusöhnen, was als (dunkle) Möglichkeit auch in ihm ist. Er wählt aber nicht die Ambivalenz des Bösen und deren Undurchsichtigkeit, sondern entscheidet sich frei für das, was dem Menschen, seiner Freiheit und der Liebe dient.

Versuchung ist als notwendige Provokation zu verstehen, die innere Ambivalenz zu klären und den Schatten in Liebe zu verwandeln, verwandeln zu lassen. Sie ist keineswegs ungefährlich, denn es gilt, das ganze Leben zu wagen, sich in die Klarheit der Liebe hineinzuleben. Das Übel der Versuchung besteht so nicht darin, Versuchung zu haben, sondern darin, sich ihr nicht zu stellen, die Herausforderung des Lebens nicht anzunehmen, der Entscheidung zum Lieben auszuweichen und den Impulsen (Bedürfnisse, Gefühle), die zum Leben herausfordern, im Ausleben zu erliegen, ohne sie bewusst zu ergreifen und in Liebe verwandelnd zu gestalten.

An dem „versuchten" Jesus wird deutlich, dass Entschiedenheit Versuchung braucht, Gott (der „Geist") in die Auseinandersetzung (Wüste) hineinführt, damit wir in Freiheit antwortend lieben. Die Versuchung dient so der Entscheidung, der Entschiedenheit für Gott selbst und darin für den Menschen, das eigene Menschwerden.

Die drei Versuchungen sprechen die Grundgefährdungen des Menschen an. Sie erinnern an die drei zentralen Herausforderungen des Menschen, auf die er in seinem Leben und durch es antworten muss: *seine Bedürfnisse, das soziale Ansehen und die Macht.*[11] Diese anthropologischen Grunddeterminanten fassen phänomenologisch wie psychologisch die ganze Bedrohung des Menschen. Sie betreffen das eigene persönliche Sein gleichermaßen wie das soziale Miteinander. In ihnen liegen die Chancen

---

11 In ihren unterschiedlichen Ansätzen hat die Tiefenpsychologie diese Determinanten menschlichen Seins intensiv diskutiert. Haben sich die klassischen Ansätze etwa Sigmund Freuds, Alfred Adlers und Carl G. Jungs mehr auf die Bedrohung durch sie und die psychopathologischen Auswirkungen konzentriert, nehmen die Ansätze der Humanistischen Psychologie, allen voran Abraham H. Maslow in seiner Motivationspsychologie, deren lebensförderlichen Aspekte in den Blick. Ansätze der Konfliktpsychologie, der systemischen Theorie und der Kommunikationstherapie setzen sich sehr konkret mit diesen anthropologischen Grundgegebenheiten auseinander. Diese Hinweise sind exemplarisch gedacht, und Brücken zu anderen psychologisch-therapeutischen Konzepten leicht zu finden.

zur Liebe und zum gelingenden Menschwerden ebenso wie alle Möglichkeiten zur Destruktion und zum Bösen. In allen Übeln der Zeit scheinen diese drei Determinanten als menschliche Grundgegebenheiten auf:[12]

- Das rücksichtslose Verfolgen der Befriedigung der eigenen *Bedürfnisse* geschieht nicht nur auf Kosten der anderen (Ausbeutung, Unterdrückung ...), sondern zerstört auch die eigene Identität, indem der Mensch Knecht seiner Bedürfnisse wird.
- Der Kampf um *Ansehen*, eine existentiell notwendige Erfahrung einerseits, ist persönlichkeitsvernichtend, wenn der Mensch – oft aufgrund eines mangelnden Selbstwertgefühls – dem äußeren Ansehen alles opfert und immer mehr Sinnloses, ja Unmenschliches tut, um bedeutend zu sein (und zu bleiben).
- Mit der *Macht* verbunden ist nicht nur Willkür und das oft keine Grenzen kennende Machtgefühl. Vor allem wird der Mächtige selbst abhängig von dem, was er zu beherrschen glaubt. Immer mehr versucht er seine Ohnmacht, weil Macht nie endgültig mächtig ist, zu kompensieren und „macht" eine Welt, die seiner begrenzten Vorstellung entspricht, zutiefst aber dem Menschsein widerspricht. Im Wechselspiel gegenseitiger Abhängigkeit, Unterdrückung, Ohnmacht und Zerstörung vernichtet Macht das Menschliche und sabotiert Menschwerden in Liebe.

Diese „entscheidenden" Versuchungen als Auseinandersetzung mit dem Schatten machen bewusst, wie gefährdet der Mensch ist, wenn er nicht frei entscheidet, nicht den Weg der Liebe und Menschwerdung wählt. Leicht gerät er in entfremdende Abhängigkeiten, verfällt dem Uneigentlichen des Lebens und verstrickt sich in Zwänge. Er dient dann dem, was er zu beherrschen glaubte, ihm Lebensfreude, Ansehen und Macht versprach.

---

12 Hier kann es nur um wenige fragmentarische Hinweise gehen, um die Denkrichtung der „genialen Versuchungsgeschichte" anzudeuten.

In der Auseinandersetzung mit seinen eigenen Abgründen und deren Möglichkeiten wählt Jesus den Weg der Freiheit und Unabhängigkeit in Gott. Indem er sich seiner grundsätzlichen Gefährdetheit bewusst wurde, konnte er den Weg des eigentlichen Menschseins beschreiten und musste nicht tun, wozu der Mensch auch fähig ist, wenn er sich nicht seiner Potentialität zum Bösen stellt, sie sich nicht bewusst macht und entschieden den Weg der Menschwerdung (in und mit Gott) wählt. In Jesu Entschiedenheit für sein eigenes Menschsein zeigt sich seine radikale Zuwendung zum Menschen selbst. Sie ist zugleich existentielle Annahme des Sohnseins in seinem Ganz-Dasein für den Menschen. Seine gelungene Integration des Schattens nimmt dem Bösen die Macht über den Menschen, weil in der lebendigen und freien Beziehung zu Jesus und seinem Gott das Gute für den Menschen selbst in aller Ambivalenz sichtbar und lebbar geworden ist und der Mensch nun getrost seinen Weg wagen kann.

b. Das Leiden an der Sünde der Welt und die Hoffnung des Kreuzes

Die zweite radikale Auseinandersetzung mit dem Bösen, die alles von Jesus fordert und am Kreuz endet, beginnt mit der Angst und dem Grauen am Ölberg, mit der Versuchung, den bitteren Kelch nicht zu trinken, und dem Ringen, sich Gottes Willen zu überlassen und die Schmach der Sünde ganz auf sich zu nehmen. Nach der persönlichen Schattenauseinandersetzung in seinem Leben in dieser Welt mit seinen konkreten Gefährdungen und Gegebenheiten muss nun der Weg in das tiefste Innen, in die inneren Abgründe des Menschseins gegangen werden. Er begegnet der Sünde der Welt, dem, was der Mensch zutiefst auch ist. Er muss sich dieser Sünde schlechthin nun stellen, um den Menschen (kollektiv) aus der Verstricktheit in das Böse, in seine Sünde zu befreien.

Die Isolation der Sünde, die er schaut, wird für Jesus selbst zum vereinsamenden Entsetzen. Bis ins Innerste erschüttert, schaut er in die Abgründe des Menschen, sieht all das, was Menschen den Menschen antun, wie das Menschliche mit Füßen getreten wird, andere vernichtet und zerstört werden. Er hat dabei nicht nur die unendliche Zahl der Opfer im Blick, sondern ebenso die Täter, die das Böse leben, und das Tätersein aller in den unterschiedlichsten Ausprägungen und Nuancen des Bösen. Alle Sünde steht vor ihm, und er gibt sich hinein, den Kelch zu trinken im Gehorsam dem Vater gegenüber, der die Welt von dem Bösen erlösen, den Menschen in die Freiheit seinen Abgründen gegenüber setzen will. Dies kann nur durch einen Menschen geschehen, der – erfahren im Umgang mit den Gefährdungen des Menschseins durch das Böse – in Gott lebt. Aus sich heraus kann Jesus die Kraft und den Mut nicht aufbringen, die Sünde der Welt auf sich zu nehmen. Vertrauen und Hingabe an Gott, der bei ihm und mit ihm ist, stärken ihn.

Hier ist nirgends vom Teufel die Rede. Die ganze Passionsgeschichte geht an ihm vorbei. Es geht um das „Tragen der Weltsünde" (Joh 1,29), ein Geschehen, das die Gegenmacht entwaffnet, ein Geschehen, das sich zwischen Vater und Sohn, dem Menschen schlechthin (vgl. Phil 2), um des Menschen willen abspielt.

Indem sich Jesus bis in die äußerste Verlassenheit, Vereinsamung und Isolation, die Sünde bewirkt, wagt – „mein Gott, warum hast du mich verlassen" (Mk 15,34) –, ist alle Sünde erlöst, das Böse grundsätzlich seiner Macht beraubt, alle Schuld noch einmal von der Liebe Gottes unterfangen, verwandelt zur „felix culpa". Der Mensch scheitert so nicht von Gott weg, sondern in Gott hinein.[13]

c. Jesu Solidarität bis in den Tod und das Zerbrechen des Bösen
Mit dem Verlassenheitsschrei, in den hinein Jesus stirbt, beginnt die radikalste Entfremdung, die Begegnung mit dem Extremsten menschlichen Seins, seines Menschwerdens, dem Tod

---

13 Vgl. GOTTHARD FUCHS/JÜRGEN WERBICK, *Scheitern und Glauben. Vom christlichen Umgang mit Niederlagen*, Freiburg i. Br. 1991, 106. Vertiefend ist zu empfehlen: MICHAEL SIEVERNICH, *Schuld und Sünde in der Theologie der Gegenwart*, Frankfurt a. M. 1982. Zu den Punkten 3.1.b. und 3.1.c. hat mich besonders beeinflusst und geprägt: HANS U. V. BALTHASAR, *Theologie der Drei Tage*, Einsiedeln 1990.

als Inbegriff allen Übels. „In allem uns gleich" (Phil 2,7) vollzieht er den letzten Schritt der Menschwerdung mit: den Tod selbst. Er wird uns auch im Tod gleich. Er geht mit dem Menschen bis zum tiefsten Punkt menschlichen Seins.

Die Zeit zwischen Kreuz und Auferstehung ist nicht die Zeit, die Jesus zu allerhand Tätigkeiten nutzt. Vielmehr verdichtet sich in seiner Ohnmacht die Wirklichkeit in das andere, neue Leben. Sein Abstieg in das Reich der Schatten, sein Einlassen in die schmerzliche Erfahrung der Gottesferne und Gottverlassenheit – der Ort des Bösen schlechthin –, seine Solidarität mit den Toten selbst öffnet in der loslassenden Hingabe an den Vater den Raum zu seinem endgültigen, erlösenden und befreienden Handeln.

In der Stille des Karsamstags, wo alles verloren scheint, ereignet sich die Wende. Gott führt alle aus der Gefangenschaft, aus dem Reich des Todes, ins Licht, zum Leben, in die Heimat beim Vater. Es gibt nun keine Wirklichkeit mehr, die nicht von Gott durchdrungen, nicht von seiner Liebe umfangen und gehalten wäre. Gott steht verlässlich zum Menschen und es gibt „keine Situation mehr (...), die grundsätzlich heillos und hoffnungslos, gottlos und gottfern wäre und die nicht, sofern sie im Glauben als solche ergriffen wird, zur Heilssituation werden könnte".[14] In Jesus dem Christus erfolgt die endgültige Versöhnung Gottes mit der Welt im Ganzen, die Aussöhnung des Menschen mit sich selbst. Gericht wird zum Heil des Menschen, weil der Mensch aufgerichtet wird, in seine Wahrheit gestellt und ausgerichtet wird auf den hin, der er zutiefst in seinem Wesen schon immer war und ist.

Der Tod selbst als dunkelster Schatten des Menschen wird ins Feuer geworfen (Offb 20,24). Durch das Sein Jesu im Tode ist der Tod um seine Macht gebracht. Er hat keine Macht mehr über den zum Leben erstandenen Christus (vgl. Röm 6,9) und damit keine Macht mehr über den Menschen. „Der Tod wird nicht mehr sein" (Offb 21,4). Er und der Abgrund des Bösen mit seiner Gottverlassenheit haben nicht mehr das letzte Wort.

---

14 WALTER KASPER, *Jesus der Christus*, Mainz ²1975, 245.

Jesu Tod hat das Böse und die Sünde endgültig zerbrochen, so dass der Mensch in Gott, der die Mitte seines Seins ist, frei die Liebe leben kann, endgültig wie der Sohn ganz Mensch werden kann.

In der äußersten Entfremdung, im Schatten des Todes, hat sich Gott als der Mächtige erwiesen, der dem Menschen in der Nicht-Identität seine Identität, in der Verlorenheit sein Bei-sich-Sein, im Todsein sein Leben zu wahren vermag.

Was aber heilsgeschichtlich schon vollzogen ist, muss im Leben des einzelnen erst noch zur existentiellen Wirklichkeit reifen. Im Einlassen auf die Nachfolge als Weg der Menschwerdung[15] (inkarnatorisches Sein in Christus) verwirklicht der Mensch in diese Welt und Zeit hinein, was Gott ihm in seiner bedingungslosen Liebe „bereitet" hat. Wenn so der Mensch nur ganz Mensch wird – in der Akzeptanz auch seiner Abgründe –, ist schon Wesentliches geschehen, Erlösung je neu gelebte Wirklichkeit.

3.2 Solidarisches Menschsein als Antwort auf die Ratlosigkeit vor dem Bösen

Menschliches Leben, will es Antwort auf die Ratlosigkeit vor dem Bösen sein, muss sich gleichgestalten mit dem Schicksal dieses Jesus Christus. Gleichgestaltung ist nicht vordergründige Imitation oder gar selbstverneinende Identifikation, sondern Annahme seiner je eigenen Lebenswirklichkeit, seines eigenen Menschseins, eben „nur" *sein* Kreuz zu tragen (Mt 10,38; Mk 8,34). Selbsterkenntnis als Verleugnung aller überheblichen Größenphantasien beugt in die Demut (humilitas) des eigenen Seins. Man lebt dann auf Augenhöhe mit dem menschgewordenen Gott.

---

15 Vgl. GEORG BEIRER, *Selbst-Werden im Glauben: die Menschwerdung des Menschen als sittliche Herausforderung,* in: Gottes Volk. Bibel und Liturgie im Leben der Gemeinde 1/1991, 101-117, bes. 113-115.

Gleichgestaltung als Angleichung durch Selbsterkenntnis an die Lebensgestalt Jesu in der eigenen Menschwerdung lässt sich auf das Wagnis einer „Mystik des Abstiegs" ein: Mitgeboren, mitgelebt, mitgelitten, mitgekreuzigt, mitbegraben und mitauferstanden. Das aufrechte Gehen des eigenen Weges wird zu einem Mitgehen, zu einem neuen Menschwerden Gottes in der Zeit durch unser Menschwerden. Dann ist unser Mitgehen sein Mitgehen, und sein Mitgehen unser Mitgehen mit den Menschen.

In der Solidarität seines Mitgehens – erst geht Jesus den Weg, dann wir mit ihm und er mit uns – ist der Mensch nicht nur passiver Empfänger der Erlösungstat Christi, sondern wird des Mitleidens (im umfassenden Sinne verstanden, in den alles eingeschlossen ist von der Geburt bis hinein in die Auferstehung) mit Christus gewürdigt.

Der Weg der „compassio Christi" ist keine Entfremdung von der Tat, kein nur spirituelles Nachvollziehen, sondern in der radikalen Erfahrung des ganzen Menschseins ein Sterben des alten Menschen, der sich bis hinein in die Gottverlassenheit („gottes ledig") wagt.[16] Die „compassio Christi" ist nicht nur spirituell solidarisches Handeln mit Christus, sondern primär Solidarität mit dem Menschen in allem Dunkel seines Lebens, liebendes Tun auf das eigentliche und wesentliche Sein des Menschen hin. Darin sich neu geschenkt, ist dieses Mitleiden nicht vordergründiger Erkenntnisweg, sondern entgrenzende Verbundenheit mit den Menschen, befreiendes Handeln an der Menschheit selbst, in das hinein Gott sein erlösendes Auferweckungswort spricht.

Im solidarischen Für-andere wird die Erfahrung des dunklen Gottes und der Gottverlassenheit, die Erfahrung der Gottferne in Leid und Tod, vor allem aber in der Begegnung mit dem Bösen, aufgebrochen durch die liebende Begegnung. Durch das Bewusstwerden des eigenen Schattens schätzt der Mensch die

---

16 Vgl. hierzu die Predigt von Meister Eckhart: „Beati pauperes spiritus" in: MEISTER ECKHART, *Gotteserfahrung und Weg in die Welt*. Herausgegeben, eingeleitet und zum Teil übersetzt von DIETMAR MIETH, Olten 1979, 146-155.

eigene Bedürftigkeit richtig ein und ermöglicht ein unverstelltes Zugehen auf den anderen in seiner Not. Indem er sich ganz lassen kann, nimmt er aus der Begegnung die subtile Bedrohung des anderen und öffnet und bewegt ihn, sein Verhärtetsein im Bösen zu lassen, in der Empathie des anderen das eigene wahre Menschsein unter den Bedingungen seines Seins zu leben. Dadurch wächst auch bei ihm die Bereitschaft zum Dienst am Menschen, letztentscheidendes Kriterium unseres Seins (vgl. Mt 25,40). Dieser Dienst kann zwar das physische Übel nur bedingt quantitativ minimieren, qualitativ aber im solidarischen Mitsein gravierend verändern.

Die Solidarität Jesu mit dem Menschen bis hinein in die äußersten Bereiche des Menschseins, Sünde und Tod, wird durch unsere Teilhabe am Schicksal Jesu zur verwandelnden Gleichgestaltung mit Christus. Gestorben mit Christus, vollzogen im selbsterkennenden „descensus ad inferos", ist unser Leben mit Christus verborgen in Gott (Kol 3,3), aufgehoben in ihm. Da der Mensch sich, so geborgen in Gott, nicht mehr verlieren kann, kann er in radikal hingebender Solidarität leben. Denn die Auseinandersetzung mit dem Bösen – im Prozess seiner Selbsterkenntnis und im stellvertretenden Tun des Sohnes – hat immer mehr den sichtbar werden lassen, der der Mensch in seinem Menschsein wesentlich ist: Sohn und Tochter Gottes (vgl. Röm 8,14.16; Gal 4,4-7).

4. Die Ratlosigkeit des Menschen vor dem Bösen: Provokation der Ohnmacht zur Liebe

Ohne Frage ist der Mensch in die tägliche Herausforderung gestellt, sich für das Gute, nicht nur das für sich selbst, sondern das für den Menschen Gute zu entscheiden. Sich den Abgründen und Gefährdungen, denen er dabei ausgesetzt ist, zu stellen und sie annehmend zu integrieren, bewahrt ihn davor, das zu tun, was er nicht will. Die Versuchungen, denen der Mensch sich ausgesetzt weiß, sind nicht Versuchungen – im traditionellen Verständnis – zum Bösen, sondern Provokation zu seinem Sein, zu seinem wahren Wesen (Selbst), zur Zuwendung zum wahrhaft Menschlichen, seinem Wert und seiner Würde. Bleibt der Mensch in dieser Herausforderung hinter seinen Möglichkeiten zurück, ereignet sich das Böse als „Abwesenheit des Guten" in seiner ganzen Mächtigkeit.

Die Ratlosigkeit des Menschen vor dem Bösen verweist den Menschen aber auch in das Unabänderliche seines Lebens, das Geheimnis des Leides und des Todes, das unverständlich und doch je nah in der Schöpfung verborgen ist. Es erklären zu wollen, endet im unlösbaren Denkzirkel (der gegenseitigen Beschuldigung) und wird weder der Wirklichkeit noch der Fragen nach dem Bösen gerecht.

Gott oder den Menschen rechtfertigen und entschuldigen zu wollen, entspricht dem menschlichen Bedürfnis, durch Erkennen Sicherheit zu schaffen und sich dessen zu bemächtigen, worüber der Mensch nur bedingt Macht hat, um durch Erklären gegen das Unvorhersehbare gewappnet zu sein. So versucht er – durchaus in bester Absicht – die Schöpfung zu beherrschen, das Böse zu bannen und das Gute zu entfalten. Wenn er aber die Folgen seines Tuns zu wenig bedenkt und ernst nimmt und zu wenig mit sich und seinen (nicht immer lauteren) Interessen rechnet, wird er zur Ursache für neues Leid und Elend in der Verweigerung, seine Grenzen und Schwächen, eben seine dunklen Seiten zu sehen, sie anzunehmen und sich ihnen zu stellen.

Je mehr aber der Mensch sich erkennt, je mehr er in seine Abgründe schaut und sie nicht in sich und seinem Leben als Möglichkeiten ausschließt, je mehr er auch bei sich mit dem rechnet, was er gerne anderen unterstellt, um so weniger muss er tun, wozu er (auch) fähig ist. Und er kann erkennen, dass das, was er in guter Absicht tut, leicht zum Bösen für den anderen wird.

Der Wende nach innen entspricht in der Selbsterkenntnis der notwendige Blick auf den Mitmenschen. Lehren der Weg Jesu und die Erfahrung von Psychologie und Mystik, dass nur der, der den schweren Weg in das dunkle Innere wagt und sich seinen schrecklichen Abgründen stellt, sich wahrhaft und frei für den Weg der Liebe entscheiden kann, so wird auf diesem Weg gleichermaßen deutlich, dass der Weg der Liebe als Tun der Menschwerdung das Du des anderen einschließt in das eigene Lieben, Gottes-, Selbst- und Nächstenliebe eine Einheit sind.[17]

Die Ratlosigkeit vor dem Bösen verändert sich einerseits durch die Schattenintegration und Selbsterkenntnis (sich selbst lieben lernen) und durch das Widerfahrnis in Christus und seine befreiende Zusage, dass der Mensch nur – wie Gott selbst – Mensch werden muss, andererseits durch die provokative Ohnmacht der Liebe. Nicht die Gegenmacht gegen das Böse und der Sieg des (welches?) Guten gestalten die Welt neu, sondern das Leben der Liebe. Sie zerstört nicht die Macht und das Böse, sondern stört sie nachhaltig[18] im kontinuierlichen Erinnern an den Menschen Jesus und seine Ohnmacht, die sich als eine neue Mächtigkeit (Kompetenz der Liebe) für den Menschen, als je neues Menschwerden Gottes in der Zeit erweist. So zerbricht die Ratlosigkeit vor dem Bösen an der Liebe.

---

17 Vgl. GEORG BEIRER, „... wer in der Liebe bleibt, bleibt in Gott, und Gott bleibt in ihm" (1 Joh 4,16). Die vergessene Einheit von Selbst-, Nächsten- und Gottesliebe, in: Gottes Volk. Bibel und Liturgie im Leben der Gemeinde 2/1994, 99-118.
18 Vgl. hierzu die hilfreichen Gedanken von: MARIANNE GRONEMEYER, Von der Kraft der Ohnmacht, in: HEINRICH DAUBER/WERNER SIMPFENDÖRFER (Hg.), Eigener Haushalt und bewohnter Erdkreis. Ökologisches und ökonomisches Lernen in der „Einen Welt", Wuppertal 1981, 94-104, bes. 102-104.

MARTIN NEUBAUER

Offenbarung? Dichtung? Wahn?
Anna Katharina Emmerick und Clemens Brentano

„Die Liebe der Spießbürger zu Gott tritt ein, wenn das vegetative Leben in voller Wirksamkeit ist, wenn die Hände behaglich über dem Bauch sich falten und sich von dem im weichen Lehnstuhl zurückgelegten Haupte ein schlaftrunkener Blick zur Decke hebt, zum Höheren ...". (Sören Kierkegaard)[1]

1. Schlafstörungen

Nachdem ich zum ersten Mal die „Anna-Katharina-Emmerick-Gedächtnisstätte" in Dülmen besucht hatte, konnte ich in der folgenden Nacht nicht gut schlafen. Es drehte sich vor meinen Augen von Blutbinden, Wundkrusten, Kreuzdarstellungen, dem Abdruck einer Dornenkrone, Sterbekissen, einer Haube mit dunklem Fleck, alten Stichen mit strengblickenden Herren und Frauen mit hochgeschlossenen Krägen. Die „ekstatische Jungfrau Anna Katharina Emmerick", wie sie der Maler Gabriel Cornelius von Max mit schmerzverzerrtem Gesicht, die Hände theatralisch leidend gegen die verbundenen Schläfen drückend, portraitiert hat, schien laut zu schreien und zu husten. Der Staub auf den angegilbten Visionsbänden roch modrig aus dem Bücherregal. Zu allem Überfluss saß zwischen diesen bedrückenden Bildern der in Jugendjahren für seinen Witz, seine Schönheit und herrlichen Lieder berühmte Clemens Brentano, mit angegrauten Locken, Bauchansatz und humorlos strenger Büßermiene.

Ist der Gott Anna Katharina Emmericks, wie er uns in den Visionsaufzeichnungen Brentanos begegnet, also ein „dunkler Gott", drohend und beängstigend wie die Fantasien dieser Nacht? Auf den ersten Blick sieht alles danach aus.

---
1   SÖREN KIERKEGAARD, zit. nach: OTTO BAUMGARTEL (Hg.), *Von guten Mächten wunderbar geborgen. Aussprüche von Menschen aller Zeiten über Gott, Christus, die Bibel*, Neuffen 1961, 95.

Es gibt Themen, die lassen sich nicht aufgreifen, ohne eine Zumutung und Herausforderung darzustellen. Rasch sitzt man bei der Bemühung um Objektivität zwischen allen Stühlen. Denn auf der einen Seite winkt fundamentalistischer Fanatismus, auf der anderen die pure Häme der Skeptiker. Verwirrung droht auf Schritt und Tritt, allein wenn wir eines dieser dicken „Visionsbücher" in die Hand nehmen. Auf dem Titel prangt, zumindest bei den volkstümlichen Ausgaben[2], groß der Name: Anna Katharina Emmerick. Nur kleingedruckt ist auf der Innenseite – leicht übersehbar – zu lesen: „Aus den Tagebüchern des Clemens Brentano". Manchen, die diese Bände fiebernd verschlungen haben, mag es vielleicht gar nicht bewusst sein, dass jede Zeile von dem romantischen Dichter Brentano aufgezeichnet ist. Ohne ihn wären viele dieser Visionen gänzlich verloren gegangen, andere nie entstanden.

Der Dichter und die Selige: kein alltägliches Zusammentreffen! Doch nicht selten ist Brentanobewunderern die Emmerick, Emmerickverehrern der Brentano ein wenig peinlich. Und man muss beide recht genau betrachten, um sie – wo nötig – voneinander unterscheiden zu können.

2. In den Wolken

Die Kontraste könnten nicht stärker sein: Das stattliche Handels- und Wohnhaus des reichen Kaufmanns Peter Anton Brentano in Frankfurt, komfortabel, belebt, mit einem Stab von Bedienten und Angestellten – der armselige Hof der Köttersfamilie Emmerick in Flamsken bei Coesfeld, der Mensch und Vieh unter einem notdürftigen Dach birgt.

Anna Katharina Emmerick wird am 8. September 1774 geboren. Immer wieder liest man mit dem Beigeschmack eines himmlischen Zeichens, Brentano sei auf den Tag genau vier Jahre später, am 8. September 1778 zur Welt gekommen. Aber das stimmt nicht. Zwar wird der Dichter zeitlebens den 8., das Fest

---

2 Erschienen im Pattloch-Verlag und Christiana-Verlag.

„Mariae Geburt", als seinen Geburtstag angeben, doch in Wirklichkeit hat er am 9. das Licht von Ehrenbreitstein bei Koblenz erblickt.

Geldsorgen kennt Brentano in seinem ganzen Leben nicht. Anna Katharina Emmerick wächst in bitterster Armut auf. Sie ist das fünfte von neun Kindern, Arbeit und Krankheit prägen ihr Leben von Anfang an. „Schon früh musste sie in einer angrenzenden, dürren, wüsten Heide das Vieh ihrer Eltern hüten."[3], berichtet ihr späterer Arzt Dr. Wesener. Karge Kost und reichliche Anstrengung, nicht zuletzt auch durch mangelnde Hygiene drohen ständig Krankheit und Tod. Die beiden ältesten Geschwister sterben im Kindesalter. Den Geruch im Elternhaus darf man sich als ein beklemmendes Gemisch aus Rauch- und Viehgestank vorstellen. Nur vier Monate Schulbildung sind dem Mädchen vergönnt, doch es liest Bücher, mitunter heimlich, bei einem Stümpchen Kerzenlicht. Ihre Eltern werden als streng, aber gerecht geschildert. Vielzitiert der Ausspruch der Mutter: „Mein lieber Gott, schlage so hart als du willst, aber gib Geduld!"[4]

Wir dürfen uns also keine sonderlich freudenreiche Kindheit denken. Da mag der Kirchbesuch und das Abgehen des großen, noch heute zu sehenden Kreuzwegs bei Coesfeld mit seinen anschaulichen Stationen wohl ohnehin das Schönste sein, was es für das Mädchen geben kann. Früh entwickelt Anna Katharina eine innige Christus-Beziehung. Brentano, besonders an der Sehergabe der Emmerick interessiert, berichtet:

„Sie genoß des Unterrichts der heiligen Geschichte von Kindheit an in Anschauungen, das ganze Jahr hindurch und zwar auf verschiedene Weise, in historischen Ebenbildern und symbolischen Festbildern. Die Mutter Gottes, die Königin des Himmels, war ihr eine heiligste, schönste, majestätische, gütigste Frau, welche zu ihr auf Feld und Wiese kam, ihr Liebe, Huld, Lehre und Weisung erwies und ihr ihr göttliches Kind als Gespielen zuführte."[5]

---

3   CLEMENS ENGLING *Unbequem und ungewöhnlich. Anna Katharina Emmerick – historisch und theologisch neu entdeckt*, Würzburg 2005, 51.
4   DERS., ebd. 50.
5   CLEMENS BRENTANO, *Das bittere Leiden*, Stuttgart u. a. 1980, 15 (Frankfurter Brentano-Edition Bd. 26).

Und schon sind wir mittendrin im Spannungsfeld von historischen Fakten und Brentanos klangvoller Sprache! Sicher ist, dass Anna Katharina Emmerick schon als Kind Entrückungszustände erfahren hat. Die Sorge ums tägliche, knapp bemessene Brot zwingt das Mädchen immer wieder auf die Erde zurück. „Ich habe in meinem 14. Lebensjahr unsägliche Schmerzen und Leiden in mir gehabt. Meine Eltern waren so schwer krank."[6]

Extravaganzen wie ein kühner Sprung in die Tonne mit Kaffeebohnen oder das Ausschmücken von Geschäftsschreiben mit Karikaturen und Spottversen wären ihr wohl nicht im Traum eingefallen. Mit dergleichen bringt der junge Clemens Brentano seinen Vater an den Rand der Verzweiflung. Ein tüchtiger Kaufmann soll der Junge werden, erweist aber nachdrücklich und hartnäckig seine diesbezügliche Unlust. Clemens ist das dritte Kind aus zweiter Ehe seines Vaters mit der einst von Goethe umschwärmten Maximiliane, geb. von La Roche.

Eines haben die Kinder Anna Katharina und Clemens bei allen unterschiedlichen Ausgangsbedingungen gemeinsam: Ihre Sehnsucht zieht sie nach einer anderen Welt. Bei der Emmerick ist es das Himmelreich in kindlicher Vorstellung, der konkrete Wunsch bald zu sterben, um zu Christus zu gelangen, bei Clemens ein Reich der Fantasie, mit dem er sich aus der nüchternen Wirklichkeit des väterlichen Handels hinaussehnt. Seine schönsten Stunden verbringt er mit Träumereien:

„Auf der Galerie aber, einem schon vornehmeren Bewahrungsraum, war mir die Schatz- und Kunstkammer. Hier war das Arsenal verflossener Christfeste, hier wurden Dekorationen und Maschinerien der Weihnachtskrippen bewahrt; hier stand eine Prozession allerliebster kleiner Wachspüppchen, alle geistlichen Stände, alle Mönche und Nonnen, vom Papst bis zum Eremiten, nach der Wirklichkeit gekleidet (...)".[7]

An diesen Brentanotext aus der Zueignung der Spätfassung des Märchens von „Gockel, Hinkel und Gackeleia" könnte sich

---

6 DERS., *Emmerick-Biographie*, Stuttgart u. a. 1981, 25 (Frankfurter Brentano-Edition Bd. 28,1).
7 DERS., *Werke, Bd. 3: Märchen*, München ²1978, 620.

erinnert fühlen, wer in ihrem Geburtshaus in Flamsken die von Anna Katharina Emmerick gestaltete Weihnachtskrippe sieht. Goethes Mutter soll dem kleinen Clemens die Worte gewidmet haben: „Dein Reich ist in den Wolken und nicht von dieser Erde, und so oft es sich mit derselben berührt, wird's Tränen regnen. Ich wünsche einen gesegneten Regenbogen."[8] Das Wort gilt der heutigen Brentano-Forschung zwar als eine Stilisierung von Clemens Hand, aber hätte man es nicht auch dem Kind Anna Katharina Emmerick widmen können?

3. Dornige Wege

Noch heute ist in der Sankt Lamberti-Kirche in Coesfeld das eindrucksvolle Gabelkreuz zu sehen, vor dem Anna Katharina Emmerick als Kind gebetet, als junge Frau erstmals die Schmerzen der Dornenkrone empfunden hat. Ihre Erstkommunion erlebt sie mit größter innerer Anteilnahme. Ora et labora: Sie dient zunächst als Bauernmagd. Um den Lebensunterhalt zu sichern, lernt sie bei einer Näherin in Coesfeld, richtet sich schließlich selbst eine kleine Nähstube in der Wohnung der Eltern ein. Trotz ihrer schwachen gesundheitlichen Verfassung arbeitet Anna Katharina bis zur Erschöpfung an Kleidung für Arme. So zeigt sich bereits ihr lebenslanges soziales Bewusstsein. Da sich Brentano vor allem für die übersinnlichen Phänomene im Leben der Emmerick interessiert, kommt dieser Aspekt in seinen Schriften ein wenig zu kurz. Doch ihre große Sehnsucht ist der Eintritt ins Kloster, was die Eltern gar nicht begeistert aufnehmen. Jede Hilfskraft wird gebraucht. „Lieber wollt ich dein Begräbnis als deine Aussteuer für ein Kloster bezahlen."[9], wirft ihr der Vater an den Kopf. Doch in seiner Berufung lässt sich das sensible Mädchen nicht einschüchtern. Auch nicht, als kein Kloster die „Bauerndirne"[10] aufnehmen will. Anna Katharina er-

---

8 HARTWIG SCHULTZ, *Clemens Brentano*, Stuttgart 1999, 9.
9 GÜNTER SCHOLZ, *Anna Katharina Emmerick. Köttterstochter und Mystikerin*, Münster 2003, 27; CLEMENS ENGLING, s. Anm. 3, 64.
10 GÜNTER SCHOLZ, s. Anm. 9, 26.

fährt, dass die Klarissen in Münster eine Laienschwester suchen, die Orgel spielen kann. Unterstützt von ihrem Beichtvater begibt sie sich zu Kantor Söntgen nach Coesfeld. Dort verzehrt sie ihre Kräfte und ihre Aussteuer, um der armen Familie zu helfen – aus dem Musizieren wird nichts. Dennoch ebnet ihr Kantor Söntgen den Weg ins Kloster: Seine Tochter Clara wird als Organistin bei den „Schwestern vom gemeinsamen Leben" (die sich nach der Ordensregel des heiligen Augustinus richten) in Agnetenberg zu Dülmen aufgenommen. Der Vater stimmt nur unter der Bedingung zu, dass auch seine Magd „unentgeltlich" mitgehen darf. Das Kloster willigt unwillig ein. Da ist Anna Katharina Emmerick achtundzwanzig Jahre alt.

Von einer derartigen Geradlinigkeit und Zielstrebigkeit kann im Leben des jungen Clemens Brentano nicht die Rede sein. Lediglich in der Weigerung, sich in bürgerlich-gesellschaftliche Zwänge zu fügen, bleibt er sich unbeirrbar treu. Auch er lässt seinen Willen nicht brechen. Bei verständnislosen und oft groben Verwandten und Erziehern untergebracht, baut er Luftschlösser und sehnt sich nach seiner Mutter. Die stirbt, als er fünfzehn Jahre alt ist – für Clemens ein lebenslanges Trauma. Die Untauglichkeit dieses Sohnes zum Kaufmann muss der Vater vor seinem Tod noch zähneknirschend einsehen. Brentano, der vom elterlichen Erbe gesichert leben kann, beginnt diverse Studien, bricht sie alle wieder ab. Er fällt eher durch sein extravagantes Äußeres, seinen „pfirsichfarbenen Rock"[11] als durch universitäre Leistungen auf. Unruhe und häufige Ortswechsel prägen sein Leben früh. Als Zwanzigjähriger findet er in Jena die Bestimmung seines Lebens: das Schreiben.

Sein erstes großes Werk nennt sich „Godwi oder Das steinerne Bild der Mutter. Ein verwilderter Roman von Maria.". Darin gelingen dem jungen Poeten auf Anhieb Gedichte von unvergänglicher Schönheit. In Jena lernt Brentano auch die große Liebe seines Lebens kennen: die acht Jahre ältere Schriftstellerin Sophie Mereau, verheiratet mit dem Universitätsbibliothekar und Professor der Rechte Friedrich Ernst Karl Mereau. Fünf aufre-

---

11 HANS M. ENZENSBERGER, *Nachwort*, in: CLEMENS BRENTANO, *Gedichte, Erzählungen, Briefe*, Frankfurt a. M. 1981, 319-336, hier 321.

gende Jahre gehen mit ständigem Sich-Annähern und Entfremden, Sophies Scheidung und einem bewegenden Briefwechsel ins Land, ehe Clemens und Sophie am 29. November 1803 in Marburg getraut werden. Die Ehefrau muss viel Geduld mit dem genialen Feuerkopf haben, der zwischen grenzenlosem Liebesbedürfnis, kühnen Ansprüchen und aufbrausender Eifersucht schwankt und ihr zärtlichste Verse widmet. Zwei Kinder sterben. Die Totgeburt des dritten überlebt Sophie nicht. Nur drei Jahre waren dieser Ehe vergönnt. Clemens stürzt in einen psychischen Abgrund:

„Um ein Uhr in der Nacht das Kind tot, wodurch weiß Gott. Mein Weib fragt matt nach dem Kind, wehe, wehe, ach und stirbt (…) Alles, alles ist hin, ich bin versteint (…) ich habe alles verloren, alle Geschichte meines Lebens (…)".[12]

4. Kloster- und Ehesorgen

Währenddessen sammelt Anna Katarina Emmerick im Kloster leidvolle Erfahrungen. Sie wird schlecht behandelt, muss ein Übermaß an oft niedriger Arbeit tun. Ihre Krankheiten, eine völlig geschwächte Lunge, sowie quälende Magen-Darm-Leiden werden nach einem Unfall (ein Korb mit nasser Wäsche stürzt ihr auf den Unterleib) immer dramatischer, bringen sie mehrfach in Lebensgefahr. Exstatische Zustände, ja selbst die tiefe Frömmigkeit, etwa der Wunsch nach täglichem Kommunionempfang, werden als Wichtigtuerei und Heuchelei ausgelegt. Not einer außergewöhnlichen Frau in der Klostergemeinschaft: Bernadette Soubirous, die Seherin von Lourdes oder die Heilige Therese von Lisieux werden Ähnliches erleben müssen. Und doch:

„Bei allen Schmerzen und Leiden war ich nie in meinem Innern so reich, ich war glückselig. Ich hatte einen Stuhl ohne Sitz und einen Stuhl ohne Lehne in meiner Zelle, und sie war doch so voll und prächtig, daß mir oft der ganze Himmel darin zu sein schien."[13]

---

12 CLEMENS BRENTANO, zit. nach: DAGMAR V. GERSDORFF, *Dich zu lieben kann ich nicht verlernen. Das Leben der Sophie Mereau-Brentano*, Frankfurt a. M. 1990, 389.
13 CLEMENS BRENTANO, *Das bittere Leiden*, s. Anm. 5, 23.

1812 wird das Kloster im Rahmen der Säkularisation aufgehoben. Zu diesem Zeitpunkt ist die Emmerick sehr krank. Doch sie findet Unterkunft bei dem französischen Geistlichen Abbé Lambert, der ihr schon während der Klosterzeit mit Trost und Hilfe beigestanden war. Im gleichen Jahr tritt das Phänomen auf, das auch heute von vielen zuerst assoziiert wird, wenn von Anna Katharina Emmerick die Rede ist: Stigmata. An ihren Händen und Füßen brechen Wunden wie von eingeschlagenen Nägeln auf, am Kopf der Abdruck einer Dornenkrone, schließlich auf der Brust zwei Kreuze – Gabelkreuze, wie das in Coesfeld, vor dem Anna Katharina inmitten ihrer Kloster-Leiden Christus um das Nachleben seiner Passion gebetet hatte. Freitags bluten die Wunden.

Ein ständiges Kratzen und Beißen ist die zweite Ehe Brentanos mit der dreizehn Jahre jüngeren Auguste Bußmann. Schon nach der Trauung klagt der Frischvermählte am 19. Oktober 1807 in einem Brief an seinen Freund Achim von Arnim: „Die ganze Handlung war so läppisch, so elend, die Kirche schien über mir einzustürzen, und eine innere Trauer vernichtete mich, daß ich ohne Würde, ohne Rührung drei Sakramente empfing; Gott verzeihe mir meine Schuld. Nun bin ich verheiratet; (…)".[14] Hans Magnus Enzensberger ist mit seinem Buch „Requiem für eine romantische Frau" eine Ehrenrettung der vielgeschmähten Auguste gelungen. Zwei ebenso sensible wie nervöse Naturen mit unterschiedlich gelagert hysterischen Zügen, das konnte auf dem Hintergrund von Brentanos entwurzelnden Erfahrungen nur in einer Katastrophe enden. Ein strindbergwürdiges Ehedrama wird nach fünf Jahren durch Scheidung beendet. Obgleich Brentano bereits – aus heutiger Sicht – unvergängliche Werke geschaffen hat, gilt er seinen Zeitgenossen mehr als Skandalfigur denn als zentrale Dichtergestalt. Zwei Menschen stehen ihm wirklich nahe: Seine Lieblingsschwester Bettine und sein „Herzbruder" Achim von Arnim, mit dem er das berühmte Volksliedbuch „Des Knaben Wunderhorn" herausgegeben hat. Beide heiraten 1811, als Brentanos bitterste Ehekämpfe toben, ohne ihn

---

14 DERS., zit. nach: HANS M. ENZENSBERGER, *Requiem für eine romantische Frau*, Berlin 1988, 9.

zunächst davon in Kenntnis zu setzen. Clemens Brentano steht allein in der Welt.

Eine ständig wachsende Flut von Besuchern drängt sich nach Bekanntwerden der Stigmata an das Krankenbett Anna Katharina Emmericks. Sie versteht es – selbst leidend – Trost und Hilfe zu spenden. Das Bett wird sie aufgrund ihres schlechten Gesundheitszustandes (und nicht infolge der Stigmata) bis an ihr Lebensende kaum mehr verlassen können. Den Wundmalen, die auch Sensationslüsterne und Neugierige anziehen, schenkt sie selbst weit weniger Bedeutung: „Daß ihr Gott diese gegeben, darüber hätte sie sich oft gegen Gott beklagt, hätte aber keinen Trost erhalten."[15] Man fühlt sich daran erinnert, wie der erste bekannte Stigmatisierte der Kirchengeschichte, der heilige Franz von Assisi, die Wunden bis zu seinem Tod vor den Menschen zu verbergen sucht. 1813 will ein junger, vielseitig gebildeter Arzt den „Schwindel" um Anna Katharina Emmerick aufdecken: Franz Wilhelm Wesener kommt, sieht und wird überwältigt. Als langjähriger Betreuer und Freund der Emmerick hinterlässt er ein umfangreiches Tagebuch.[16] Was er darin über ihre Wunden, Nahrungslosigkeit und eine mitunter unerklärliche Wissensgabe genau dokumentiert, gilt Emmerickverehrern als Pflichtlektüre und wird von der heutigen Forschung nahezu einstimmig für historisch zuverlässiger gehalten als Brentanos Schriften.

5. Gedicht eines Lebens

Ich bin durch die Wüste gezogen,
des Sandes glühende Wogen
Verbrannten mir den Fuß,
Es haben die Wolken gelogen,
Es kam kein Regenguß.[17]

---

15 CLEMENS ENGLING, s. Anm. 3, 57.
16 FRANZ W. WESENER, *Tagebuch über die Augustinerin Anna Katharina Emmerick*, Würzburg 1926.
17 CLEMENS BRENTANO, *Werke*, s. Anm. 7, 91f.

So beginnt eine der gewaltigsten lyrischen Dichtungen Brentanos. „Für dieses Gedicht", schreibt Reinhold Schneider, „hat Brentano gelebt."[18] Die Erfahrung der „Trockenheit", der „Wüste" ist ein typisch mystisches Bild, in das Brentano seine Lebensgeschichte kleidet. „Die Wüste, das waren die Wehen, in denen mein Leben gekreist."[19] erklärt er gegen Ende. Analytisch klar zeichnet der Dichter seinen Weg in die „Verzweiflung". Das traumatische Erlebnis, der Tod Sophies und der drei Kinder, kommt erschütternd zur Sprache:

> Da wühlt' ich mit glühendem Schwerde
> Den Kindern manch Grab in die Erde
> Erwühlte mir keinen Quell,
> Ob Gott sie wohl finden werde,
> Die Hyänen heulten so grell.
>
> Ein Kind unterm Mutterherzen
> Brach mit ihm, in schreienden Schmerzen
> Gebar sie es sterbend dem Tod ...

Der Tiefpunkt, die grausame Wüstenerfahrung, für die Brentano immer neue, unkonventionelle Bilder findet, wird zum Ausgangspunkt der Gottesbegegnung:

> Da hört ich ein Flügelpaar klingen,
> Da hört ich ein Schwanenlied singen,
> Und fühlte ein kühlendes Wehn.
> Und sah ich mit tauschweren Schwingen
> Einen Engel in der Wüste gehn.

Brentano wäre nicht Brentano, „ein erotisches Genie"[20], wäre dieser Engel, der mit ihm kniet, Pilgerlieder singt und betet, nicht eine reale Frau. Im Oktober 1816 lernt der achtunddreißigjährige Dichter die zwanzig Jahre jüngere evangelische Pfarrerstochter Luise Hensel kennen. Sie schreibt geistliche Lieder. Noch heute berühmt ist ihr Kindergebet „Müde bin ich, geh zur

---

18 REINHOLD SCHNEIDER, *Aar mit gebrochener Schwinge*, Heidelberg 1948, 15.
19 CLEMENS BRENTANO, *Werke*, s. Anm. 7, 92.
20 HANS M. ENZENSBERGER, s. Anm. 11, 321.

Ruh". Das Mädchen will jungfräulich, als Braut Christi leben. Brentano will alles: sie gewinnen, katholisch machen und durch sie vertieften Glauben finden.

Sag an, du Engel der Wüste,
Und find' ich den Quell, da ich büßte,
Wo find ich Jerusalem?

Luise bleibt standhaft. Nur eine geistige Freundin will sie dem Suchenden sein. „Die Leidenschaft, die er zu ihr faßte, war der tiefste Ausdruck seiner Krise, eine wilde Mischung aus erotischer Getriebenheit und religiöser Qual."[21] Am 24. Januar 1817 legt Brentano in der Berliner Sankt-Hedwigs-Kirche eine große Generalbeichte ab, einen „ungeheuren Sündenhaufen"[22], wie er Achim von Arnim gesteht. Im Kreis seines Bruders Christian erfährt Clemens von Anna Katharina Emmerick: Nach anfänglichem Zögern reist er im September 1818 nach Dülmen, wohin der Bruder bereits im April aufgebrochen war.

6. Lieb, freundlich, heiter, rein ...

Ein herausstechender Charakterzug Brentanos ist seine innere Unruhe, das Wort „sprunghaft" fehlt in kaum einer Kurzbeschreibung seines Wesens. Angesichts dieses Umhergetriebenseins atmet der Bericht, den er an Luise Hensel über seine Ankunft in Dülmen schreibt, den Geist einer in Brentanos Gesamtwerk seltenen Entspannung, geradezu einer Idylle:
„Donnerstag, den 24. September, Mittags um halb elf Uhr kam ich in Dülmen, einem einfältigen Landstädtchen an, voll guter Ackerbau treibender Leute, wo das wunderbarste Kleinod, das einfältige, schwer kranke, freundliche, bescheidene, geistvolle Bauernmädchen liegt, das Jesus Christus, der Schöpfer und Erlöser, mit seinen Wunden körperlich versiegelt hat. Ihr Arzt, ein herzguter, fromm gewordener, geistvoller Mensch mit guter,

---

21 DERS., ebd. 327.
22 HARTWIG SCHULTZ, *Schwarzer Schmetterling. Zwanzig Kapitel aus dem Leben des romantischen Dichters Clemens Brentano*, Berlin 2000, 379.

sehr lieber Frau und gutmütigen Kindern, empfingen mich fröhlich, kannten mich gleich als Bruder Christians, den sie über alles lieben. Ich logierte mich auf der Post ein, wo Christian wohnt, und wo es voll Liebe, aber schier luxuriös hergeht. Auch hier empfing mich alles voll Freude. Der Arzt führte mich zur Emmerick, die er vorbereitet hatte, durch eine Scheuer, wo Flachs gebrochen wurde, und durch alte Hinterhäuser eine Treppe hinauf, durch eine kleine Küche in ein angeweißtes Stübchen. Da liegt die liebe Seele, das liebste, freundlichste, heiterste, reinste, lebendigste Angesicht, mit schwarzen, treuen, tiefen Augen voll Leben und Feuer, schnell wechselnder Farbe. Sie streckte mir die Hände mit den Wunden freundlich entgegen und sagte mit heiterer, freundlich schneller Rede: ‚Ei, Gott grüß' Sie! Ja, nu sieh' einmal, das ist ja der Bruder, den hätte ich unter Tausenden gekannt.' Meine liebe Freundin, sei nicht bös, ich war ohne Schrecken, ohne Schauder, ohne Verwunderung, ich hatte nur ein Gefühl, eine große Freude und Liebe an dem schön lebendigen, natürlichen, schuldlosen, geprüften, durch inneres Leben geistreichsten, heitersten Geschöpf. Sie war in sechs Minuten so vertraut mit mir, als kenne sie mich von Jugend auf und hat mir viel Liebes und Natürliches gesagt, und ich, liebe Seele, fühle mit tiefem Entzücken, daß ich eben das hier empfand, was ich in den ersten Tagen, wo ich mit dir war, empfunden; alle, die Jesum lieben, sind eins und dasselbe.

O mein Kind, jetzt weiß ich, wo du sein müßtest! Hier in dieser Stube, bei dieser Seele, sie zu pflegen, zu lieben, ihre Freundin zu sein. Hier ist alles, wie du es wünschest, arm, rein, und Jesus überall. – Sie will von ganzer Seele für dich beten, sie liebt dich, sie ist wie ein Engel heiter, und so natürlich und grad in ihren Redensarten. – Morgen ziehe ich auf ein paar Stübchen, wo ich ohne Störung jede Stunde bei ihr sein kann; sie will mir alles sagen, was ihr Gott erlaubt, ich werde einige Wochen hierbleiben. O, ich fühle recht, was die Gemeinschaft der Heiligen ist, Christen können sie schon empfinden. Ich bin bei Dir, sei auch bei uns im Gebete. – Ich habe heute ihre Wunden bluten sehen, aber es stört und erschreckt mich gar nicht; ihre lieben dunklen Augen, ihre Heiterkeit, ihre Redseligkeit freut und labt mich. Jesu Wunden sind es, die mich heilen müssen, nicht diese, diese heilen nur sie durch jene. Sie aber ist ein lieb, gut, himmlisches Wesen. Auch du bist gut, und so du so nach Jesum verlangst, wird er auch dir nachkommen. Bete für mich, ich bin heiter. Sie grüßt dich von ganzem Herzen, auch ich Dein Clemens".[23]

---

23 CLEMENS BRENTANO, *Briefe, Bd. 2*, Nürnberg 1951, 211f.

Aus Brentanos Plan, „einige Wochen" zu bleiben, wurden – mit Unterbrechungen – über fünf Jahre. Der Umhergetriebene fühlt sich angenommen und verstanden: „Ich habe Mitleid vor ihren Augen gefunden (...)".²⁴ Und mehr noch:

„Ich fühle, daß ich hier eine Heimat finde, und es ahnet mir, als könnte ich dieses wundervolle Wesen vor seinem Tode nicht mehr verlassen, und es solle meine Lebensaufgabe mir hier zuteil und mein Flehen erhört werden, daß mir doch Gott auf Erden ein Geschäft übergeben möge, das meinen Kräften angemessen wäre und zu seiner Ehre gereichen könnte. Ich will mich bemühen, den Schatz von Gnaden, den ich hier erblicke, mit gutem Willen nach Kräften einzusammeln und zu bewahren."²⁵

Keine leichte Aufgabe! In einem Brief an Luise Hensel lesen wir reichlich drastisch:

„Die Emmerick ist fortwährend sehr krank und in einer ununterbrochenen Reihe der unberechenbarsten Zustände, von denen sie selbst wachend wenig oder gar nichts versteht und schlafend nichts weiß (...) Sie schwimmt Tag und Nacht auf diesem Traummeer, erwacht ist sie vom Sturm der Ärgernisse und der Versuchung geworfen und hängt da wimmernd, klagend, näht, flickt, will mit Krücken laufen, tut sich weh, hustet, kriegt Krämpfe, erbricht Blut und heut schwarze Gallert, morgen weißen Schaum, sinkt zusammen, die Flut spült über sie her und der Fisch des Propheten verschlingt sie, taucht unter und speit sie am anderen Fels wieder aus."²⁶

Nach und nach erahnt Brentano in den Visionen der Emmerick, in denen er selbst als „Pilger" auftaucht, einen Zusammenhang, der sich nach dem Ablauf des Kirchenjahres richtet. So entsteht sein kühner Plan, eine große christliche Trilogie zu schaffen, beginnend mit dem „Leben der Heiligen Jungfrau Maria", gefolgt von „Lehrjahre und Leben Jesu" und mit „Das bittere Leiden unseres Herrn Jesu Christi" beschlossen. Die Visionen der Emmerick sollen den Schriften nicht weniger als

---

24 DERS., zit. nach: WERNER HOFFMANN, *Clemens Brentano. Leben und Werk*, Bern 1966, 320.
25 DERS., zit. nach: WERNER HOFFMANN, s. Anm. 24, 320.
26 DERS., zit. nach: WERNER HOFFMANN, s. Anm. 24, 327.

göttliche Autorität verleihen. „Meine Verantwortung ist entsetzlich, die Stimme Gottes ist laut an mich ergangen, und ich werde noch gerufen (…)".[27]

Doch immer wieder stockt die Arbeit durch Krankheit und zahlreiche Besuche, die die Stigmatisierte empfängt. Zerwürfnisse und Spannungen können bei Brentanos unerbittlich fordernder Art nicht ausbleiben. Dr. Wesener wird der unbequeme Gast, der sich auch unerlaubt nächtlichen Zugang zur Emmerick verschafft, ein Dorn im Auge. Der Arzt bangt um die Gesundheit seiner verehrten Patientin, insbesondere nachdem er diese durch die unmenschliche Vorgehensweise und das demütigende Verhalten einer staatlichen Untersuchungskommission, die die Kranke drei Wochen Tag und Nacht überwacht hat, zusätzlich geschwächt weiß. Zeitweise soll Brentano nicht mehr in Dülmen geduldet werden. Doch seine Beharrlichkeit siegt. Er bleibt – bis zum Tod der Emmerick, den er am 9. Februar 1824 als persönliche Katastrophe erlebt:

„Nun saß der Pilger allein zu ihren Füßen und weinte den Tränenstrom, bang, hinwegmanövriert zu werden, bändigend, nicht um ihren Tod, nein um ihr mühseliges, unnötig unsäglicher Früchte beraubtes Leben, er sah mit tiefer Trauer dem Scheiden unbegreiflicher für die Kirche geschenkter Gnaden zu und trauerte, daß er selbst den Abschied von der ernstesten Aufgabe seines Lebens stehlen mußte. Die Welt erschien ihm so verwirrt und betrübt, als sie ist."[28]

7. Der Clemens gar so leibhaft …

„Das Wunder besteht ja nicht darin, dass Naturgesetze außer Kraft gesetzt werden, sondern darin, dass wir Vorgänge schauen, die uns sonst entgehen." (Jörg Zink)[29]

Was ist nun von alledem zu halten? Wer behauptet, eine endgültige Antwort zu haben, verdient Skepsis. Es liegt im Wesen

---

27 DERS., zit. nach: WERNER HOFFMANN, s. Anm. 24, 324.
28 DERS., zit. nach: WERNER HOFFMANN, s. Anm. 24, 333.
29 JÖRG ZINK, *Jesus – Funke aus dem Feuer*, Freiburg u. a. 2001, 65.

unseres Themas, immer mehr Fragen aufzuwerfen, je tiefer wir uns damit beschäftigen. Ist, wie es der Schriftsteller Herbert Eulenberg gewertet hat, Brentano schlicht „wahnsinnig" geworden? „Und hinaus in die Schatten schritt beim Klang des Angelus für die stigmatisierte Nonne Emmerich, dieses Häuflein wundes Fleisch, in der nahen Pfarrkirche das letzte Sakrament zu bestellen, Clemens Brentano, der größte Volksliedichter der Deutschen, der Bruder der freien Bettina, das Pflegekind der sonnigen Mutter Goethes, der später geisteskrank wurde, den die katholische Nacht verschlang."[30] Oder gilt es nüchtern abzuwägen, wie der exzellente Brentano-Kenner Hartwig Schultz nahe legt:

„Den Produktionsvorgang dieser Texte hat man sich in etwa so vorzustellen: Brentano las der bettlägerigen Emmerick Abschnitte aus der Bibel und aus mystischen Schriften (etwa Taulers) vor und fragte sie, was sie dazu ‚sehe'. Mit Karten von Palästina korrigierte er ihre ‚Visionen' und versuchte sie in die rechte Richtung zu leiten, um für alle Reisen und Begegnungen Christi die vermeintlichen ‚Fakten' zu ergründen. Danach veränderte und korrigierte er in jahrelanger Arbeit seine Niederschriften, indem er seine Texte zerschnitt, erneut abschrieb und nach Anfertigung von Daten-Konkordanzen und Registern neu kombinierte. Eine Fülle von schriftlichen Quellen stand ihm dabei zur Verfügung."[31]

So viele Anführungszeichen wird ungern gelten lassen, wer in den Büchern wörtliche Niederschrift göttlicher Offenbarung sehen will. In der Zeitschrift „Der Fels" war – anlässlich der Seligsprechung – unmissverständlich stramm zu lesen: „Ich bin überzeugt, dass jenes Vorurteil, Brentano sei der Hemmschuh für die Emmerich gewesen, von jenem Widersacher von Anbeginn stammt, der es schon immer verstanden hat, unter einem scheinheiligen Vorwand Gottes Heilsabsichten zu verdrehen, und den Menschen die Freude an Gott und der Kirche zu ver-

---

30 HERBERT EULENBERG, *Schattenbilder*, Berlin 1917, 98. Eulenberg verwendet noch die früher weitverbreitete Schreibweise „Emmerich". Inzwischen hat sich das historisch korrekte „Emmerick" allgemein durchgesetzt.
31 HARTWIG SCHULTZ, s. Anm. 8, 147.

gällen. Nach bald 200 Jahren wird es allmählich Zeit, diese luziferische Strategie zu durchschauen und dass wir Gottes Wahl voller Jubel akzeptieren, statt sie zu bemängeln."[32]

Doch es ist berechtigt, Brentano mit Vorsicht zu begegnen. Er war ein Großmeister, ein Virtuose der Stilisierung. Seine Schwester Bettine hat in ihrem berühmten Buch „Goethes Briefwechsel mit einem Kinde" ganze Briefe des verehrten Dichters erfunden. Die Brentanos hatten einen eigenen, gänzlich romantischen Wahrheitsbegriff. Das hat nichts mit Lüge zu tun. Wahrheit ist hier das poetischmenschliche Anliegen, das zum Ausdruck gebracht werden soll, und nicht Anhäufung von Fakten. Dichtung und Wahrheit werden nicht als Widerspruch, vielmehr als höhere Einheit verstanden. Auch bei Clemens verschwimmen Poesie und Wirklichkeit auf genial verwirrende Weise. „Wahr" ist für ihn seine Aufgabe, eine Erneuerung des katholischen Glaubens, die er sich von den Emmerick-Büchern erhofft. Das ist kein Grund an der Redlichkeit seiner Gesinnung zu zweifeln. Brentano legt eine große, zwölf Seiten umfassende Generalbeichte ab, die uns – leidergottseidank – nicht erhalten ist. Sein Bemühen Christ zu sein, gestaltet sich als ernsthafter Kampf. Das bezeugen seine Briefe und eine Fülle christlicher Dichtungen. Die erstaunliche Geldsumme, die „Das bittere Leiden" einbringen wird, spendet er an Arme und Bedürftige. Niemals hätte er fünf Jahre am Bett der Nonne verbracht, hätte er nicht in vollem Ernst seine „Lebensaufgabe" in der Niederschrift ihrer Visionen gesehen. Nach dem Tod Anna Katharinas versucht er bis ans Ende seines Lebens der Flut von Aufzeichnungen Form zu geben, oft an der Größe des Vorhabens verzweifelnd.

Auf Grund seiner persönlichen Tragik klammert sich Brentano mitunter krampfhaft am Phänomen Emmerick fest. Er sucht den Halt, den er bisher im Leben nicht finden konnte. Brentano will sehen. Seine Experimente mit Reliquien, sein Sammeln des Wundschorfs, der Blutbinden, ja selbst der Fingernägel der Emmerick streifen die Wundersucht und dürfen mit dem Denken der Verehrten nicht gleichgesetzt, noch ihr ange-

---

32 ARNOLD GUILLET, *Die Visionen der Anna Katharina Emmerich*, in: Der Fels 35 (2004) 260-263, hier 263.

lastet werden. Brentano will – wie der ungläubige Thomas – seinen Finger in die Wunde des Herrn legen, um in dieser Bestätigung einen Sinn der eigenen Leiden zu erfahren.
„An Anna Katharina Emmerick sah er in ihren Stigmata die immer wieder aufbrechenden Zeichen der Liebe, die er zeitlebens in sich selbst gefühlt hat."[33]

Doch wiederholt sich das Drama aller Frauenbeziehungen Brentanos: Es ist ihm nicht möglich, Anna Katharina Emmerick losgelöst von seinem Ich und seinen literarischen Notwendigkeiten zu begegnen, sie unabhängig von seinen Bedürfnissen und Ängsten als eigenständige Frau zu erfahren. In den Emmerick-Schriften will Brentano aber nicht betrügen oder manipulieren.
„Sollten die folgenden Betrachtungen unter vielen ähnlichen Früchten der kontemplativen Jesusliebe sich irgend auszeichnen, so protestieren sie doch feierlich gegen den mindesten Anspruch auf den Charakter historischer Wahrheit."[34]

Das bekennt er selbst in der Einleitung zu „Das bittere Leiden". Die Emmerick sieht Bilder, die Brentano mit Hilfe seiner dichterischen Kraft in Worte zu verwandeln sucht, um sie nachlebbar zu gestalten. Freilich stellt Melchior von Diepenbrock, ein Freund und Kenner sowohl des Poeten, als auch der Nonne und ihrer visionären Zustände, fest: „Aus vielen Gesichtern und Gesichten schaut mir der Clemens gar so leibhaft hervor."[35] Wolfgang Frühwald gibt zu bedenken: „Aus der Fülle von Brentanos Visions-Aufzeichnungen eventuelle Reste von Visionsberichten der Emmerick zu eliminieren, scheint (…) noch fruchtloser als ein Versuch, aus den Märchen der Brüder Grimm die Stimme der bekannten Märchenfrau zu rekonstruieren."[36]

---

33 WOLFGANG FRÜHWALD, *Die Emmerick-Schriften Clemens Brentanos*, in: CLEMENS ENGLING (Hg.), *Emmerick und Brentano. Dokumentation eines Symposion*, Dülmen/Westfalen 1983, 13-33, hier 31f.
34 CLEMENS BRENTANO, *Das bittere Leiden*, s. Anm. 5, 15.
35 MELCHIOR VON DIEPENBROCK, zit. nach: CLEMENS ENGLING, s. Anm. 3, 333.
36 WOLFGANG FRÜHWALD, *Das Spätwerk Clemens Brentanos (1815-1842). Romantik im Zeitalter der Metternich'schen Restauration*, Tübingen 1977, 273.

So tut es weder dem Dichter noch der Seherin Unrecht, die Bücher nicht als authentische Niederschrift zu werten. Es entspricht schlicht den historischen Umständen. Pater Joseph Adam, Wolfgang Frühwald und unlängst vertieft Clemens Engling haben das ausführlich (und für jeden unvoreingenommenen Leser Vertrauen erweckend) belegt und dokumentiert. Dieses Wissen lässt uns die Emmerick-Bücher Brentanos freier und unbelasteter zur Hand nehmen: Werke eines Dichters, von den Gesichten einer Seligen inspiriert. Gerade das Entdecken von Brentanos Stil hier, das Erahnen der historischen Emmerick dort, kann die Lektüre immer wieder zum packenden Erlebnis machen. Durch Brentanos Werke blieb Anna Katharina Emmerick Generationen von Gläubigen in Erinnerung. Bischof Heinrich Tenhumberg fasst treffend zusammen: „So wie uns die Gemälde großer Künstler helfen, die Geheimnisse des Glaubens zu betrachten und tiefer zu erfassen, so ist es auch mit diesen Schriften."[37]

8. Nacht und Sünden

Und die Schriften selbst? Propagieren sie nicht Leidverliebtheit und Sündenangst? Huldigen sie einem dunklen Gottesbild? Immer wieder, insbesondere im „Leben der heiligen Jungfrau Maria" finden wir auch bezaubernde Passagen, die dem großen Märchenerzähler Brentano alle Ehre machen (etwa die Heilung des aussätzigen Räuberkindes im Badewasser des kleinen Jesus, den abenteuerlichen Zug der Heiligen Drei Könige). Doch das Böse schläft nicht:

„Während ich alles dieses in der Kammer Marias sah, hatte ich eine eigentümliche persönliche Empfindung. Ich war in einer steten Angst, als würde mir nachgestellt, und sah nun auch eine scheußliche Schlange durch das Haus und die Stufen herauf bis zur Türe, bei der ich stand, herankriechen. Bis das Licht die heilige Jungfrau durchdrang, war das Scheusal bis zur dritten Stufe herangedrungen. Die Schlange, ungefähr von der Länge eines

---

37 HEINRICH TENHUMBERG, zit. nach: CLEMENS ENGLING, s. Anm. 3, 323.

Knaben, war gegen den Kopf breit und platt und hatte an der Brust zwei kurze häutige Pfoten mit Krallen gleich Fledermausflügeln, auf welchen sie fortrutschte."[38]

„Stete Angst"? Insbesondere in „Das bittere Leiden", dem einzigen Band, den Brentano selbst abschließen und herausgeben konnte, wimmelt es von durchaus beklemmenden Passagen: Der Sündenberg, den Jesus in der Ölbergvision auf sich zukommen sieht, ist atemberaubend:
„Der übrige Raum der Höhle war ganz von den Schrecken und Gräuelbildern der Sünde und von dem Hohn und der Anfechtung der bösen Geister erfüllt. Jesus nahm alles dieses auf sich, er fühlte als das einzige Gott und die Menschen vollkommen liebende Herz mitten in dieser Wüste des Abscheulichen den Gräuel und die Last aller Sünden mit Entsetzen und zerreißender Trauer. Ach, ich sah da so Vieles, ein Jahr würde nicht zureichen, es auszusprechen. Als nun die ganze Masse der Schuld und Sünden in einem Meere von Gräuelbildern an der Seele Jesu vorübergegangen war und er sich für alles als Sühneopfer dargeboten und alle Pein und Strafe auf sich herabgefleht hatte, brachte der Satan wie damals in der Wüste unendliche Versuchungen über ihn; (...)".[39]

Schließlich werden Geißelung und Kreuzigung mit einer Anschaulichkeit und Ausführlichkeit geschildert, die kaum zu überbieten sein dürfte:
„Die Nägel, bei deren Anblick Jesus so sehr geschaudert hatte, waren so lang, daß sie, in die Faust gefaßt, oben und unten einen Zoll weit hervorstanden. Sie hatten oben ein Plättchen mit einer Kuppe, welches im Umfange eines Kronentalers die Hand füllte. Die Nägel waren dreischneidig, oben so dick wie ein mäßiger Daumen, unten wie ein kleiner Finger und dann spitz zugefeilt. Eingeschlagen sah die Spitze an der hinteren Seite des Kreuzarmes ein wenig hervor (...) Nach der Annagelung der rechten Hand unseres Herrn fanden die Kreuziger, daß seine linke Hand, die auch auf den Kreuzarm festgebunden war, nicht bis zu der Stelle des Nagelloches reichte, das sie wohl zwei Zoll vor den Fingerspitzen gebohrt hatten; (...)".[40]

---

38 CLEMENS BRENTANO, *Marienleben*, Kevelaer 1957, 104.
39 DERS., *Das bittere Leiden*, s. Anm. 5, 117.
40 DERS., ebd. 316.

So geht das seitenlang weiter. Ich habe selbst erlebt, dass eine Zuhörerin bei dieser – laut vorgelesenen – Schilderung mit Übelkeit den Saal verlassen musste. Und dann gilt es auch noch in Brentanos Tagebuch Passagen wie diese zu verkraften: „Sie ist in solchen Peinen, daß sie stöhnt und wimmert, ja wie ein Wurm sich krümmt und wie auf der Folter winselt."[41] „Das Kind Jesu hat mir so große Schmerzen gebracht, es war nach der Beschneidung, als es das Wundfieber hatte (…)".[42] „Sie stöhnet und röchelt Tag und Nacht (…)".[43] Doch nicht genug! Der amerikanische Schauspieler und Regisseur Mel Gibson hat sich für seinen umstrittenen und wegen seiner extremen Blutrünstigkeit auch von vielen Christen als problematisch gewerteten Film „Die Passion Christi" nachweislich von Brentano/Emmericks „Das bittere Leiden" inspirieren lassen: „Da ging es um diese Frau – eine Nonne, glaube ich –, deren Visionen einem Dichter diktiert wurden. Eine Mystikerin, deren Vision er beschrieb. Das Buch war ungeheuer reich an Details."[44]

Sollte ein Christ von heute um all das nicht lieber einen großen Bogen machen? Ist der häufig genug erhobene Masochismusvorwurf nicht schlicht berechtigt? Clemens Engling nimmt die Emmerick diesbezüglich vehement in Schutz:

„Nun stellt sich (…) die Frage, wie ein solcher Vorwurf von Leidenskult bei Anna Katharina Emmerick aufkommen kann. Die sehr schlichte, nicht neue Antwort lautet: Durch eine unkritische Parallelisierung von Emmerick = Brentano (…)".[45]

Der Dichter bekommt also den schwarzen bzw. dunklen Peter. Ich frage mich, ob die Kreuzbetrachtungen, die einer Stigmatisation vorangehen, nicht doch alles Aufschreibbare übertreffen müssen. Brentanos starkes Betonen und Ausschmücken

---

41 DERS., *Emmerick-Biographie*, s. Anm. 6, 387.
42 DERS., ebd. 389.
43 DERS., ebd. 391.
44 MEL GIBSON, zit. nach: CLEMENS ENGLING, Brentano „rettet" nicht mehr „als ein paar arme Lappen". Mel Gibsons „Die Passion Christi" und die Visionen nach Emmerick/Brentano, in: „Emmerickblätter" Nr. 49/2004, 8-16, hier 8.
45 CLEMENS ENGLING, s. Anm. 44, 14.

der Passion jedenfalls kann nicht gelöst von seiner Biographie und persönlichen Not begriffen werden. Er hat das Gefühl, alles sei ihm missraten und genommen. Der Tod hatte ihn ein Leben lang begleitet, sein familiäres Glück vernichtet. Brentano sieht sich (seine literarischen Leistungen durchaus verkennend) als Gescheiterten. Die Passion Christi füllt ihm das erfahrene Leid mit Sinn. Extrem wie in allem, taucht er auch in die Leidensgeschichte bis an und oft über den Rand des Erträglichen ein. So will er schreibend auch der verehrten Emmerick nahe kommen. Zärtlich verklärt er im „Lied vom Tod der Anna Katharina Emmerick" ihre Stigmata zu Rosen:

Ich habe den Frühling gesehen,
Es sind mir fünf Rosen erblüht,
Ich hörte der Nachtigall Flehen,
Sie lehrt mich mitleidig ihr Lied.[46]

Angesichts der Lebensgeschichte Brentanos erscheint es mir mehr ergreifend als befremdlich, wie er sein Leiden im Blick auf das Kreuz Christi ertragen lernt. Die Fixierung sollte als psychologische Konsequenz aus Brentanos Ausnahmepersönlichkeit gedeutet und respektiert werden. Sie kann und will keinen Absolutheitsanspruch erheben. Die Intensität von Brentanos Passionsfrömmigkeit, wie auch immer sie Psychologen erklären mögen, zeugt von der Tiefe seines christlichen Ringens. Dass wir dabei nicht jede Zeile als Emmerickzitat, geschweige denn als Gottesoffenbarung werten müssen, ist wahrhaft entlastend!

9. Über alles lieben

Wir dürfen nicht vergessen: Anna Katharina ist von Kindheit an krank, später unfähig Arbeiten zu verrichten. Sie sucht nicht selbstquälerisch das Leiden. Es begleitet sie Schritt für Schritt. Auch als bettlägerige, auf den ersten Blick „nutzlose" Existenz versteht sie, ihr Leben mit Sinn zu füllen, anderen Hilfe zu sein.

---

46 CLEMENS BRENTANO, *Gesammelte Werke, Bd. 1*, Freiburg i. Br. 1837, 63.

Peter Nienhaus, Pfarrer von Heilig Kreuz in Dülmen, schreibt: „Anna Katharina steht keineswegs für Leidverliebtheit, sehr wohl aber für die Fähigkeit, auch Leid, Schwäche und Scheitern mit Gott in Verbindung zu bringen."[47]

Im Umfeld der Seligsprechung am 3. Oktober 2004 wurde neues Licht auf die „Seherin von Dülmen" geworfen. Günter Scholz und Clemens Engling betonen in ihren herausragenden Veröffentlichungen, dass Anna Katharina Emmerick den Weg der großen Mystikerinnen geht. Sie wächst in einem Umfeld voll Angst und Skrupeln auf. Brennesseln im Bett, ein „Bußgürtel von Messingdraht" und Höllenängste sind ihr zunächst nicht fremd. Doch all das lässt sie hinter sich:

> „Emmerick beklagt später selbst, dass sie Gott zunächst nur aus Angst, später erst aus Liebe geliebt habe; d.h. erst im Laufe ihrer religiösen und menschlichen Entwicklung entdeckt sie den gütigen Gott."[48]

Wie ein Jahrhundert nach ihr Therese von Lisieux, findet sie vom strengen, richterlichen Gott, der Opfer fordert, zum Gott der bedingungslosen Liebe und kann sagen: „Wenn auch kein Himmel und keine Hölle und kein Fegefeuer wäre, wollte ich dich doch von Herzen über alles lieben."[49] Günter Scholz unterstreicht diese Beobachtung:

> „Die Veränderung im Gottesbild der Emmerick vom strafenden hin zum liebenden Gott wird ganz prägnant deutlich in ihrer veränderten Interpretation der Wendung aus dem Vaterunser. ‚Dein Wille geschehe.' Die von der Mutter übernommene Formulierung lautete: ‚Mein lieber Gott, schlage so hart als du willst, aber gib Geduld.' Anna Katharina aber gibt nun ihrem Arzt, Dr. Wesener, den Rat: ‚Beten Sie: ‚Herr, mache mit mir, was du willst.', dann gehen sie ganz sicher, denn das gütigste, liebreichste Wesen kann nur Gutes ihnen zufügen.' So ist sie sich auch in ihrem Leben gewiss, dass der liebende Gott sie nicht im Stich lässt."[50]

---

47 PETER NIENHAUS, *Zur Seligsprechung Anna Katharina Emmericks,* in: „Emmerickblätter" Nr. 49/2004, 3f., hier 4.
48 CLEMENS ENGLING, s. Anm. 3, 55.
49 CLEMENS BRENTANO, zit. nach: CLEMENS ENGLING, s. Anm. 3, 56.
50 GÜNTER SCHOLZ, s. Anm. 9, 61.

Gegen die Vereinnahmung des Namens Anna Katharina Emmerick durch fundamentalistische Angstprediger spricht auch die Tatsache, dass mit Melchior Diepenbrock, dem späteren Bischof von Breslau und unangepassten Kardinal, oder Johann Michael Sailer besonders progressive und von den Gestrengen angefeindete Theologen zu ihrem engen Freundeskreis gehören. Vieles, was uns bei flüchtiger Beschäftigung irritieren könnte, hat die Selige von Dülmen selbst überwunden und kann somit sogar zu einer Lehrerin auf dem Befreiungsweg aus religiösen Ängsten werden: „Wenn wir alle *einen* Weg zum Himmel wollten, würde der Weg so eng sein, dass wir stecken blieben."[51]

Wurde in jüngster Zeit mehrfach darauf hingewiesen, dass Anna Katharina Emmerick nicht mit Brentano gleichgesetzt werden darf und durch die Trennung von diesem neue, modernere Züge an ihr zu entdecken sind, so sei es auch erlaubt, daran zu erinnern, dass Brentanos religiöses Schaffen nicht nur aus den Emmerick-Schriften besteht und an deren Stil gemessen werden darf. Die Entdeckung Clemens Brentanos als einem der großen christlichen Dichter deutscher Sprache steht im Wesentlichen noch aus. Eine Fülle tiefer Gedichte, unter denen das erwähnte „Ich bin durch die Wüste gezogen" nur einen von vielen Höhepunkten darstellt, sind bedauerlicherweise bis heute nur ausgesprochenen Brentano-Kennern vertraut. Die den flüchtigen Leser verwirrende Sachlage um den Fall Emmerick mag das ebenso mitverursachen wie überlieferte Vorurteile aus berühmten Federn. Für Heinrich Heine endet Brentano „einsiedlerisch zurückgezogen, als ein korrespondierendes Mitglied der katholischen Propaganda".[52] Goethe kann das weit liebloser: „Zuletzt warf er sich in die Frömmigkeit, wie denn überhaupt die von der Natur Verschnittenen nachher gern überfromm werden, wenn sie eingesehen haben, das sie anderswo zu kurz kamen (...)".[53] Selbst die brillante Brentano-Studie des Dichters Robert Walser

---

51 CLEMENS BRENTANO, zit. nach: GÜNTER SCHOLZ, s. Anm. 9, 149 (kursiv von mir).
52 HEINRICH HEINE, *Sämtliche Schriften, Bd. 5*, München/Wien 1976, 448.
53 JOHANN W. V. GOETHE, zit. nach: JÖRG DREWS, *Dichter beschimpfen Dichter*, Zürich 1990, 16f.

endet: „ (...) und er tritt durch das finstere, große Tor und steigt Stufe um Stufe hinunter, immer tiefer (...) Und von da an weiß man nichts mehr von Brentano."[54]

Doch, durchaus! Achtzehn Jahre überlebt er Anna Katharina Emmerick – und verliebt sich wieder, diesmal in die schweizer Malerin Emilie Linder. Er findet zum berückenden Klang seiner Lyrik zurück, ohne die Visionsbücher zu vergessen. Auch er kennt nicht nur das dunkle Gesicht Gottes:

> Engel, die Gott zugesehn,
> Sonn' und Mond und Sterne bauen,
> sprachen: Herr, es ist auch schön,
> Mit dem Kind ins Nest zu schauen.[55]

Clemens Brentano stirbt am 28. Juli 1842 im Haus seines Bruders Christian in Aschaffenburg. Doch seine Wirkungsgeschichte ist ungebrochen. Und auch die der Emmerick reicht bis in unsere Tage. Wer unvoreingenommen Emmerick ohne Brentano, Brentano ohne Emmerick zu suchen bereit ist, kann bei beiden unglaublich individuelle Entdeckungen machen – und wird das Zusammentreffen des Dichters und der Seligen vertieft als Glücksfall zu würdigen lernen.

---

54 ROBERT WALSER, *An die Heimat. Aufsätze*, Zürich 1978, 116.
55 CLEMENS BRENTANO, *Gesammelte Werke*, s. Anm. 46, 620.

HANSPETER SCHMITT

Gott und Moral
Befreiende Praxis in Gerechtigkeit, aus Gnade

Nach der Auseinandersetzung mit Leid, Fremde, Bosheit und Wahn richtet sich der Blick nun auf die Verbindung „Gott und Moral". Man könnte fragen, was das mit dem Thema „Der dunkle Gott" zu tun hat. Ist Moral eine dunkle Seite Gottes? Ist es nicht eher umgekehrt, dass man das Wort „Gott" unbedingt braucht, um Moral wirksam unter die Leute zu bringen? Aber welche Moral sollte das sein, und ist damit schon alles über Gott gesagt? Ist Gott am Ende gleich Moral? Fragen über Fragen – und es lohnt sich allemal, genau hinzusehen.

Zunächst will ich vier Positionen nennen, die sich grundsätzlich zum Sinn der Themenstellung „Gott und Moral" äußern (1.). Danach wäre über „Moral" und die grundlegende Bedeutung dieses Phänomens zu sprechen (2.-3.), um im Folgenden klar machen zu können, dass der jüdisch-christliche Glaube und sein Gott immer mit Moral verbunden waren, und dies ganz selbstverständlich (4.). Allerdings möchte ich die dunklen, höchst bedrückenden Ausformungen dieser Verbindung nicht unter den Tisch kehren oder verschweigen, sondern näher beleuchten (5.-6.). So lässt sich einiges für ein befreiendes Verhältnis zwischen Gott und Moral lernen, und auch dafür, dass mit „Gott" entscheidend mehr gemeint ist als nur Gesetz und Moral (7.-8.).

1. Vier Einwände gegen das Thema

Die vier Positionen, die ich zur Frage nach dem Verhältnis „Gott und Moral" anführe, gibt es nicht in Reinkultur. Es sind vier Denktypen, die sich wie Fäden durch die entsprechende philosophische und theologische Literatur ziehen. Eines ist ihnen aber gemeinsam: Sie nehmen zur Möglichkeit unserer heutigen Themenstellung von vornherein kritisch, teils sogar ablehnend Stellung.

Zunächst die Position aus dem Umfeld der *Aufklärung*.[1] Moral ist ein „weltlich Ding", heißt es dort. Gott hat – zumindest inhaltlich – nichts damit zu tun. Moral begründet sich vielmehr aus vernünftigen Überlegungen. Sie ist erfahrungsbezogen, darin autonom und keiner Fremdbestimmung unterworfen. Ein Gottesprinzip mag vielleicht als Letztbegründung des Guten wichtig sein; aber in die konkreten Fragen um das „Wie" und „Was" des Lebens dürfen Glaube und Offenbarung sich nicht einmischen. Genau das würde ja den Menschen wieder in die alte Unmündigkeit zurückstoßen. Er bliebe hinter seinem eigenen geistigen Anspruch und Niveau zurück. Diese Position bestreitet also, dass zwischen religiösem Glauben bzw. Gott und der Entwicklung einer konkreten Moral ein sinnvoller Zusammenhang besteht.

Zu diesem Ergebnis kommt auch eine zweite Position. Man könnte sie mit *Spiritualismus*[2] bezeichnen. Auch hier wird der Sinn dieser Verbindung „Gott und Moral" bezweifelt. Aber diesmal nicht, um die Vernunft zu schützen, etwa vor den irrationalen Übergriffen des Glaubens. Vielmehr geht es dieser Position darum, den Glauben in Schutz zu nehmen und in seiner Substanz zu bewahren. Der Glaube soll sich besser nicht im Politischen und Gesellschaftlichen verlieren! Es gilt, ihn für die Dinge des geistlichen Lebens zu reservieren. Gott hat doch nichts mit der Gestaltung von Politik zu tun, auch nichts mit der mühsamen Erörterung ethischer Fragen oder mit der fairen Regelung

---

1 Es ist hier nicht möglich, die unterschiedliche Ausdifferenzierung dieses Themas im aufklärerischen Denken – etwa bei Jean-Jacques Rousseau oder Immanuel Kant – auch nur annähernd wiederzugeben. Interessant wäre außerdem, die Entfaltung der Gottesfrage bei jenen Moraltheologen zu betrachten, die den Aufklärungsgedanken schon früh und konstruktiv aufnahmen, wie z. B. Sebastian Mutschelle oder Franz X. Linsenmann. Vgl. ALFONS AUER, *Autonome Moral und christlicher Glaube*, Düsseldorf ²1984, 223ff.

2 Im engeren Sinn bezeichnet dieser Begriff eine philosophische Strömung, die Geist und Seele gegenüber Körper, Welt und Materie betont. Im Zusammenhang meiner Überlegungen wird „Spiritualismus" umfassender verwendet und steht für alle Phänomene, die die Praxis- und Struktursseite des Glaubens zugunsten seines inneren seelischen Erlebens ausblenden.

öffentlicher oder persönlicher Angelegenheiten. Das betont diese Position. Hier wird Gott primär auf einen zutiefst innerlichen Vorgang bezogen, auf seelische Reinheit, spirituelle „Wellness" und Vollkommenheit. Das geschähe vor allem in Auseinandersetzung mit sich selbst, fern der schnöden Weltdinge. Vor ihnen müsse sich der Glaube hüten und seine Zuflucht in Gebeten, feierlichen Liturgien und vielleicht auch auf bunten kirchlichen Großveranstaltungen suchen. Ein Spiritualist würde aller Wahrscheinlichkeit nach einem Vortrag über die Verbindung „Gott und Moral" kritisch gegenüberstehen.

Ganz anders der *Moralismus*, wie man ihn bisweilen innerhalb oder im Umfeld von Theologie und Kirche findet. Für diese Position ist es völlig unstrittig, dass der Glaube an Gott Moral hervorbringt: Sind nicht die Spitzensätze und zentralen Werte der westlichen Ethik aus der jüdisch-christlichen Tradition gewachsen? Man denke nur an Gerechtigkeit, Feindesliebe, Wahrheit und Treue. Das Erwachen und allmähliche Gedeihen der abendländischen Humanität – Freiheit, Menschenwürde, Toleranz – ist in der Tat ohne die biblisch-christlichen Quellen nicht zu verstehen. Deshalb scheint für viele der eigentliche Sinn des Glaubens an Gott in der Begründung einer anspruchsvollen Moral zu liegen. Manche gehen so weit, die Normen des täglichen Handelns mehr oder weniger unmittelbar aus der Bibel abzuleiten.[3] Erfahrung, Kommunikation und eigene Vernunft erscheinen ihnen zweitrangig, denn in der Moral der Bibel spreche ja die göttliche Autorität.

Auf eine höhere moralische Autorität hoffen übrigens auch nicht unerhebliche Teile der Gesellschaft, wenn sie den Kirchen begegnen: Die Kirchen sollen zu einer neuen Konjunktur sittlicher Werte beitragen, sollen ihre Kompetenzen in Ethikkommissionen zeigen, sollen im Religionsunterricht leisten, was die Erziehung daheim nicht mehr schafft. Vor allem wird erwartet, dass sie in Zeiten wachsender Unsicherheit und sozialer Kälte für

---

3   Vgl. für den Bezug auf Jesus: HEINER GEISSLER, *Was würde Jesus heute sagen?*, Berlin ¹³2004; FRANZ ALT, *Der ökologische Jesus*, München 1999; CLEMENS SEDMAK, *Theologie in nachtheologischer Zeit*, Mainz 2003.

Nischen menschlicher Hilfsbereitschaft und Wärme sorgen. Das Thema „Gott und Moral" ist also für einen Moralisten dieser Art gut gewählt. Nur würde er sich wundern, dass es unter der Überschrift „Der dunkle Gott" erscheint. Warum dunkel? Es kann doch dem Menschen nur gut tun, wenn man für Recht und Ordnung, für Sitte und Moral eintritt – erst recht, wenn es in Gottes Namen geschieht! Damit erreiche ich die vierte Position.

Gegen die Aussage, dass das einfach nur gut tut, steht nämlich die schmerzliche Erfahrung vieler Menschen. Diese Menschen sind in Gottes Namen mit Moral konfrontiert worden – mit einer Moral, die ihnen gerade nicht gut getan hat. Im Gegenteil: Die Rede über Gott in Sachen Moral hat sie belastet, hat ihnen den Mut zur Freiheit wie auch die Freude am Glauben genommen. Sie wurden in tiefe seelische Skrupel und Abhängigkeiten gestürzt. Ich möchte auch über solche dunklen Erfahrungen reden. Es soll ja wirklich heilsam mit dem Thema „Gott und Moral" umgegangen werden. Aber dazu gehört der ehrliche Blick und der Respekt vor denen, die dies so erlebt haben und erleben.

Die *Religionskritik*[4] geht von solchen dunklen Erfahrungen aus. Sie liefert der vierten Position den theoretischen Boden. Sie zieht den Schluss, dass Gott und der Glaube an ihn zu nichts Gutem führen kann. Er stellt eine Illusion dar, die den Menschen von seinen realen Möglichkeiten wegbringt. Man vertröstet ihn damit nur. Auf diese Weise verpasst er seine Befreiung und auch die der Gesellschaft. Sein Leben bleibt ungelebt. Er wird krank, denn die Konflikte und ureigentlichen Bedürfnisse des Menschseins sind unter solchen Umständen nicht gestaltbar. Sie müssen unterdrückt oder verschoben werden. Ein Religionskritiker würde daher die These vom „dunklen Moralgott" betonen. Er würde dafür plädieren, mit Gott und Glauben Schluss zu machen – damit der Mensch endlich zu leben beginnt. Vermutlich würde er sich aber auch gegen den Versuch stellen, das Verhältnis „Gott und Moral" neu zu beschreiben – neu, und zwar auf eine befreiende, mündig machende Art und Weise.

---

4 Für den Überblick: HANS ZIRKER, *Religionskritik*, Düsseldorf 1982; KARL-HEINZ WEGER (Hg.), *Religionskritik*, Graz u. a. 1991.

Genau darum geht es mir aber. Ich möchte zeigen, dass der Glaube an Gott helfen kann, Moral wahrhaft menschlich und mit aufrechtem Gang zu leben. Dabei sollen die dunklen, unmenschlichen Seiten einer autoritären Moralverkündigung weiter im Blick bleiben. Mit Recht hat die Religionskritik die Entfremdungspotentiale der christlichen Kultur schonungslos aufgedeckt. Doch sie hat bei ihrer Kritik die Potentiale der Befreiung, die im Glauben dieser Kultur genauso verankert sind, nicht mehr sehen wollen. Es gilt, diese Potentiale freizulegen und zu heben. Ein befreiender Glaube, so lautet folglich meine Position, ist ein wichtiges Angebot für die Moral und damit für das Gelingen menschlichen Lebens.

2. Um welche Moral geht es?

Bei dieser Position steht und fällt alles mit dem Begriff „Moral". Was ist Moral – und welche Moral ist dem Menschen nützlich und angemessen? Entlang dieser Fragen gewinnt man ein sachliches Kriterium, das hilft, die Rolle des Glaubens zu bewerten. Unter welchen Umständen wirkt er belastend und destruktiv? Aber genauso umgekehrt: Wo zeigt sich, dass Moral auf die befreiende Kraft des Glaubens angewiesen ist?

Von Bertold Brecht stammt die drastische Aussage: „Erst kommt das Fressen, dann kommt die Moral!" Sie findet sich in der Dreigroschenoper.[5] Brecht nimmt darin die bürgerlich-kapitalistische Welt der Weimarer Zeit aufs Korn: die sogenannten „goldenen" 20er-Jahre. Mit dem ihm eigenen sozialkritischen Instinkt prangert er die herrschenden Verhältnisse an. Sie führten dazu, dass die einen wohlsituiert und gesichert leben können: Es fehlt ihnen an nichts und das lassen sie sich gehörig „raushängen". Die anderen aber leben auf der Schattenseite. Sie zeigen sich als Bettler, Huren und Räuber. Es sind jene, die es unter diesen Verhältnissen zu nichts anderem bringen. Sie gera-

---

5 BERTOLT BRECHT, *Ballade „Denn wovon lebt der Mensch?"*, in: DERS., *Die Dreigroschenoper*, Berlin ⁷1972, 69f.

ten an den Rand, werden kriminell, um sich das Nötigste – „das Fressen" – halbwegs zu sichern.

Der Gipfel der Zumutung ist für Brecht, dass die auf der Sonnenseite denen, die im Dunkeln sind, mit „Moral" kommen. Sie werfen diesen tragischen Gestalten nämlich ihren Lebenswandel vor, obwohl sie ihn selbst mitzuverantworten haben. Sie verlangen bürgerliche Tugenden wie Anstand, Anpassung und Bravheit, alles Werte, die sie selbst nur nach außen hin leben, und sie begreifen nicht, dass jene am Rand sich diese Moral einfach nicht leisten können. Es geht hier schlichtweg um das nackte Überleben. „Erst kommt das Fressen, dann kommt die Moral!"

Die Moral, die hier gemeint ist, hilft nicht leben, sondern verhindert die für das Leben nötigsten Dinge. Sie kümmert sich nicht um die Realitäten, ihre Ursachen und die hier und jetzt gegebenen Möglichkeiten. Es ist zudem eine Moral der Herrschenden. Sie dient dazu, die anderen klein und mundtot zu machen. Deshalb reitet sie auf ihren Prinzipien herum – nicht, weil es ihr um mehr Menschlichkeit ginge; in diesem Fall müsste sie ihre Normen und Vorstellungen immer wieder hinterfragen, sie auf Sinn und Tauglichkeit prüfen. Stattdessen richtet sie ihr System starr gegen jede persönliche und abweichende Regung. Sie macht damit nur Angst, nimmt nicht teil an notwendigen Entwicklungen, steht dem Menschen letztendlich autoritär gegenüber. Am schlimmsten aber ist ihre Doppelbödigkeit: dass sie nämlich verlangt, was sie selbst nicht tut bzw. was sie unter gleichen Umständen auch nicht schaffen könnte. Gegen eine solche Moral geht Brecht an. Mit seinen Stücken und Liedern setzt er sich für Strukturen und soziale Beziehungen ein, die Wahrheit, Gerechtigkeit und eine glückliche Zukunft für alle möglich machen.

„Denn wovon lebt der Mensch?"
(Ballade aus der „Dreigroschenoper")

Ihr Herrn, die ihr uns lehrt, wie man brav leben
Und Sünd und Missetat vermeiden kann
Zuerst müßt ihr uns was zu fressen geben
Dann könnt ihr reden: damit fängt es an.

> Ihr, die euren Wanst und unsre Bravheit liebt
> Das eine wisset ein für allemal:
> Wie ihr es immer dreht und wie ihr's immer schiebt
> Erst kommt das Fressen, dann kommt die Moral.
> Erst muß es möglich sein auch armen Leuten
> Vom großen Brotlaib sich ihr Teil zu schneiden. (...)
>
> Denn wovon lebt der Mensch? Indem er stündlich
> Den Menschen peinigt, auszieht, anfällt, abwürgt und frißt.
> Nur dadurch lebt der Mensch, daß er so gründlich
> Vergessen kann, daß er ein Mensch doch ist. (...)
>
> Ihr lehrt uns, wann ein Weib die Röcke heben
> Und ihre Augen einwärts drehen kann
> Zuerst müßt ihr uns was zu fressen geben
> Dann könnt ihr reden: damit fängt es an.
>
> Ihr, die auf unsrer Scham und eurer Lust besteht
> Das eine wisset ein für allemal:
> Wie ihr es immer dreht und wie ihr's immer schiebt
> Erst kommt das Fressen, dann kommt die Moral.
> Erst muß es möglich sein auch armen Leuten
> Vom großen Brotlaib sich ihr Teil zu schneiden. (...)

Man spürt, dass das Werk dieses Dichters gar nicht antimoralisch ist. Es prangert nur die *schlechte* Moral mit ihren menschenverachtenden Reden und Formen an. Dadurch macht Brecht, vielleicht ohne es zu wollen, auf den eigentlichen Sinn von Moral aufmerksam. Er zeigt, welche Moral am Menschen vorbeigeht und nichts taugt, und hält auf diese Weise ein beeindruckendes Plädoyer für eine bessere, eine menschendienliche Moral.

3. Aspekte einer menschendienlichen Moral

Worin besteht die eigentliche Idee von Moral? Welche Moral dient den Menschen und hilft ihnen zu leben? Im Grunde liegt mit dieser Frage die Antwort schon auf der Hand. Sie lässt sich in den Stichworten Lebensqualität, Geschichtlichkeit, Subjekt- und Sozialbezug, Konkretheit, Kommunikabilität und Erfahrung näher entfalten.

- Lebensqualität: Mit Moral muss es immer um die Entwicklung und Sicherung menschlicher Lebensqualität gehen. Menschen sollen die Chance zu einem gelingenden Leben haben und das soll für alle so sein, nicht nur für bestimmte Gruppen, Schichten, Länder oder Kontinente. Wann aber gelingt das Leben? Dann, wenn sich die Bedürfnisse und Werte, die zum Menschsein unabdingbar gehören, miteinander entdecken, gerecht erfüllen und gestalten lassen: gemeint sind elementare Bedürfnisse wie Obdach, Nahrung, Wärme, Gesundheit, Umwelt, Partnerschaft und Kommunikation, aber auch die entwickelten Bedürfnisse nach Bildung, Besitz, Arbeit, Kultur und Freizeit. Dafür setzt Moral sich ein, wenn sie wirklich das Glück des Menschen im Auge hat.

- Geschichtlichkeit: Moral fällt nicht vom Himmel. Sie wird von und für Menschen entwickelt und fortgestaltet. Sie ist kein Fertigprodukt, sondern ein Kulturgut. Man hat also selbst für ihre Form und ihre Inhalte zu sorgen und Verantwortung zu übernehmen, ähnlich wie für Technik, Sprache, Kunst, Sport oder Religion. Dafür lassen sich leicht Beispiele finden: Man überlegt etwa, was es bedeuten kann, Pflegesituationen menschenwürdig zu gestalten – und was dafür folglich zu tun ist. Oder man ringt um eine angemessene Formulierung der europäischen Verfassung: Welche Werte und politischen Prinzipien sollen in Europa für alle verbindlich sein? Oder mit Blick auf eine Familie: Dort bemüht man sich in der Regel um wohltuende Formen der Begegnung, diskutiert über den Sinn von Erziehung, über eine faire Lösung bestehender Konflikte oder man handelt Regeln für den Umgang mit Geld, Medien, Hausarbeit oder Gästen aus. Es ließen sich auch globale Herausforderungen wie Frieden, Ökologie, Armut oder Sozialstaatlichkeit anführen. Auf welcher Ebene des persönlichen oder des gesellschaftlichen Lebens man sich auch bewegt, immer stehen die Fragen der Gerechtigkeit und humanen Lebensqualität zur Debatte, werden aufgegriffen und handlungsbezogen erörtert.

- Subjekt- und Sozialbezug: Bei diesem Bemühen darf es aber nie nur um das bloße Funktionieren von Tradition, Normen oder technischen Abläufen gehen. Stets bleibt der Mensch selbst im Mittelpunkt – einmalig, lebendig und vielschichtig wie er ist: Er soll zu seiner Menschlichkeit und Lebensfülle finden können, soll sein Dasein in Formen entfalten, die ihm zukommen und seinem Wesen angemessen sind. Das wiederum lässt sich nur sozial und kooperativ verwirklichen, also in gegenseitiger Förderung und mit gleichzeitigem Blick auf das Wohl der anderen, die – genauso wie man selbst – ein Recht auf ein erfülltes Leben haben: „Mein Glück: Ja! Aber nicht ohne das deine!", so handelt eine am Menschen orientierte solidarische Moral.

- Konkretheit: Dabei wird Moral sehr konkret. Sie zeigt sich in starken Prinzipien und Wertvorstellungen wie auch in Normen, die unmittelbar situationsbezogen greifen. Sie vertieft und rechtfertigt ihre Aussagen und sittlichen Erkenntnisse im Rahmen einer interdisziplinär arbeitenden Ethik. Sie bringt Lebensweisen und Einstellungen, Gespräche und soziale Erwartungen, Institutionen, Gesetze und vieles andere mehr hervor. Das geht bis hin zu Fragen der praktischen Zusammenarbeit und der Schaffung von Kompetenzen. Moral und Lebensqualität wird also in den unterschiedlichsten Formaten bedacht und entwickelt. Wie geschieht das?

- Kommunikabilität und Erfahrung: Für Brecht bestand der Skandal vor allem darin, dass die nach bürgerlichen Maßstäben Glänzenden den anderen ihre scheinheilige Moral einfach aufgedrückt haben. Sie haben nicht nach deren Meinung gefragt. Sie waren sich zu fein, die Schattenseiten ihrer Gesellschaft genau und einfühlsam wahrzunehmen. Dazu hätten sie die sozialen Niederungen wirklich aufsuchen müssen, um sich ernsthaft anrühren und betreffen zu lassen. Ihr eigenes Verhalten wäre ihnen wie in einem Spiegel aufgegangen. Sie haben sich von den Armen lieber nicht erzählen lassen, woher ihre Not kommt und worin ihr Elend besteht. Sie fanden natürlich auch keine Zeit, deren Ideen für ein besseres Leben ernst zu nehmen. Sie hatten keinen Mut, mit ihnen gemeinsam an einer gerechteren Welt zu bauen. Ein herrschaftsfreier, vorbehaltlos offener Diskurs kam auf diese Weise nicht zustande.[6] Dort wäre der Ort gewesen, konkret zu erfassen, was Menschlichkeit bedeutet und worin die Defizite ihrer Verwirklichung aktuell bestehen. Das alles geschah nicht.

Wenn es aber so läuft, bleiben „die im Dunkeln" (B. Brecht) dort, wo sie sind. Sie werden unfrei und unmündig gehalten. Sie kommen – wie Brecht es ausdrückt – nicht an den „großen Brotlaib" heran. Sie werden überhört, stehen am Rand, liegen am Boden. Und die anderen? Sie gehen ihre Wege – als ob nichts gewesen wäre.

4. Jüdisch-christlicher Glaube als Praxis und Moral

Dabei drängt sich unweigerlich das Gleichnis Jesu vom Samariter auf (Lk 10,25-37): Der Levit und der Priester übersehen die Not, lassen sich nicht stören und gehen vorbei. Sie spielen ihre Rolle ungerührt weiter, eilen in den Tempel, verhalten sich anständig, so wie die Obrigkeit es verlangt. Sie ändern nichts an der brutalen Gewalt der Straße zwischen Jericho und Jerusalem. Anders hingegen der Samariter. Ausgerechnet ein Fremder, also einer, der in den Augen der vermeintlich Frommen von Gottesfurcht und rechtschaffenem Verhalten nichts versteht. In den Augen Jesu ist er es, der menschlich und gerecht handelt. Er hat die Kraft zu einer Moral, die sich unmittelbar ansprechen und betreffen lässt. Quer zu den Barrieren und tödlichen Grenzen der Gesellschaft richtet er den Geschlagenen auf und wird ihm zum Nächsten. So lebt er den Willen Gottes.

Schon an diesem Gleichnis Jesu erkennt man, dass Gott in der biblisch-christlichen Tradition offensichtlich viel mit Moral zu tun hat. Soziale Verantwortung, Sensibilität, Gerechtigkeit

---

6 Vgl. den klassischen Ansatz bei JÜRGEN HABERMAS, *Erläuterungen zur Diskursethik*, Frankfurt a. M. 1991.

und solidarisches Handeln sind die zentralen Stichworte dieser Geschichte. Es geht also zweifellos um Moral, jedoch um eine, die sich um die Bedürftigen und Opfer kümmert. Keine Moral, die nur im eigenen Interesse agiert und dafür ihr „Moralinsüppchen" kocht. Eine anspruchsvolle Moral ist gemeint. Sie nimmt Menschen ernst, ist für sie und mit ihnen unterwegs, mischt sich ein. Deshalb hat sie – dieser biblischen Tradition zufolge – Gott auf ihrer Seite. Die anderen, die sich um ihre Termine und um ihren Kult kümmern, obwohl da einer geschlagen im Graben liegt, handeln nicht gottgefällig. Jesus findet ihre Frömmigkeit zutiefst sinnlos, weil sie am Menschen vorbeigeht.

Hier tut sich ein Prinzip auf, dass für den jüdisch-christlichen Glauben insgesamt entscheidend ist: Gott will die Welt zum Guten hin verändern, er will den Schalom und das Heil seiner Schöpfung. Deshalb kann der Glaube an diesen Gott nichts anderes sein als der Einstieg in die Praxis der Gerechtigkeit und Liebe. Glaube ohne diesen Praxisbezug gibt es jüdisch-christlich nicht. Gebet und Engagement, Mystik und Politik, Gottesnähe und Menschenrecht sind keine Gegensätze mehr. Sie verschmelzen zu einer nicht auflösbaren Einheit. Es geht um das Tun der Liebe.[7] Darin findet der Glaube seine eigentliche Gestalt, mehr noch: Entlang dieser Gestalt beginnt man schrittweise und immer klarer zu verstehen, wer und wie Gott für den Menschen ist. Gott wird in der Verwirklichung liebender Gerechtigkeit gegenwärtig. Er schenkt diesem Tun seine Kraft und Zukunft.

Drei Beispiele sollen verdeutlichen, dass das Gesagte keineswegs ein Einzelfall ist, sondern gute biblisch-christliche Tradition.

1. Zunächst das *Ethos der alttestamentlichen Propheten:*[8] Es geht fast um die ganze prophetische Tradition von Amos, Hosea, Jesaja und seine Schule bis hin zu Jeremia. Diese Propheten leben

---

7 Vgl. GEORG BEIRER, *Selbst Werden in Liebe*, St. Ottilien 1988, bes. 387-404.
8 Vgl. ERICH ZENGER u. a., *Einleitung in das Alte Testament*, Stuttgart u. a. ³1998, 142-162; JÖRG JEREMIAS, *Das Proprium der alttestamentlichen Prophetie*, in: Theologische Literaturzeitung 119 (1994) 483-494.

in Juda bzw. Israel und zwar vom 7. bis zum 5. vorchristlichen Jahrhundert. Jeder von ihnen hat sein eigenes Schicksal, seine eigene Geschichte. Und doch berühren sie sich in entscheidenden Punkten: Sie bleiben lange unauffällig, arbeiten in ihrem jeweiligen Beruf und leben in durchwegs normalen Verhältnissen. Plötzlich aber treten sie auf und reden zu den aktuellen Fragen des gesellschaftlichen und politischen Lebens. Sie tun das in Gottes Namen. Sie wissen sich von Gott gesandt und berufen sich ausdrücklich darauf. Ihr Thema sind stets auch die sozialen Verwerfungen ihrer Zeit und die Ursachen, die zu solcher Not, Armut und Unterdrückung führen. Sie machen klar, dass Gott ein anderes Leben erwartet und verweisen auf die Geschichte ihres Glaubens: Gott stand und steht auf der Seite der Armen und Unterprivilegierten.

Mit Blick auf das Thema „Gott und Moral" kann man daher sagen: Bei den Propheten zeigt sich die Gottesrede direkt mit einem starken sozialethischen Programm – also mit Moral – verbunden. Gott selbst treibt die Propheten nach ihrer eigenen Auskunft zur Kritik an den unmenschlichen Verhältnissen. Von dieser Kritik bleiben gerade auch Kult und Frömmigkeit nicht verschont. Was sollen die Gebete, was bringen die Opfer, wenn Unrecht, Ausbeutung, Angst und Kummer im Lande herrschen? Sie sind nichts wert, sind Heuchelei und Selbstbetrug! So hört man die Propheten reden.[9]

Die Aktualität dieser Kritik ist offensichtlich. Man muss sich unsere derzeitigen gesellschaftlichen Verhältnisse nur einmal vor Augen halten, um die Tendenz zur Marginalisierung ganzer Gruppen wahrzunehmen. Zudem liegt die Nähe dieser Prophetie zur Verkündigung Jesu auf der Hand. Jesus wirkt etwa 600 Jahre später, aber er steht mit beiden Beinen in dieser prophetischen Tradition. Das Gleichnis vom Samariter wurde schon genannt. Man denke aber auch an seinen Umgang mit Abhängigen

---

9 Vgl. exemplarisch Am 5,21-24: „Ich hasse eure Feste, ich verabscheue sie und kann eure Feiern nicht riechen. Wenn ihr mir Brandopfer darbringt, ich habe kein Gefallen an euren Gaben und eure fetten Heilsopfer will ich nicht sehen. Weg mit dem Lärm deiner Lieder! Dein Harfenspiel will ich nicht hören, sondern das Recht ströme wie Wasser, die Gerechtigkeit wie ein nie versiegender Bach."

und Verstoßenen, an die Rede vom Endgericht oder an die Seligpreisungen: Gott macht sich gemein mit den Armen, Hungernden und Weinenden (vgl. Lk 6,20-21).[10] Deshalb besteht das Maß des Glaubens unabdingbar in der Umkehr zu Gerechtigkeit und Lebenschancen für alle.

2. Das zweite Beispiel für diese Verbindung „Gott und Moral" bzw. „Glauben und Handeln" kommt aus der Theologie. Bis auf den heutigen Tag hat sie sich stets auch der ethisch-moralischen Fragen und Begriffe angenommen. Sie hat dabei versucht, den Zusammenhang zwischen Glauben und gelingendem Leben zu beleuchten. Mein Beispiel bezieht sich auf die lange Linie der christlichen *Gewissenslehre*.[11] Mit „Gewissen" ist der Mensch als freies, sittlich handelndes Wesen gemeint. Im Gewissen hat er die Gabe, zwischen „gut" und „böse", „richtig" und „falsch" zu unterscheiden. Damit steht er aber vor allem *als er selbst* auf dem Spiel und erfährt das als unbedingten Anspruch. Dem darf er nicht ausweichen, wenn er Mensch bleiben will.

Die christliche Theologie hat diese Lehre kontinuierlich aufgegriffen und verfeinert. Wichtige Stationen sind u. a. Paulus, Augustinus, Thomas von Aquin, Martin Luther, John H. Newman und nicht zuletzt das Zweite Vatikanische Konzil. Weshalb aber dieses Beispiel? Es trifft das Thema „Gott und Moral" sehr genau, weil die Gewissensregung immer mit der Erfahrung Gottes zusammengesehen wurde. Das ging hin bis zum Bild von der Stimme Gottes im Gewissen.[12] Gott zeigt sich im Anspruch des Guten, darauf kam es hier an. Er scheint im Ruf des Gewissens auf, wird in der Erfahrung des absoluten sittlichen Gefordertseins erkennbar.

3. Das dritte Beispiel zielt auf die aktuelle *kirchliche Verkündigung*, also auf Predigt und Katechese, aber auch auf das Lehramt

---

10 Vgl. zu den Seligpreisungen Jesu: PAUL HOFFMANN/VOLKER EID, *Jesus von Nazareth und eine christliche Moral*, Freiburg i. Br. u. a. 1975, 29-39.
11 Vgl. EBERHARD SCHOCKENHOFF, *Wie gewiss ist das Gewissen?*, Freiburg i. Br. u. a. 2003.
12 Vgl. DERS., ebd. 99-102, 130-140, 152-169.

der Konzilien, der Bischöfe und des Papstes. Jeder weiß, dass sich eine gute Verkündigung nicht auf geistliche oder theologische Dinge beschränkt: etwa auf Auferstehung, Gebet oder das Wesen der Sakramente. Besser verbindet man Theologie mit Kirche, Alltag und praktischen Lebensfragen. So wird zum Beispiel in kirchlichen Texten die Erfahrung der göttlichen Liebe zum Horizont für die Liebe zwischen Partnern. Oder man betont die Vorstellung von der Gottebenbildlichkeit aller Menschen; vor allem in den jüngeren päpstlichen Lehrschreiben lässt sich das gut beobachten. Damit erhält nicht zuletzt der Lebensschutz zu Beginn und am Ende des Lebens ein ganz eigenes Gewicht.[13] Oder es gilt, Gerechtigkeit als ein unteilbares, global bedeutsames Gut hervorzuheben; auch dann greifen Predigten und Sozialworte gern zur Gottesrede. Sie sprechen – gut biblisch – vom Reich Gottes, das schon heute Menschen grenzüberschreitend vereint. Einst, im Gericht des Kommenden, wird es vollendet.[14]

Nach diesen Beispielen sollte kein Zweifel mehr sein: Für den Glauben jüdisch-christlicher Herkunft gehören die Rede von Gott und das Bemühen um eine befreiende Moral eng zusammen. Es ist Teil der Identität dieses Glaubens, praktisch zu sein und humanes Leben zu entwickeln. Diese Praxis wird vom Geist Gottes angetrieben und erfüllt. Zugleich aber deckt sie die Liebe Gottes auf und macht sie nachvollziehbar. Biblisch gesprochen sind Gottesliebe und Nächstenliebe deshalb eins.[15]

Allerdings wird das Thema gewöhnlich an diesem Punkt beendet. Der Trennstrich, den Aufklärung wie Spiritualismus zwischen „Gott" und „Moral" ziehen, scheint hinfällig – zumindest aus jüdisch-christlicher Sicht. Man erinnere sich an die Positionen, die am Anfang genannt wurden. Es läuft, von dort aus gesehen, offenbar ganz im Sinn des Moralismus, demzufolge Gott

---

13 Vgl. JOHANNES PAUL II., *Enzyklika Evangelium vitae*, hg. vom SEKRETARIAT DER DT. BISCHOFSKONFERENZ, Bonn 1995, Nr. 39, 53 passim.
14 Vgl. exemplarisch das gemeinsame Sozialwort der Kirchen: *Für eine Zukunft in Solidarität und Gerechtigkeit*, hg. vom SEKRETARIAT DER DT. BISCHOFSKONFERENZ, Bonn 1997, 39-50.
15 Vgl. Mk 12,28-31 par; Lev 19,34. Vgl. hierzu KARL RAHNER, *Über die Einheit von Gottes- und Nächstenliebe*, in: DERS., *Schriften zur Theologie*, Bd. 6, Einsiedeln 1965, 277-298.

und Moral „ein Verhältnis haben". Ausgeschlossen werden Formen der Moral, die kleinkariert oder doppelzüngig daherkommen. Moral soll sich – gerade in Gottes Namen – am Wohl jedes Menschen orientieren. Sie soll Freiheit stiften und dabei die sozialen und weltweiten Belange im Blick behalten. Nur fragt sich, ob der Moral auf christlichem Boden dieses gerechte und zugleich befreiende Verhältnis wirklich gelungen ist.

5. Gott und Moral – eine „dunkle" Erfahrung

Damit treten die „dunklen" Erfahrungen mit dieser Moral hervor. Man darf sie nicht übersehen oder totschweigen wollen. Schließlich geht es um Menschenschicksale, die ein Recht darauf haben, gehört und ernst genommen zu werden. In einer solchen Aufrichtigkeit lässt sich unumwunden zugeben, dass christliche Moral eben nicht immer befreiend, sondern viel zu oft beängstigend, autoritär und entlang schematischer Prinzipien vermittelt wurde. Diese Formen einer belastenden Vermittlung von Moral sind wohlgemerkt nicht nur im Raum des Glaubens, sondern in allen Bereichen der Gesellschaft zu beobachten. Man überlege nur, wie die Meinungsbildung in Parteien, Institutionen, in der Wirtschaft oder oft auch privat läuft. Wie geht man dort mit der Erfahrung und Mündigkeit von Menschen um? In Kirchen und Gemeinden wird das jedoch sensibler wahrgenommen, ganz gleich ob es sich um Predigt, Erziehung, offizielle Papiere oder konkrete Umgangsformen vor Ort handelt. Diese Sensibilität ist sehr wichtig. Sie kommt aus dem Bewusstsein, dass die Frohbotschaft nicht als Drohbotschaft verstehbar werden kann.

Zweifelsohne hat das Befreiende der Botschaft und des Glaubens Geltung. Das ist für alle Bereiche, Orte und Gruppen der Kirche klar. Oft gelingt es, und zwar auf sämtlichen Ebenen, auch wenn es nicht immer „an der großen Glocke hängt". Weil aber dieses menschlich tragende bzw. befreiende Maß des Evangeliums so sehr einleuchtet, stoßen bedrückende Realitäten umso schmerzlicher auf. Das zeigt sich natürlich auch in Sachen „Gott und Moral". Bedrückend wirken beispielsweise mangelndes Gespür für konkrete Lebenszusammenhänge; ein Umgang, der belehrt und einschüchtert, statt zu hören und sich auf den anderen ernsthaft einzulassen; der Vorrang, den abstrakte Normen und Denkschemata oft erhalten – und zwar zum Nachteil für die reale Situation und die davon betroffenen Menschen; schließlich der Versuch, Normen zu dekretieren, wo man doch besser gemeinsam überlegen und Überzeugungsarbeit leisten würde. Man darf es ruhig zugeben, denn das ist der erste Schritt des Lernens und der Umkehr: In Fragen der Moral wird die heilende Dynamik des Gottesgeistes und seiner Praxis nicht selten vermisst, manchmal sogar verfehlt oder auch verletzt.

Ich möchte von einer eigenen Erfahrung berichten, um die Vielschichtigkeit, Not und Tragik einer solchen Verletzung spürbar zu machen: Ein junges Mädchen kommt zu mir, vielleicht 15 Jahre alt. Es ist im Grunde Zufall, dass wir uns begegnen. Sie hat einen Selbstmordversuch überlebt, wirkt aber noch völlig irritiert, in sich gekehrt, belastet. Ich fordere sie auf, ihre Geschichte zu erzählen. Etwas stockend beginnt sie und berichtet dann immer flüssiger; der innere Film läuft ab, immer und immer wieder:

> Sie stammt aus einem kleinen Dorf, hatte einen Freund, wurde schwanger. Der Freund sagte: Verdammt, ich habe kein Kind gewollt. Die Mutter sagte: Ach Kind, du bist groß genug, das musst du schon selbst entscheiden. Die Eltern des Freundes sagten: Kein Problem, wir finanzieren die Abtreibung, verbaut euch bloß die Zukunft nicht! Was die Leute im Dorf bald sagen würden, hat sich das Mädchen selbst ausgemalt. Im Grunde war sie völlig allein und hilflos. Dass Abtreibung Tötung und eine schwere Sünde ist, war dem Mädchen von Kindheit an klar, aber nicht, wie sie mit ihrer Isolation, Betroffenheit und Not umgehen soll. Ein paar Monate zuvor hatten in Deutschland am Tag der unschuldigen Kinder die Kirchenglocken gegen Abtreibung geläutet. Der Begriff „Mord" machte wieder einmal die Runde. Davon wusste das Mädchen und das machte ihr jetzt Angst.
> Als sie die Entscheidung immer wieder verschob, drängte ihr Freund massiv in Richtung Schwangerschaftsabbruch und drohte mit Trennung. Ihr Plan, bald in einer kirchlich geführten Schule eine sozialpädagogische Ausbildung zu beginnen, zerschlug sich, denn die Schulleitung gab ihr zu verstehen, dass es unter diesen Umständen wohl „nicht so günstig" sei. Wie die Schwangerschaftskonfliktberatung verlief und wo sie stattfand,

kann ich nicht genau sagen. Jedenfalls gelang eine konstruktive Gesprächssituation nicht, wie das bekanntlich oft der Fall ist. Vielleicht war das Mädchen schon zu verschlossen. Wenig später hat sie die Schwangerschaft in einer speziellen Praxis ambulant abbrechen lassen. Es erschien ihr als der einzig mögliche Ausweg. Der behandelnde Arzt war offensichtlich ein Zyniker. Er zeigte dem Mädchen nach dem Eingriff den getöteten Fötus in einer Schale und meinte hämisch: Schau, da siehst du das Ergebnis. Stunden später verließ sie die Praxis. Zwei Tage später nahm sie Tabletten.

Es gibt für dieses Geschehen keine einfache Erklärung. Zahlreiche Ursachen haben unheilvoll zusammengewirkt. Am Ende war die junge werdende Mutter traumatisiert; das ungeborene Leben hatte keine Chance mehr. „Mutter und Kind!", so mag man vielleicht erschüttert oder empört ausrufen. Doch wo waren die anderen, wo sind sie? Welchen Beitrag haben sie in diesem schweren Konflikt geleistet? Wie haben sie ihre Verantwortung wahrgenommen? Natürlich steht auch fest, dass vielfach anders und hilfreich gehandelt wird. Die meisten Partner, Familien, Ärzte, Beraterinnen, Schulen und auch die Kirchen ziehen sich nicht kalt oder verlegen lächelnd zurück. Sie sehen ihre Verantwortung und nehmen sie engagiert und kompetent wahr.

Mein Blick richtet sich besonders auf die junge Frau. Soll man sie jetzt verurteilen? Oder soll man sagen, dass alles „dumm gelaufen" sei? Beides würde diesem Schicksal nicht gerecht. Man muss genauer hinsehen, um die Anteile der Verantwortung zu erkennen – vielleicht auch der eigenen Verantwortung. Riskiert man eine präzise Einfühlung, entdeckt man unter anderem bedrückende Spuren einer schädlichen autoritären Moralausübung. Sie haben sich im Bewusstsein dieser Frau mit „Gott" und „Glauben" verbunden. Daraus resultierte ein „dunkel bohrender" Komplex. Das Wort „Gott" stand bei ihr vor allem für das Verbot, werdendes Leben zu töten. Von Kirche und Glauben ging – zumindest in diesem Fall – ein bedrohliches Normenklima aus. Das Empfinden, alleine zu sein und eine Mörderin zu werden, fand somit reichlich Bestätigung und Nährboden – mehr jedenfalls als die Erkenntnis, ein Recht auf vorbehaltlose Solidarität und Unterstützung zu haben.

Um jedem Missverständnis vorzubeugen: Mit keinem Wort wird hier die Würde und Unantastbarkeit des ungeborenen Lebens in Frage gestellt. Im Gegenteil gilt es, konsequent im Bewusstsein zu halten, dass es unter uns entscheidend mehr für ein lebensfreundliches Klima zu tun gäbe – im Großen wie im Kleinen. Genau deswegen muss man aber in aller Deutlichkeit auf Folgendes hinweisen: Moral als Bemühen um humanes Handeln ist etwas gänzlich anderes als das subtile oder kategorische Pochen auf Normen. Eine im Grunde wenig engagierte pure Sollensapodiktik hilft nicht weiter, sie überfordert, geht über die konkreten Schicksale hinweg. Sie macht Menschen – ob bewusst oder nicht – kaputt, zumal wenn sie sich in schweren Konflikten befinden. Geht das zudem mit Gott, Glauben und Kirche einher, entstehen tiefe existentielle Ängste und religiös eingefärbte Neurosen. Es wird eine innere Entfremdung eingeleitet, wo eigentlich Sinn und Hoffnung wachsen sollen. Der Gott, der Heil will und den Menschen in Brüchen und Not annimmt, bleibt unweigerlich auf der Strecke. Am Ende steht der „dunkle Moralgott", der verurteilt oder belohnt.

Eine autoritäre Moralausübung – ob in oder außerhalb der Kirche – trifft zumeist die Schwachen. Sie verschärft die Situation derer, die alleine oder hilflos sind und nicht weiter wissen. Sie isoliert diese Menschen zusätzlich, ohne produktiv zur Bewältigung ihrer Notlage beizutragen. Aufgabe der Moral – zumal der christlich inspirierten – wäre aber, ihnen gestalten zu helfen. Dabei werden fundamentale Normen nicht außer Kraft gesetzt. Aber hinzu kommen: einfühlsame, kundige Beratung; verlässliches Mitgehen; Respekt vor konkreten Situationen; Ermutigung und tätige Hilfe; angemessenes schrittweises Handeln und – wenn nötig – der öffentliche Protest gegen jene, die sich geschickt aus allem heraushalten, obwohl sie mitverantwortlich sind.

Einige mögen das gewählte Beispiel für zu extrem halten. Man bedenke aber, dass ein ernsthaftes moralisches Bemühen oftmals in solche oder ähnlich gelagerte Konflikte und konkrete Engpässe führt. Dann fehlt es nicht selten an praktischem Spürsinn und an kommunikativen Formen des Umgehens, um die Grenzen des gewohnten Sehens, Verstehens, Wollens und Mittuns zu erweitern. Jedenfalls macht diese Geschichte auf eine entscheidende Alternative aufmerksam, vor der sich jede Moralvermittlung verantworten muss: Ist sie solidarisch, schöpferisch und wohlbegründet? Oder kanzelt sie ab, macht mundtot, hat immer Recht? Jedem steht es frei, seine eigenen Lebensbereiche diesbezüglich zu überprüfen: Familie und Erziehung, Nachbarschaft und öffentliches Reden, Stammtisch, Schule, Verein, politische Auseinandersetzungen, Arbeitsverhältnisse oder private Beziehungen – je nach dem.

6. Andere Beispiele

Auch die Verbindung „Gott und Moral" steht vor dieser Alternative. Wie rasch ist man auch heute mit „Gott" bei der Hand, um bestimmte Vorstellungen moralischen Handelns zu begründen. Oft geschieht das ausdrücklich im Gestus einer „von oben" verliehenen höheren Bedeutsamkeit, aber auch das ist als Variante des nur wenig argumentativen, autoritären Moralstiles zu begreifen. Man denke an eine gewisse Art der religiösen Rhetorik, mit der sich offenbar jede Politik und jedes Handeln transportieren lässt – nicht nur in den USA. Man denke an Kriege, die in Gottes Namen geführt und gerechtfertigt wurden – nicht nur in alten Zeiten. Aber man kann auch in die kleineren Sektoren des Lebens gehen: Beispielsweise ist es noch gar nicht so lange her, dass mit dem Hinweis auf „Himmel", „Hölle" und „den lieben Gott" bürgerliche Normen „eingetrichtert" und Wohlverhalten erzeugt wurden. Der „Erziehungs-Nikolaus" mit dem großen goldenen Buch und dem moralischen Zeigefinger ist ein Relikt dieses belastenden Systems. Das alles gehört beileibe nicht bloß zur Vergangenheit. Die Gefahr einer autoritären Moralausübung besteht immer. Es zählt – zugegeben – zu den schwierigsten Aufgaben, Vorstellungen und Regeln des guten und gerechten Miteinanders einladend, fair und kommunikativ zu entwickeln. Selbst in jenen Bereichen, die eben noch für die jüdisch-christliche Tradition als positiv und beispielgebend hervorgehoben wurden, zeigt sich diese Gefahr:

Das *Prophetenethos* etwa findet wegen seiner Sozialkritik mit Recht große Beachtung. Zweifelsohne neigt es aber stellenweise zu einer rigorosen Übersteigerung seiner Normen. Zudem verwendet man bis heute Prophetenworte wie theologische „Moralkeulen". Dabei wäre es moralpädagogisch einträglicher und theologisch viel treffender, auch an Gottes Beistand und Kreativität bei der Schaffung besserer Verhältnisse zu erinnern. Die Tradition des Deutero-Jesaja ist dafür ein guter Beleg.[16]

Man kann auch die *Gewissenslehre* diesbezüglich überprüfen. Die christliche Interpretation des Gewissens als Stimme Gottes im Inneren des Menschen gibt ohne Frage zu denken. Sie wurde jedoch bisweilen zu platt und unvermittelt betrieben, so dass sich der Eindruck ergab, man bekäme Gott im Gewissen objektiv zu fassen. Mancherorts geriet diese Vorstellung zum Instrument, um den Leuten religiös einzureden, was sie zu tun hätten. Damit war das autoritäre Moralschema perfekt. Aber der eigentliche Sinn des Gewissens, sich aufgrund mündiger Umsicht rational und selbstbestimmt an das Gute binden zu können, ging auf diese Weise verloren.

Für die *aktuelle Verkündigung* kann ich die Gefahr des autoritären Moralismus aus eigener Anschauung schildern: Wenn ich in der Verkündigung Themen aufgreife, die mir sehr am Herzen liegen – etwa gesellschaftspolitische Fragen wie Gerechtigkeit, Menschenwürde, Vorurteile oder Frieden – ertappe ich mich dabei, vor allem das Sollen und Müssen zu betonen. Ich beschreibe die Ideale, unterstreiche Normen, verurteile Fehlverhalten usw. und natürlich finde ich als Belege auch entsprechende Bibelzitate, Gleichnisse oder Gottesgeschichten. „Treffer – versenkt!", so hat einmal ein Hörer darauf reagiert.

Diese Reaktion hat in mir eine Nachdenklichkeit geschaffen, die seither andauert: Ist es der Sinn des Gotteswortes, Imperative und Normen drastisch zu verstärken? Sollen die Menschen angesichts des Triumphes göttlicher moralischer Erkenntnis stumm und mutlos werden? Wäre es unter diesen Umständen für Religion und Glauben nicht besser, auf Moral und Fragen

---

16 Vgl. HANSPETER SCHMITT, *Empathie und Wertkommunikation*, Freiburg i. Br. u. a. 2003, 439-442.

der Lebensgestaltung zu verzichten? Auf diese Weise müssten doch das Heil und die Gnade Gottes wieder ungetrübt sichtbar werden.

Nach allem ist aber deutlich, dass dies – jüdisch-christlich gesehen – kein Weg sein kann. In der Logik dieses Glaubens entzünden und zeigen sich Heil und Gnade *inmitten* menschlich gelebter Praxis – und nicht irgendwo jenseits der Welt. Der Welt- und Praxisbezug stellt gerade das Bewegende und Faszinierende unseres Glaubens dar. Für ihn gibt es kein Zurück hinter die Verbindung „Gott und Moral", vielmehr gehört sie zu seinem Selbstverständnis. Dann aber fragt sich doch, wie man auf dem Feld der moralischen Praxis so von Gott reden kann, dass Menschen nicht bedrückt und heillos überfordert werden. Wie lassen sich Gottes Gerechtigkeit und Gottes Gnade – sprich Imperativ und Erbarmen – so verbinden, dass keines von beiden untergeht?

7. Thesen zu einer befreienden christlichen Moral

Damit ist die Frage nach einer verantwortlichen Gestaltung moralischer Rede im Kontext christlichen Glaubens aufgeworfen. Der Verzicht auf Praxis und Moral erweist sich in dieser Perspektive als hilflose Fiktion, die an der Sache vorbei geht. Viel kreativer erscheint die Überlegung, *welche Form* von Moral dem Menschen als einem in Freiheit und sozialer Verantwortung gedeihenden Wesen gerecht wird – und was der Glaube dazu beiträgt. Auf der Basis des bereits Vorgetragenen lässt sich sagen, dass nur eine befreiende Moral dem Menschen dient, eine Moral, die alle dunklen Fehlformen des puren Moralisierens abwehrt. Genauer genommen ist das eine Moral, die unzweideutig für das sozial wie persönlich Gute und Glückende eintritt, den Menschen dabei aber nicht „fertig" macht, sondern ihn *mitnimmt und fördert*. Er soll lernen – aber er darf und kann es auch! – sein Glück mit Phantasie und in Solidarität auszugestalten. Das trifft den Kern dessen, was wir als aufbauend und menschlich befreiend erleben.

Trägt der Glaube zu dieser menschlich konstruktiven Formung von Moral etwas bei? Kommt, wenn Moral *christlich gelebt* wird, der Faktor „Befreiung" überhaupt zum Zuge? Die folgenden Thesen geben darauf eine eindeutig positive Antwort. Sie skizzieren die Potentiale der Befreiung, die unserer jüdischchristlichen Tradition in Sachen Moral und solidarische Praxis innewohnen – ohne abzustreiten, dass sie oftmals verkannt oder vergessen wurden. Zunächst sollen diese Potentiale inhaltlich benannt werden (I-V), um dann einige Aussagen zu einer adäquaten Vermittlung dieser Inhalte anzuschließen (VI-X).

- These I: Inhaltlich befreiend wirkt für die moralische Praxis das *Menschenbild* des jüdisch-christlichen Glaubens. Der Mensch hat Würde, unabhängig von Eigenschaften, Ansehen, Gebrechen, Besitz oder Herkunft. Er lebt in sozialer Bindung, bleibt aber Subjekt des Geschehens, ist daher frei, zugleich aber verantwortlich und zum Guten fähig. Dieses Bekenntnis war und ist ein unverzichtbarer Kulminationspunkt sittlicher Überlegungen: Einerseits schützt es den Menschen in seiner Menschlichkeit und Selbstbestimmung, kritisiert aber andererseits jene ideologischen Kräfte, die reine Willkür und Libertinage propagieren, genauso wie jene, die den Menschen für etwas verzwecken wollen.
- These II: Aus diesem Menschenbild wachsen *Leitlinien des Handelns*, die gleichfalls befreiend wirken: Gerechtigkeit, Toleranz, Achtung allen Lebens, soziale Liebe. Das sind allgemeine werthaltige Visionen, die mit dem jüdisch-christlichen Glauben einhergehen. Sie machen das praktische Denken weit. Sie helfen ihm, die Grenzen der Gewohnheit und des Bestehenden zu überschreiten. Sie liefern den speziellen Normen vor Ort einen wichtigen Anschluss an die Idee des Humanen. Durch diesen Anschluss lassen sie sich überprüfen und angemessen fortgestalten.
- These III: Unbedingt gehören zu diesen christlich tradierten Inhalten der Moral *Erbarmen, Neuanfang und Versöhnung*. Ethik allein bringt anspruchsvolle Normen und hohe Ideale hervor. Woher aber kommt die Antwort auf moralisches Ver-

sagen und Schuld? Wer zeigt den Weg angesichts schwerster Verfehlungen und Verbrechen? Das Menschenbild unseres Glaubens ist in dieser Hinsicht äußerst realistisch: Der Mensch ist zur Schuld fähig. Man muss ihn darauf ansprechen. Er hat seinen Teil der Verantwortung zu tragen. Er soll sich mit seiner Schuld auseinandersetzen und zwar in personalen und sozialen Prozessen, die der realen Schwere und Tragweite der faktischen Verletzung entsprechen. Aber der Mensch ist mehr als seine Schuld. Umkehr und ein tief in sein eigentliches Wesen vordringender Neuanfang sind ihm möglich.

- These IV: Befreiend ist auch das *Format* der christlich gelebten Moral. Das Heil jedes einzelnen wird betont und gesehen; deshalb muss über die Veränderung globaler und gesellschaftlicher Verhältnisse und Strukturen geredet werden. Das eine ist ohne das andere nicht zu haben! Man denke an den Entwurf des biblischen Schalom oder des Reiches Gottes. Hier findet man dieses Format – und noch mehr! Der mit diesen Begriffen sprachlich „transportierte" praktische Entwurf wird eschatologisch „aufgefangen" und konkretisiert. Es heißt, dass Gott Mensch und Welt von Anfang an gewollt und geliebt hat und nicht zögert, seine Schöpfung einst zu vollenden. Der Mensch ist also nicht zum moralischen Erfolg verdammt. Er darf seine Verantwortung zuversichtlich angehen – dort wo er steht und im Rahmen der ihm gegebenen Kräfte.

- These V: Christliche Moral liefert trotz dieser umfassenden praktischen Konturen keinen perfekten Vorrat an Normen und Ge- oder Verboten, passend für alle Lebenslagen. Diesen Eindruck haben kasuistische Handbücher und Beichtspiegel lange Zeit vermittelt. Viel eher macht Glaube der humanen Praxis ein *Sinnangebot*: Wer bin ich eigentlich und worin besteht der „rote Faden" meines Lebens? Warum soll ich überhaupt gut sein, warum gerecht und sozial handeln? Gibt es denn jemanden, der einem diese Mühe letztendlich lohnt? Ist es nicht vielmehr so, dass selbst das kleine rechtschaffene Glück flüchtig und vom Zerbrechen bedroht ist? Wenn

Hoffnungen unerfüllt bleiben, Beziehungen nicht mehr tragen, der Alltag nur noch öde wirkt ... Wie ordne ich das in mein Bild vom Dasein, in meine Deutung des Welt- und Lebenszusammenhanges ein? Wer wach ist und sich müht, Mensch zu werden, steht vor diesen existenzbestimmenden Fragen. Darin ist die Sehnsucht nach einer tragenden Hoffnung spürbar, nach dem bleibenden „Ganzen" angesichts begrenzter Versuche, Blickwinkel und Antworten.[17] Die biblischen Verheißungen reagieren darauf. Sie bieten Geschichten, Bilder und Orte an, die der Hoffnung Grund und Tiefe schenken. Das erzeugt keine moralischen Normen, aber es befreit zum Tun der Gerechtigkeit und Liebe.

Diese befreienden Inhalte der christlichen Botschaft brauchen dringend befreiende Formen ihrer Vermittlung. Zu oft werden sie noch mit Druck und ohne den nötigen Hintergrund an Einsicht, Gespräch und Lernen vorgetragen. So büßen sie ihre befreiende Dynamik ein. Ohne diesen Hintergrund können moralische Erkenntnisse und Haltungen in keinster Weise überzeugen, auch nicht, wenn sie vom Glauben inspiriert sind. Was heißt es also näherhin, den Beitrag des Glaubens zur Moral befreiend zu vermitteln?

- These VI: Die Vermittlung von Moral setzt spätestens seit der Aufklärung auf *Erfahrung und Vernunft*.[18] Damit ist kein einfacher Weg beschrieben. Es geht darum, unter Aufnahme der gesellschaftlichen Pluralität Einsichten zu schaffen, an Überzeugungen zu arbeiten und Verantwortung in Mündigkeit und Freiheit zu ermöglichen. Es gehört zum Selbstverständnis des heutigen Menschen, Subjekt seines Handelns zu sein. Er hat ein Recht auf ein eigenes Bewusstsein dessen, was zu tun oder zu lassen ist. Die „Alternativen" wären Zwang,

---

17 Vgl. VOLKER EID, *Christlich gelebte Moral*, Freiburg i. Br. u. a. 2004, 83-86.
18 Vgl. DIETMAR MIETH, *Quellen und normierende Instanzen in der christlichen Ethik*, in: JOSEF BLANK/GOTTHOLD HASENHÜTTL (Hg.), *Erfahrung, Glaube und Moral*, Düsseldorf 1982, 36-50.

Manipulation und die Diskriminierung legitimer Bedürfnisse. Gewiss gibt es pädagogische Zwischenschritte, aber auch für sie gilt: Mündigkeit, sittliche Identität und gewissenhaftes Handeln wachsen nur, wenn sich Räume der Freiheit und des Verstehens auftun.
- These VII: Die Form, Überzeugungen und moralisches Bewusstsein zu schaffen, ist das *offene, partnerschaftliche Gespräch*. Hier tauscht man Erfahrungen, Beweggründe und Argumente aus. Die Ziele des Handelns werden also gemeinsam bestimmt und verantwortet. Kein Betroffener darf bei diesen Prozessen grundsätzlich ausgeschlossen und an den Rand gedrängt sein.[19] Gerade innerhalb der Kirchen gibt es solche befreienden Erfahrungen: synodale Bewegungen sind hier zu nennen oder der beeindruckende Konsultationsprozess, der 1997 zum Gemeinsamen Sozialwort der beiden Kirchen geführt hat.[20]
- These VIII: Zu einer befreienden und gleichzeitig rationalen Vermittlung von Moral zählen Geduld und der *Mut zum Dissens*. Die Einsicht in das Gute und die Entscheidung, es auch zu tun, brauchen manchmal Zeit. Auch muss es bei aller Gewissenhaftigkeit und sozialen Bindung nicht für jede Gestaltungsfrage immer eindeutige Lösungen geben. Glücksvorstellungen, persönliche Handlungsprofile und Situationen können bekanntlich sehr verschieden sein. Es sind also genaues Hinsehen und individuelle Ausfaltungen der Verantwortlichkeit geboten. Nicht zuletzt biblische Texte zeigen das, ohne der Beliebigkeit das Wort zu reden.[21]
- These IX: Ein großes Plus des christlichen Glaubens für eine befreiende Vermittlung von Moral ist das *kirchliche Handeln*.

---

19 Vgl. HANSPETER SCHMITT, s. Anm. 16, 372-388.
20 Vgl. MARIANNE HEIMBACH-STEINS, *Sehen - Urteilen - Handeln. Zur Methodik des Konsultationsprozesses*, in: Stimmen der Zeit 213 (1995) 604-614.
21 Vgl. Hos 2 (Gott, der mit Geduld wirbt); Gen 13; 27-33 (Wege, die sich trennen: Abraham und Lot bzw. Jakob und Esau); Lk 13,6-9; 15,1-32; 19,1-10; Mt 20,1-16; Joh 8,1-11 passim (Umkehrlogik im Gottesreich); Apg 15,1-21 bzw. Gal 2,1-21 (Dissens und Dialog auf dem Apostelkonzil) usw.

Diese These kommt vielleicht etwas überraschend, denn gerade war noch von den Defiziten die Rede, die es auch in der kirchlichen Realität gibt. Trotzdem ist die Aufgabe von Kirche unverzichtbar. Sie besteht darin, der Frohen Botschaft einen sozialen und weltweiten Zusammenhang zu bieten. Die Idee humaner Befreiung hat ohne eine entsprechende Struktur keine Chance. Erst mit ihr erhält sie ihre Möglichkeiten und eine bleibende praktische Dynamik. Es beginnt damit, dass man in Gruppen und Gemeinden Gehör findet und andere erreicht. Außerdem sind neue Kooperationen und Wahrnehmungen denkbar, Formen der Verortung und Symbolisierung des Glaubens, die an die Mobilität und Medialität der Postmoderne menschlich produktiv anknüpfen. Man kennt das Bild vom Netz, das auffängt und trägt. Es darf nur kein reines „Kuschelnetz" derer sein, die längst schon miteinander vertraut sind. Es soll doch die Anonymität und Barrieren zwischen Nachbarn, Schichten und Kontinenten überwinden helfen. Das bedeutet neben Feier und Liturgie auch Arbeit und Widerstand im Dienst an der Befreiung. Ziel kirchlicher Gestaltung bleibt also ein äußerst lebendiger Organismus. Er wirkt gesellschaftlich anschlussfähig und gleichzeitig alternativ. Er dient der Evangelisation, sofern er Gottes befreiendes Wort inmitten der Welt entdecken hilft und sich bei diesem Bemühen selbst hinterfragen und erneuern lässt.

- These X: Dieses Befreiungsgeschehen gleicht einem Weg, den man beständig suchen muss und der sich stets für Neues öffnet. Die Kunst der Moral liegt nicht allein in der Festlegung optimaler Ziele, sondern in der unaufhörlichen, *schrittweisen Entwicklung* der jeweils besseren Lebensform.[22] Gerade eine vom Glauben getragene Praxis der Befreiung, die sich als Mitarbeit an der Wirklichkeit des nahenden Gottes versteht, ist aufbauend und geht in Teilprozessen vor. Auf diese Weise bleibt sie in allen Phasen mit den Menschen und den sie bewegenden Realitäten verbunden. Sie verliert ihre Kom-

---

22 Vgl. DIETMAR MIETH, *Die Bedeutung der menschlichen Lebenserfahrung. Plädoyer für eine Theorie des ethischen Modells*, in: DERS., *Moral und Erfahrung*, Fribourg 1977, 111-134.

munikationsbereitschaft und Sensibilität nicht und zeigt sich für neue Eindrücke, Beratung, Korrektur und unerwartete Kooperationschancen offen. Sie will Solidarität und Befreiung nicht nur unterstreichen, sondern will auch im eigenen Vollzug (!) eine solidarische Moral sein. So erst wird sie zur *Moral des Könnens*.[23] Als solche setzt sie weniger auf Appelle und Imperative als auf Ermutigung und die Förderung vorhandener bzw. in Aussicht stehender Kompetenzen, ohne den dafür nötigen Reifungsschritten auszuweichen.

8. Wort Gottes – Gnade vor Gesetz und Moral

Befreiende Inhalte, befreiende Vermittlung! Der Beitrag des Glaubens zur Moral scheint vielversprechend zu sein. Ist damit die Gefahr des „dunklen Moralgottes" gebannt? Zumindest bilden diese Thesen ein Programm, das sich seiner inhaltlichen Substanz und seiner Form nach heilsam auf eine Praxis in Freiheit und sozialer Verantwortung auswirken kann.

Doch es bleibt eine letzte Provokation, der man sich trotz aller Überlegungen nicht einfach entziehen kann. Sie betrifft die Adressaten dieses jüdisch-christlich aufgenommenen, durch die Symbole des Glaubens freilich ungemein verstärkten Programms einer befreienden Moral. Wenn sich nämlich Moral endlich – und gegen das „dunkle" Moralisieren – als Weg der Befreiung herausgestellt hat und durch die christliche Verkündigung zudem deutlich wird, dass dieser Weg als *Weg Gottes* zu verstehen ist, dann bricht unweigerlich ein Zweifel auf, eine tiefe Angst: Wie kann ich – ein Mensch – das leisten und schaffen, was in Gottes Augen befreiend, heilsam und gut ist? Werde ich mit diesem Programm nicht scheitern, selbst zu kurz kommen, am Ende als Idiot und Verlierer dastehen? Bin ich mit dieser Aufgabe nicht heillos überfordert?

Es geht hier um eine Angst, die in den Situationen notwendiger Solidarität aufzubrechen droht und das Denken und Han-

---

23 Vgl. HANSPETER SCHMITT, s. Anm. 16, 389-412.

deln eng macht. Es ist die Angst ums Eigene.[24] Wer kennt sie nicht!? Sie schleicht sich ständig ein, oft subtil und unter dem Vorwand zahlreicher „guter" Gründe. Sie entsteht, weil und insofern Solidarität nie bloß einfach ist, sondern immer etwas kostet: Geduld; eigene Lebenschancen; Ressourcen materieller, zeitlicher oder seelischer Art; Kraft und Ideen – manchmal über Tage und Monate hinweg. Das Gute dieser Angst ist ihr Instinkt für den nur begrenzten Vorrat eigener Möglichkeiten und Kräfte; sie zielt auf ökonomisch sinnvolle, nachhaltige Formen des Helfens. Das Gefährliche aber ist ihr Hang, viel zu früh „dicht" zu machen und nur noch die eigenen Interessen zu sehen oder die derer, die mir emotional ohnehin etwas bedeuten. Diese Angst tendiert dazu, egozentrisch zu entarten und sich vor dem Lebenswunsch der Fremden und Anderen zu verschließen, bevor man überhaupt hingesehen, sozial gefühlt, richtig zugehört und nachgedacht hat.

Im Kontext jüdisch-christlicher Glaubenstraditionen scheint diese Angst radikal verstärkt zu werden.[25] Moral im Sinne einer umfassend praktischen, unvoreingenommen solidarischen Befreiung wird in dieser Perspektive nämlich als *göttlicher Anspruch* verstehbar: als Wort des lebenschaffenden Gottes, dem man sich nicht heimlich und ohne Schaden entziehen kann. Dieses Wort beinhaltet – biblisch gesprochen – eine „gerichtsernste" Dimension. Es zeigt sich als Kommunikation, die Umkehr und gesinnungsechte Erneuerung will und dabei die Lebenschancen der Anderen, der Fremden, ja sogar der Gegner und Feinde in den Fokus des Geschehens rückt.

Wer aber sollte dieses Wort in die Tat umsetzen, wer davor bestehen können? Führt die Vermittlung von Moral im Kontext des Wortes Gottes nicht doch zu einer letzten Hilflosigkeit und Schwere? Macht sie nicht vor allem das menschliche Versagen, die praktisch unausweichliche Schuld offenbar?

---

24 Vgl. PETER KNAUER, *Unseren Glauben verstehen*, Würzburg ⁴1991, 216f.
25 Zur ethischen Hermeneutik biblischer Texte: HANSPETER SCHMITT, *Schrift und Leben. Zur moralpraktischen Bedeutung der Bibel*, in: Orientierung 69 (2005) 99-104, hier bes. 103f.

An dieser Stelle gilt es noch einmal, einer pseudotheologischen Begründung isolierter Imperative und moralischer Rigorismen zu wehren. Die theologische Rede wäre „halb" und im Eigentlichen falsch, würde sie den praktischen Anspruch Gottes gesetzhaft und sollensbetont fassen. Jesus von Nazaret ist hierfür der entscheidende Zeuge und Garant:[26] Der Ernst der Nachfolge im Raum des nahenden Gottes besteht unbestreitbar, und dies existentiell wie auch universal. Gott steht und wirbt für das Gute und spricht den Menschen darauf an. Doch in diesem Wort greift Gott zugleich die Angst und Abwehr des Menschen auf – gütig, einbeziehend, ohne jeden Vorbehalt. Er schenkt *ihm selbst* vorleistungsfrei und unverdient, was der gesamten Schöpfung an Glück und Heilung zugedacht ist. Der Anspruch gelingender Praxis bleibt. Doch aufgrund der in diesem Anspruch selbst erfahrenen Güte und Solidarität wachsen dem Menschen Kraft und Können zu. Er gewinnt die „innere" Basis, über seine Ichverhaftung und antisoziale Selbstbehauptung allmählich hinauszukommen. Er zeigt sich mit der Zeit fähig, das Glück des Fremden und Anderen im Eigenen sehen zu lernen und angemessen zu berücksichtigen.

Dieser Zusammenhang zwischen unbedingter Annahme und Moralfähigkeit wäre interaktions- bzw. identitätstheoretisch zu beleuchten. Theologisch heißt dieses Geschehen „Gnade", und man hält mit diesem Begriff seit alters her fest, dass es die Erfahrung unbedingter Liebe braucht, um selbst uneigennützig lieben und gerecht leben zu können. Menschen schenken einander diese Liebe – so gut sie es vermögen. Doch gründet sie immer auch in Gott, weil nur sein Wort „groß" genug ist, um halten und einlösen zu können, was Liebe an Freiheit *und* Bindung, an Konkretion *und* unbedingter Geltung will und verspricht. Umso unverzichtbarer ist es, Gottes Wort zu kommunizieren und weiterzusagen, jedoch in einer Gestalt, die interaktiv erfahrbar macht und freisetzt, was dieses Wort wesentlich meint: Eben jene Liebe, die alles Gesetzliche und somit die gesamte Logik

---

26 Vgl. DERS., s. Anm. 16, 448-477. Vgl. im Kontext einer Theorie der „Kommunikation Gottes": DERS., ebd. 413-546.

des Richtens und Berechnens, des Habens und Sollens weit übersteigt. Menschlich erfüllte Praxis hängt notgedrungen an diesem göttlichen Wort. Es führt durch das äußerste Dunkel des Handelns. Es bewältigt die Angst um das Nur-Eigene, macht Solidarität denkbar und lebensfähig, befreit letztendlich die Freiheit zu sich selbst. Das ist möglich – kraft des Glaubens.

MARIA KATHARINA MOSER

„Nicht länger ein Mann, nicht länger weiß und aus Europa"
Zum Gottesbild aus feministisch-theologischer Perspektive

1. Was ist das für ein Gott?

„Ich musste meinen Gott neu erfinden", sagt Rosita. Diese Aussage ist die Conclusio, die Rosita aus einer Erfahrung zieht, von der sie im Rahmen einer Gruppendiskussion[1] erzählt hat: Ihre Tochter wurde missbraucht. Als sie von dem Missbrauch erfuhr, war Rosita geschockt. Und sie begann zu fragen: Warum hat Gott das zugelassen? Was ist das für ein Gott, der das zulässt? Rosita wandte sich mit ihrer Frage an einen befreundeten Priester, schrieb ihm und bat ihn um ein Treffen. Als sie sich trafen, ging der Priester mit keinem Wort auf Rositas Anliegen ein. Rosita suchte weiter nach einer Antwort auf ihre Frage – und nach Gott. Sie belegte Kurse in Theologie, fragte ihre Professoren. Aber auch die hätten nicht gewusst, wo Gott war, meint Rosita. Eine Antwort hätte sie erst bekommen, als sie mit einer anderen von Missbrauch betroffenen Frau sprach:

„Bis ich dann mit einer anderen Überlebenden von Missbrauch redete und sie mir sagte: ‚Was glaubst du, wo Gott war? Beantworte deine eigene Frage.' Und ich sagte: ‚Warum hat Er es ge-

---

1   Für meine Dissertation zum Thema „Opfer – eine politische und theologische Kategorie zwischen Affirmation und Ablehnung. Feministisch-ethische Analysen" habe ich 2002/2003 je drei Gruppendiskussionen mit Frauen aus Nichtregierungs-Organisationen (NGO) in Österreich und auf den Philippinen durchgeführt. Ich habe die Teilnehmerinnen an den Diskussionen gefragt, welche Rolle der Opfer-Begriff für sie in ihrem Alltag und in ihrer Arbeit spielt. Bei einer der Diskussionen auf den Philippinen hat Rosita (Name geändert) diese Geschichte erzählt. Rosita war zum Zeitpunkt der Diskussion 52 Jahre alt; sie leitet eine Frauen-NGO mit den Schwerpunkten Organisierung von *urban poor women*, Bildung und Gewalt gegen Frauen. Die Diskussion wurde hauptsächlich auf Englisch und teilweise auf Tagalog durchgeführt (sämtliche Zitate dieses Abschnitts sind dieser Quelle entnommen; Übersetzung ins Deutsche von mir).

schehen lassen?' Und sie fragte zurück: ‚Warum weißt du, dass Er es geschehen lassen hat?' Und ich sagte: ‚Weil es geschehen ist.' Und dann sagte sie: ‚Vielleicht ist das dein Bild von Gott, das dir sagt, dass Er es geschehen hat lassen. Vielleicht hat Gott geweint, als das deiner Tochter passierte.' Für mich war das so ... das war ein richtiger Paradigmenwechsel. Ein Gott, der weint! Das war wirklich etwas Besonderes für mich, einen Gott zu entdecken, der mitleidenschaftlich (engl. *compassionate*) ist. Für jeden Missbrauch eines Kindes und jeden Baum, der zerstört wird, gibt es diesen Gott, der weint ..."

In diesem Gespräch verändert sich Rositas Frage. Aus der Frage, wo Gott ist, wird die Frage, wer Gott ist, wie Gott ist, welcher Gott Rosita in ihrer schwierigen Situation unterstützt. Die Frage, wo Gott war, warum Gott den Missbrauch ihrer Tochter zugelassen hat, entspringt, so erkennt Rosita, einem Bild von Gott als Allmächtigem. Von diesem Gott verabschiedet sich Rosita.

„Das war meine Erkenntnis, meine Reise. Ich musste wirklich meinen Gott neu erfinden. Er war nicht länger weiß, nicht länger aus Europa und nicht mehr männlich. Manchmal mache ich mir gar kein Bild mehr, versuche, Gottes Güte in der Schöpfung zu entdecken."

Zugleich zutiefst erschüttert und herausgefordert durch den Missbrauch, den ihre Tochter erfahren hat, findet Rosita zu einem neuen Gottesbild. Unmittelbar an ihre Ausführungen zum Gottesbild schließt Rosita Überlegungen an, die auch den Täter einbeziehen. Sie wiederholt, dass sie sich beständig gefragt habe, warum ihrem Kind das passiert sei und auch warum dieser Mann so etwas tun konnte. Ein Gefühl des Verlustes habe sich eingestellt, nicht nur im Blick auf ihre Tochter, sondern auch im Blick auf den Täter.

„Es ist ein Gefühl des Verlustes – das ist etwas, was ich in meinem Prozess entdeckt habe – es ist ein Gefühl des Verlustes, auch bei dem Mann, des Verlustes dessen, wer er ist, wer er als Person ist. Und darum muss er seine Macht finden, indem er Kinder kontrolliert. Für mich zeugt das wirklich von einem sehr niedrigen Selbstwertgefühl, wenn du ein Kind missbrauchst, weil du Kontrolle über dein Leben oder Macht finden willst."

Warum erzählt Rosita an diesem Punkt über ihre Auseinandersetzung mit dem Täter und seiner Motivation? Vordergründig scheint diese nichts mit dem Thema Gottesbild zu tun zu haben. Ich meine, in Rositas Erzählung steckt eine Logik: Ihre Überlegungen zum Täter sind nicht nur Teil des Prozesses der Auseinandersetzung mit dem Missbrauch, den ihre Tochter erfahren musste, sie verweisen auch auf die Verbindung von Gottes- und Menschenbild. Die Brücke ist der Begriff der Macht. Macht – im Sinne einer negativen, beherrschenden Macht – war Thema im Paradigmenwechsel in Rositas Gottesbild, repräsentiert durch die Begriffe „weiß", „aus Europa" und „männlich". Der weiße, männliche Gott aus Europa ist der allmächtige Gott. Macht ist auch ein Thema im Zusammenhang mit dem Täter. Dieser bezieht seine Macht-Erfahrung aus der Kontrolle und dem Missbrauch eines Kindes. Er hat sein Person-Sein verloren, hat die Verbindung zu Gottes guter Schöpfung verloren.

In dieser Geschichte Rositas werden viele Elemente angesprochen, die die feministisch-theologische Auseinandersetzung mit Gottesbildern thematisiert (hat). Die feministisch-theologischen Reflexionen zum Thema Gottesbilder, die ich im Folgenden vorstellen und dabei immer wieder Bezug auf Rositas Geschichte nehmen möchte, gehen von der zentralen Einsicht aus: Unser Sprechen von Gott findet nicht im luftleeren Raum – jenseits von Raum und Zeit – statt. Die Art und Weise, in der wir von Gott sprechen, spricht über die Welt, in der wir sprechen, über unseren Blick, unsere Perspektive auf diese Welt sowie auf die Menschen, die sie bevölkern und gestalten. Gottesbild und Weltbild, Gottesbild und Menschenbild, Gottesbild und Geschlechterbilder sind eng miteinander verwoben.

2. Hat Gott ein Geschlecht?

Ist es denn wirklich notwendig, so mag manch einer und eine fragen, das Problem Geschlecht in die Frage nach Gott zu tragen, Gott jetzt auch noch hinein zu ziehen in den Kampf der Geschlechter? Können wir diese Frage, wenn es um Gott geht, nicht außen vor lassen? Gott hat doch kein Geschlecht, oder?

In der Tat, Gott hat kein Geschlecht. Gott ist nicht wie wir Menschen Mann oder Frau. Gott lässt sich nicht in ein Geschlechter-Schema pressen, schließlich übersteigt Gott all unsere – menschlichen – Vorstellungen. Warum also das „Problem Geschlecht" in die Frage nach dem Gottesbild hineintragen? Weil, wie die Pastoraltheologin Veronika Prüller-Jagenteufel ausführt, die „Auseinandersetzung darum, wie wir Gott anrufen und uns vorstellen wollen oder sollen, (…) zumindest dann notwendig [ist], wenn wir eine gemeinsame Sprache für Gott finden wollen. Was in der Unmittelbarkeit meiner persönlichen Erfahrung wortlos bleiben kann, braucht einen Ausdruck, wenn wir gemeinsam beten möchten. Wenn wir dabei auf personale Bilder für Gott nicht völlig verzichten wollen, ist das Ringen um das ‚Geschlecht Gottes' unausweichlich, denn unsere Vorstellung von Personen denkt sich diese immer wieder entweder männlich oder weiblich."[2] Die Frage nach dem Geschlecht im Gottesbild bzw. des Gottesbildes ist also zunächst eine Frage der Spiritualität und der Gottesbeziehung. Sie wird virulent, wenn wir gemeinsam zu Gott beten und wenn wir miteinander über Gott

---

2   VERONIKA PRÜLLER-JAGENTEUFEL, *Geschlechterdifferenz und die Namen Gottes. Impulse aus feministischer Theologie für die geistliche Begleitung*, in: experiment 2/2000, 14f. In der neuen feministischen Theorie wird sehr grundsätzlich problematisiert, dass unsere Vorstellung Personen immer *entweder* als männlich *oder* als weiblich denkt, ebenso wird der Zwangscharakter der Zweigeschlechtlichkeit kritisiert. In der feministischen Theologie wurden diese feministisch-theoretischen Ansätze im Zusammenhang mit der Frage nach dem Gottesbild aufgegriffen von GISELA MATTHIAE, *Clownin Gott. Eine feministische Dekonstruktion des Göttlichen*, Stuttgart u. a. ²2001. Matthiae entwickelt mit ihrem Konzept der „Clownin Gott" ein Gottesbild, das in sich vielfältig und nicht durch die herrschende Geschlechterordnung bestimmt ist. Mit dem Bild der „Clownin Gott" stellt Matthiae die Nicht-Fixierbarkeit des Wesens sowohl Gottes als auch des Menschen heraus: „Die Clownin (…) ist das Grenzwesen überhaupt. Sie repräsentiert stets die Andere, eine leidende und gebrochene Existenz, die gerade aus ihrer Position ‚zwischen den Welten' nie die Hoffnung verliert, entdeckt sie doch immer neue Möglichkeiten der Verbindung und Verknüpfung. Von dort aus ahmt sie alle Rollen nach, und man weiß, keine ist ihr wesenhaft." (DIES., ebd. 264).

sprechen. Die Bilder für Gott, die wir dabei verwenden, entscheiden mitunter darüber, ob Frauen überhaupt einen Zugang zu Gott bekommen (können).
„Frauen brauchen Gottesbilder, durch die sie sich erkannt und gesehen fühlen. Frauen brauchen einen Raum, der ihnen Orientierung und Offenheit zugleich anbietet."[3]

Es lässt sich heute vielfach beobachten, dass Frauen zu einem ausschließlich männlich vorgestellten Gott keine Beziehung mehr aufbauen können oder wollen. Sie können diesen rein männlich gedachten Gott auch nicht in Bezug zu ihren Erfahrungen bringen. Wir konnten das auch in Rositas Geschichte beobachten: Rosita kann angesichts der Missbrauchs-Erfahrung ihrer Tochter nicht in Beziehung treten zu Gott, dem Allmächtigen, keinen Trost bei einem männlichen, weißen Gott aus Europa finden. Wie Rosita haben sich viele Frauen auf die Suche nach neuen Gottesbildern begeben und verschiedene, in Bibel und Tradition verschüttete weibliche Gottesbilder oder auch Göttinnen-Traditionen ebenso wie Gottesbilder aus der Natur, Gott als Lebensenergie, die heilige Geistin, die göttliche Weisheit, Gott als Macht in Beziehungen usw. entdeckt.[4]

Über diese Dimension der Spiritualität und Lebensorientierung hinaus, und gleichwohl eng verwoben mit derselben, hat das Problem Geschlecht im Gottesbild auch eine politisch-ethische oder theo-politische Dimension. Sie zeigt sich dort, wo das Gottesbild verquickt ist mit – nicht nur männlichen – Herrschaftsinteressen und -strukturen, wo Gott in einer Art und Weise verkündet wird, die Menschen nicht frei macht, sondern in Dominanzverhältnissen und „dunklen Erfahrungen" gefangen hält. Diese politisch-ethische Dimension im Gottesbild will feministisch-theologische Kritik an einseitig männlichen Gottes-

---

3   URSULA RIEDEL-PÄFFLIN/JULIA STRECKER, *Flügel trotz allem. Feministische Seelsorge und Beratung. Konzeption – Methoden – Biographien*, Gütersloh 1998, 92.

4   Für einen Überblick über neue Zugänge zum Göttlichen vgl. SILVIA STRAHM BERNET, Art. Gott/Göttin, Systematische Theologie, in: ELISABETH GÖSSMANN u. a. (Hg.), *Wörterbuch der Feministischen Theologie*, Gütersloh ²2002, 244ff., sowie GISELA MATTHIAE, s. Anm. 2, 36-44.

bildern offen legen – nicht nur um der Frauen im Speziellen und allgemein um der Menschen Willen, sondern auch um Gottes Willen. Denn überall dort, wo Gott zur Legitimierung und Stabilisierung von Herrschaftsinteressen in einer bestimmten Art und Weise gedacht und benutzt wird, wird letztlich auch Gott selbst missbraucht. Feministischer Auseinandersetzung mit Gottesbildern geht es also nicht darum, aus Gott eine Frau zu machen, wie KritikerInnen oft befürchten. Feministischer Theologie geht es um die Frauen bzw. die Menschen, die unter verzerrten Gottesbildern zu leiden haben, und gleichzeitig um Gott selbst.

Daher steht am Anfang der feministisch-theologischen Auseinandersetzung mit Gottesbildern das bereits kurz angedeutete Problem der Grenzen und Aspekthaftigkeit des Redens von Gott. Gott ist unfassbar. Wir können immer nur in Metaphern von Gott sprechen und diese können Gott nur unzureichend beschreiben. Gott ist nicht Vater, König, guter Hirte etc., sondern *wie* ein Vater, König, guter Hirte etc. Und eben deswegen, weil Gott für uns unfassbar ist und wir immer nur in Bildern, Metaphern und Analogien, die immer unzureichend sind, von Gott sprechen können, spielt die Frage nach der Kategorie Geschlecht in der Gottesrede eine Rolle. Die Breite und Vielfalt der Metaphern, Namen und Bilder, die wir verwenden, um über oder zu Gott zu sprechen, gibt nämlich Auskunft darüber, ob wir es ernst meinen mit der Unfassbarkeit Gottes und ob wir die Begrenztheit unserer Möglichkeiten des Redens über Gott offen halten, indem wir auf viele Bilder, die sich gegenseitig korrigieren, ergänzen, ja auch widersprechen, zurückgreifen. Sind unsere Bilder wenige und einseitig, dann sperren wir Gott – wie Dorothee Sölle es ausdrückt – in ein „Symbolgefängnis"[5]. Genau das passiert, wenn ausschließlich in männlichen Bildern von Gott gesprochen wird. Wenn feministische Theologinnen also einseitig männliche Gottesbilder kritisieren und durch weibliche Gottesbilder zu ergänzen suchen, dann geht es darum, Gott aus einem

---

5 DOROTHEE SÖLLE, *Vater, Macht und Barbarei. Feministische Anfragen an autoritäre Religion*, in: Concilium 17 (1981) 225.

männlichen Symbolgefängnis zu befreien, Begrenztheit sowie strikt analogen Charakter männlicher Gottesbilder sichtbar zu machen und der Unfassbarkeit Gottes besser gerecht zu werden.[6]

3. Kritik am Andromorphismus im Gottesbild

1973 hat Mary Daly den viel zitierten Satz geschrieben: „Wenn Gott männlich ist, muß (...) das Männliche Gott sein."[7] Was in diesem Satz angesprochen ist, ist zunächst die „enge Verbindung von Männlichkeit und Göttlichkeit, welche im Kontext männerdominierter Gesellschaften das Medium (Bild) zu einem zentralen Teil der Botschaft selbst macht"[8]. Einseitig männliche Gottesbilder stehen mithin in der Gefahr, das oben angesprochene „Wie", sprich den analogen Charakter der Rede von Gott in – menschlichen – Bildern, zu übersehen und Bild und Bildinhalt, Gott und Gottessymbol in eins zu setzen. Dass dem so ist, zeigt sich an den mitunter heftigen Reaktionen auf und Widerständen gegen weibliche Gottesbilder. Gott weiblich zu denken, wird als anstößig empfunden – Gott *ist* doch keine Frau! Wem es aber ernst ist mit der metaphorischen Rede von Gott, dem/der dürfte es kein Problem sein, von Gott auch als Mutter, als Freundin, als Frau Weisheit zu sprechen.[9] Genauso wie weibliche Metaphern für Gott kein Problem darstellen sollten, stellen männliche Metaphern für Gott *nicht an sich* ein Problem dar.

---

6   Eine Theorie einer angemessenen Rede von Gott durch die Verwendung vielfältiger Metaphern entwickelt Sallie McFague in einem 1982 erschienenen und viel rezipierten Buch. Vgl. SALLIE MCFAGUE, *Metaphorical Theology. Models of God in Religious Language*, London 1982. McFague entwickelt ihren Ansatz vor dem Hintergrund protestantischer Theologie. Aus der katholischen Tradition heraus argumentiert in ähnlicher Weise ELIZABETH JOHNSON, *The Incomprehensibility of God and the Image of God Male and Female*, in: Theological Studies 45 (1984) 441-465.
7   MARY DALY, *Jenseits von Gottvater Sohn & Co. Aufbruch zu einer Philosophie der Frauenbefreiung*, München ⁵1988, 33.
8   SILVIA STRAHM BERNET, s. Anm. 4, 244.
9   Vgl. GISELA MATTHIAE, s. Anm. 2, 23f.

„Die Schwierigkeit liegt nicht darin, daß männliche Metaphern verwendet werden, denn Männer sind ebenfalls nach dem Bilde Gottes geschaffen und eignen sich folglich, begrenzt als Ausgangspunkte für das Sprechen über Gott zu dienen. Vielmehr besteht das Problem darin, daß diese männlichen Begriffe *ausschließlich, wortwörtlich* und *patriarchal* gebraucht werden."[10]

Den ausschließlichen, wortwörtlichen und patriarchalen Gebrauch männlicher Gottesbilder deuten feministische Theologinnen als Verstoß gegen das Bilderverbot und als Verehrung eines Götzenbildes.[11] Mit dieser theologiekritischen Dimension in feministisch-theologischen Reflexionen zu Geschlecht(erdifferenz) und Gottesbild korrespondiert eine gesellschaftskritische Dimension: Die andere Seite der Vergötzung Gottes in einem durch geschlechtliche Zuweisung und Zuweisung bestimmter Eigenschaften erstarrten Gottesbild ist die „Selbstvergottung des Mannes"[12]: „Wenn Gott männlich ist, muß das Männliche Gott sein." Was Mary Daly in diesem Satz wie in einer Gleichung zusammenfasst, ist die Quintessenz eines vielschichtigen Konstruktionsprozesses. Im Nachvollziehen dieses Konstruktionsprozesses ist es hilfreich, beim Vorschlag der feministischen Wissenschaftstheoretikerin Sandra Harding[13] anzusetzen und Geschlecht als dreiteiliges Konzept zu begreifen: erstens als individuelles Geschlecht auf der physiologischen und psychologischen Ebene, zweitens als soziales Geschlecht auf der Ebene der politischen und ökonomischen Organisation von Gesellschaft und drittens als symbolisches Geschlecht in der Dimension kultureller Konstruktionen. Außerdem müssen wir die Reihenfolge der Aspekte umdrehen. Nicht die „Naturtatsachen" des biologischen Geschlechts sind die Basis für die Organisation von Gesellschaft. Vielmehr ist die so genannte symbolische Ordnung das Fundament, auf dem wir sowohl unsere Gesellschaft und ihre Geschlechterordnung aufbauen als auch unser individuelles Ge-

---

10 ELIZABETH A. JOHNSON, *Ich bin die ich bin. Wenn Frauen Gott sagen*, Düsseldorf 1994, 56 (Hervorhebungen von mir).
11 Vgl. GISELA MATTHIAE, s. Anm. 2, 25f.
12 SILVIA STRAHM BERNET, s. Anm. 4, 245.
13 Vgl. SANDRA HARDING, *Feministische Wissenschaftstheorie. Zum Verhältnis von Wissenschaft und sozialem Geschlecht*, Hamburg 1990, 14.

schlecht erleben und interpretieren. Vergeschlechtlichtes gesellschaftliches Leben funktioniert diesem Denkrahmen nach folgendermaßen: Auf der Ebene der symbolischen Ordnung wird die Bedeutung von Geschlecht über dualistische Geschlechtsmetaphern hergestellt: Mann, Kultur, Geist, Vernunft, Produktion, öffentlich, Subjekt etc. einerseits und Frau, Natur, Körper, Gefühl, Reproduktion, privat, Objekt etc. andererseits. Die Begriffe definieren sich in ihrer Gegenüberstellung wechselseitig, zugleich definieren sich die Begriffe in einer Kolonne einander und mit der Oppositionsbildung der Begriffe geht eine Hierarchisierung einher.[14] In der Organisation gesellschaftlichen Handelns wird auf diese Dualismen Bezug genommen. So kommt es zur Verteilung gesellschaftlich notwendiger Handlungsprozesse auf Männer und Frauen, sprich zur geschlechtsspezifischen Arbeitsteilung und zu Geschlechterhierarchien in Gesellschaft, Politik, Kirche, Organisationen etc. Die dualistischen Geschlechtsmetaphern werden auch Individuen mit ihren biologischen Körpern zugeschrieben, die auf Basis dieser Zuschreibungen ihre vergeschlechtlichte Identität ausbilden.

In dieser symbolischen Ebene gründet nun auch die Bedeutung des „Geschlechts Gottes". Wird von Gott in rein männlichen Bildern gesprochen, dann entsteht auf der symbolischen Ebene eine Verquickung von Gott und Männlichkeit, die sich auf der gesellschaftlichen und individuellen Ebene auswirkt: Das „ideale wie reale Selbstverständnis des Mannes und seines Anspruches auf mehr oder weniger alleinige Weltgestaltung"[15] wird durch die Dominanz männlicher Gottesbilder religiös legitimiert. Dieser patriarchats- bzw. kyriarchats-legitimierende[16] Charakter männlicher Gottesbilder wird dadurch verstärkt, dass männliche Gottesbilder einem metaphorischen System entspre-

---

14 Vgl. HEIDI BERNHARD FILLI u. a., *Weiberwirtschaft. Ausgeblendete Grundlage der Ökonomie*, in: DIES. (Hg.), *Weiberwirtschaft. Frauen – Ökonomie – Ethik*, Luzern 1994, 16-19.
15 SILVIA STRAHM BERNET, s. Anm. 4, 244.
16 Der Neologismus Kyriarchat bringt die Herrschaft des Kaisers/Herren/Meisters/Vaters/Mannes über alle ihm untergebenen Frauen und Männer auf den Begriff und wurde von Elisabeth Schüssler Fiorenza anstelle des Begriffs Patriarchat eingeführt, um deutlich zu machen,

chen, das Elisabeth Schüssler Fiorenza als „KÖNGAVAB – König-Gott-Allmächtiger-Vater-Allvermögender-Beschützer" bezeichnet. Dieses Symbolsystem lässt nicht nur keinen Platz für eine weibliche Figur, sondern beschreibt auch und vor allem das Göttliche „mit Begriffen der Kontrolle und Herrschaft", es denkt göttliche Transzendenz „als absolut, distanziert und völlig weltfremd". Von einem derartigen Symbolsystem meint Schüssler Fiorenza, es könne „nicht anders, als als Stütze kyriarchaler Gesellschaft und Kirche zu dienen"[17]. Denn es verleiht Herrschaft und Kontrolle einen göttlichen Glanz und verbucht diese in der symbolischen Ordnung auf der männlichen Seite. Diese Verbindung von männlichem Gottesbild und männlicher weltlicher Machtausübung hatte auch Rosita in ihrer Geschichte – zumindest implizit – hergestellt: Sie erkennt im Täter ein Bedürfnis nach Kontroll-Macht, das er durch Missbrauch eines Kindes befriedigt. Gleichzeitig lehnt sie ein Gottesbild ab, das Kontroll-Macht von Männern über Frauen, von europäischen Kolonisatoren über Kolonialisierte, von Weißen über Farbige impliziert. Damit erzählt Rositas Geschichte auch von der Eingängigkeit und Wirkung symbolischer Konstruktionen: Wenn es um Gott den Allmächtigen geht, dann verbindet Rosita Gott sofort mit den aus dem gesellschaftspolitischen Bereich stammenden und mit Herrschaft und Kontrolle assoziierten Attributen männlich, weiß und aus Europa.

Zusammenfassend können wir also festhalten, dass Gottesbilder bestimmte Vorstellungen und die ihnen entsprechenden gesellschaftlichen Strukturen spiegeln und diese gleichzeitig verfestigen. Gottesrede ist nicht nur auf der Ebene der Reflexion

---

dass es nicht um gesellschaftliche Strukturen geht, in denen alle Männer allen Frauen übergeordnet sind und diese beherrschen, sondern um sich gegenseitig multiplizierende Herrschaftsstrukturen bzw. um eine komplexe soziale Pyramide abgestufter Herrschaft und Unterordnung, in der privilegierte westliche, gebildete, besitzende, euro-amerikanische Männer an der Spitze stehen und die Ausbeutung von Frauen und von anderen „Unpersonen" betreiben. Vgl. ELISABETH SCHÜSSLER FIORENZA, *Jesus – Miriams Kind, Sophias Prophet. Kritische Anfragen feministischer Christologie*, Gütersloh 1997, 31-35.

17 DIES., ebd. 166.

angesiedelt, sie *wirkt* auch immer. Theologie handelt. Wie wir theologisch von einer bestimmten Sache sprechen, wirkt hinein in unsere Lebenswirklichkeiten – als Frauen und Männer. Wie zeigt sich diese gesellschaftlich-soziale Wirkung der Rede von Gott, die ich hier zunächst eher abstrakt beschrieben habe, konkret? Dieser Frage will ich abschließend nachgehen und dabei einerseits das Thema Missbrauch weiterführen,[18] andererseits das Bild von Gott als Vater und die Beziehung des Vater-Gottes zu seinem Sohn, wie sie in Sühnopfertheologien gedacht wird, fokussieren. Mit dem Thema Missbrauch führe ich Rositas Geschichte weiter, setze aber durch Verbindung mit Opfertheologien einen etwas anderen Schwerpunkt. Rosita hatte den Aspekt von Macht und Kontrolle in Gottesbildern in der Tradition des KÖNGAVAB-Schemas betont. In der Kritik, die feministische Theologinnen an Opfertheologien formulieren, kommt dagegen stärker die Verbindung von Liebe, Leiden und Gewalt zur Sprache.[19]

4. Im Kontext Gewalt gegen Frauen

Feministische Theologinnen haben breite Kritik geäußert an Opfertheologien in Gestalt systematischer Abhandlungen wie liturgischer Texte, die den Kreuzestod Jesu interpretieren als Opfer, das nötig geworden sei aufgrund der Sünden der Menschen.[20] In Hinblick auf Kindesmissbrauch erweisen sich drei

---

18 Das Thema Missbrauch öffnet zudem den Blick und verdeutlicht das, was Elisabeth Schüssler Fiorenza mit dem Begriff Kyriarchat sagen will: Von Missbrauch sind zwar in größerem Ausmaß Mädchen, aber auch Buben betroffen. Patriarchal-kyriarchale Strukturen unterdrücken nicht nur Frauen, sondern auch andere untergeordnete Personen.

19 Im Folgenden soll es nicht um die theologische Frage gehen, ob und wie Jesu Tod als Opfer bestimmt werden kann oder wie Gott-Vater und Jesus Christus theologisch zusammen zu denken sind. Mein Anliegen ist es, die praktische Wirkung theologischer Aussagen und die Notwendigkeit der Ethisierung von Theologie aufzuzeigen.

20 Für den deutschsprachigen Raum ist hier vor allem Regula Strobel zu nennen. Vgl. u. a. REGULA STROBEL, *Feministische Kritik an traditionellen Kreuzestheologien*, in: DORIS STRAHM/REGULA STROBEL, *Vom Verlangen nach Heilwerden. Christologie in feministisch-theologischer Sicht*,

Aspekte klassischer Opfertheologien als besonders problematisch: die Identifikation von Liebe und Leiden, Gehorsam bis zum Tod am Kreuz und Vater-Sohn-Bilder, in die Opfertheologien gekleidet sind.

„Kinder, die missbraucht werden, sehen sich zwangsweise konfrontiert mit einem Konflikt zwischen den Liebesbekundungen eines Elternteils einerseits und ihrer inneren Stimme, die gegen die erfahrene Gewalt protestiert, andererseits. Wenn Theologie Liebe mit Leiden identifiziert, welche kulturellen Ressourcen bietet eine solche Theologie so einem Kind? Und wenn Eltern ein Bild von Gott haben, der rechtschaffener Weise totalen Gehorsam bis zum Tod fordert – was soll so einen Elternteil von Kindesmissbrauch, der als göttlich legitimiert erscheint, abhalten? Das Bild Gottes als Vater, der das Leiden und den Tod seines eigenen Sohnes fordert und verursacht, unterstützt eine Kultur des Missbrauches und führt dazu, dass die Opfer von Missbrauch und Unterdrückung im Stich gelassen werden."[21]

Ausgehend von der Tatsache, dass theologische Konzepte immer vor dem Hintergrund eines partikulären, sozialen Kontexts formuliert werden, fragt Rita Nakashima Brock nach den tiefer liegenden Verbindungen zwischen Gottesbild, christologischen Konzepten und sozialen wie psychologischen Strukturen der patriarchalen Familie.[22] Patriarchale/kyriarchale Strukturen zeigen sich Brock zufolge besonders deutlich in aus dem Bereich

---

Fribourg/Luzern 1991, 52-64; DIES., *Opfer oder Zeichen des Widerstandes? Kritische Blicke auf problematische Interpretationen der Kreuzigung Jesu*, in: CLAUDIA JANSSEN/BENITA JOSWIG (Hg.), *Erinnern und aufstehen – antworten auf Kreuzestheologien*, Mainz 2000, 68-82; DIES., *Theologische Interpretationen der Kreuzigung Jesu und die gesellschaftliche Normalität des Opfer-Diskurses*, in: CHARLOTTE METHUEN/ANGELA BERLIS (Hg.), *Befreiung am Ende? Am Ende Befreiung! Feministische Theorie, feministische Theologie und die politischen Implikationen*, Leuven 2002, 151-169. Zum Überblick vgl. HELGA KUHLMANN, *Zur Opferkritik der feministischen Theologie*, in: DIETRICH NEUHAUS (Hg.), *Das Opfer. Religionsgeschichtliche, theologische und politische Aspekte*, Frankfurt a. M. 1998, 107-130.

21 JOANNE CARLSON BROWN/REBECCA A. PARKER, *For God So Loved the World?*, in: JOANNE CARLSON BROWN/CAROLE R. BOHN (Hg.), *Christianity, Patriarchy and Abuse. A Feminist Critique*, New York 1989, 6f.

22 Vgl. RITA NAKASHIMA BROCK, *Journeys by Heart. A Christology of Erotic Power*, New York 1988, 51-66; DIES., *And a Little Child Will Lead Us. Christology and Child Abuse*, in: JOANNE CARLSON BROWN/CAROLE R.

der Familie entlehnten Bildern und Analogien, in welche manch christologische Lehre gekleidet ist. Exemplarisch für die konkrete Ausgestaltung der Vater-Sohn-Analogien in der Christologie ist für Brock neben dem Bild eines sich durch Gehorsam auszeichnenden Vater-Sohn-Verhältnisses[23] das Bild der Einheit von Vater und Sohn.

„Klassische Trinitätslehren vermischen Vater und Sohn (...), der Vater und der Sohn (...) werden zu einer Person und der Vater scheint einige Aspekte seines Lebens in seinem Sohn zu leben. Eine derartige Vermischung reflektiert männlich dominierte Werte, die alle dem regierenden Patriarchen untergeordneten Personen als eine Verlängerung seiner Identität betrachten."[24]

Diese der patriarchalen/kyriarchalen Bilderwelt entnommene theologische Darstellung der Vater-Sohn-Beziehung spiegelt und reproduziert also Strukturen von Kindesmissbrauch, die in einer Auflösung der Identität des Kindes in den Eltern bzw. einem Elternteil wurzeln. In dieser Auflösung des Kindes im Elternteil/Vater wird die Identität des Kindes zu einer bloßen Verlängerung der Identität des Vaters. Der Vater lebt bestimmte Aspekte seines Lebens in seinem Sohn. Die Bedürfnisse der Kinder werden dem Willen und den Bedürfnissen der Erwachsenen untergeordnet.

Klassische Opfertheologie reflektiert ein paternalistisches Modell der Vater-Kind-Beziehung auch in der Portraitierung des Vaters als gut, omnipotent und über alle Kritik erhaben. Seine Kinder hingegen sind ungeraten, ja sündig. Angesichts der ungeratenen Kinder erscheint der Vater umso gerechter. Die paterna-

---

BOHN (Hg.), s. Anm. 21, 42-57. In ihrem Buch „Proverbs of the Ashes" konfrontieren Rita Nakashima Brock und Rebecca A. Parker Sühnopfertheologien mit eigenen Erfahrungen von Missbrauch, Gewalt und Verzweiflung. Vgl. RITA NAKASHIMA BROCK/REBECCA A. PARKER, *Proverbs of the Ashes. Violence, Redemptive Suffering and the Search for What Saves Us*, Boston 2001.

23 Zur Bedeutung von väterlicher Autorität und Gehorsam in theologischer Rede für die Verarbeitung von Missbrauchserfahrungen vgl. auch SHEILA A. REDMOND, *Christian „Virtues" and Recovery from Child Sexual Abuse*, in: JOANNE CARLSON BROWN/CAROLE R. BOHN (Hg.), s. Anm. 21, 78f.

24 RITA NAKASHIMA BROCK, *And a Little Child Will Lead Us*, s. Anm. 22, 51.

listisch-gnädige Verschonung der ungeratenen Kinder jedoch setzt das Opfer des einen, perfekten Kindes voraus. Hinter Opfertheologien lauert immer, meint Brock, die Vorstellung der Notwendigkeit einer Strafe. (Der Verweis, dass auch der Vater dabei leidet, erinnert an Aussagen von Eltern, die in unterschiedlichen Variationen ihren Kindern erklären, sie selbst würden am meisten darunter leiden, dass sie das Kind bestrafen müssen.) Der Sohn nun, das eine, perfekte Kind, erfüllt den Willen des Vaters nicht nur, der Wille des Vaters wird zum Willen des Sohnes selbst. Indem er seinen geliebten, einzigen Sohn opfert, erweist der Vater seine Liebe zu allen Kindern. Das Opfer des perfekten Kindes eröffnet den Weg zu neuem Leben mit dem Vater.

„Jesus erscheint dabei nicht länger als ein Kind seiner Zeit und seiner Kultur. Er verschmilzt mit Gott-Vater, dessen Willen er ausführt. Jesus, der Sohn seines göttlichen Vaters, erscheint umso perfekter, wenn sein Wille mit dem seines Vaters identisch ist. Solche Erlösungslehren reflektieren und unterstützen Images eines Liebespaternalismus, der Vernachlässigung von Kindern oder, im schlimmsten Fall, Kindesmissbrauch als akzeptable Verhaltensweisen erscheinen lässt, indem er sie als göttliche Verhaltensweisen präsentiert."[25]

Denn die praktische Konsequenz einer Theologie bzw. die Antwort von gläubigen ChristInnen auf eine Theologie, die Gott als gütigen allmächtigen Vater und die Menschen als sündig und hilflos denkt, die Vergebung und Schutz angesichts menschlichen Ungehorsams und menschlicher Ohnmacht predigt und die göttliche Macht als Kontrolle der Sünde und des Bösen definiert, „ist die Verleugnung dessen, was ihnen passiert ist, und die Suche nach Gründen, warum Gott es zugelassen hat".[26] An dieser Stelle schließt sich der Kreis zu Rositas Geschichte.

---

25 Dies., ebd. 52.
26 Dies./Rebecca A. Parker, s. Anm. 22, 156.

5. Abschied vom himmlischen Vater

Der symbolische Ausschluss von Frauen und die aus ihm erwachsenden sozialen Konsequenzen, die Wechselwirkung zwischen männlichen Gottesbildern und dem KÖNGAVAB-Schema mit gesellschaftlichen Strukturen sind Frauen heute nur allzu bewusst. Sie haben gemeinsam mit der Tatsache, dass sich Frauen mit ihren Erfahrungen nur schwer bei Gott, dem König, Allmächtigen, Vater, Herrn, Beschützer etc. aufgehoben fühlen können, dazu geführt, dass Frauen sich vom himmlischen Vater verabschieden, wie Claudia Mitscha-Eibl in einem Lied beschreibt:[27]

Abschied vom himmlischen Vater

Im Himmel ist es still geworden,
durch das Schweigen dringt kein Wort.
Der dort war, ist er gestorben
oder ging er heimlich fort?
Irgendwann war er verschwunden,
alle Räume stehen leer.
Hab ihn lange nicht gefunden,
suche ihn nicht mehr.

Ist kein Richter, dessen Wille
Strafe mir und Lohn verhängt.
Kein Allmächtiger, der in Stille
unsrer Welt Geschicke lenkt.
Kein Allwissender, der alles
längst geplant und vorgesehn,
der im Falle eines Falles
eingreift ins Geschehn.

---

[27] Dieses Lied der österreichischen Liedermacherin und Theologin Claudia Mitscha-Eibl ist auf der CD „Lust und Liebe" erschienen. Hörprobe und CD-Bestellung im Internet unter: http://beginn.at/claudia/

Ist kein Vater mehr dort oben,
der mein Schrein und Flehn erhört.
Auch kein Finger, streng erhoben,
und kein Arm, der Schutz gewährt.
Eine Mutter nie gewesen,
die mich tröstet, sanft und zart.
Keine Hand, die vor dem Bösen
meinen Schritt bewahrt.

Keiner, der Gesetze gäbe,
was ich lasse, was ich tu.
Muß entscheiden, wie ich lebe,
und kein Auge sieht mir zu.
Nur der Wind fährt durch die Räume
eines Himmels, leer und still,
fegt hinweg die Kindheitsträume
und weht, wo er will.

MICHAEL PLATTIG

Gott in dunkler Nacht
Krise des Glaubens und der Erfahrung

In einem Artikel von 1966 schrieb Karl Rahner: „Die Mystagogie muß von der angenommenen Erfahrung der Verwiesenheit des Menschen auf Gott hin das richtige ‚Gottesbild' vermitteln, die Erfahrung, daß des Menschen Grund der Abgrund ist: daß Gott wesentlich der Unbegreifliche ist; daß seine Unbegreiflichkeit wächst und nicht abnimmt, je richtiger Gott verstanden wird, je näher uns seine ihn selbst mitteilende Liebe kommt; (...) Solche Mystagogie muß uns konkret lehren, es auszuhalten, diesem Gott nahe zu sein, zu ihm ‚Du' zu sagen, sich hineinzuwagen in seine schweigende Finsternis".[1] Damit beschreibt Rahner eine Grunderfahrung geistlichen Lebens, die sich in unterschiedlicher Intensität und mit verschiedenen Begriffen verbunden immer wieder in der Geschichte christlicher Spiritualität findet.

Das erste Kapitel dieses Beitrags versteht sich als einleitende, den Horizont eröffnende Hinführung zum Thema anhand biblischer Beispieltexte, die keinen Anspruch auf Vollständigkeit erheben. Danach sollen vier Personen der neueren Spiritualitätsgeschichte mit ihren Erfahrungen Gottes in dunkler Nacht und deren Konsequenzen skizziert werden. Das dritte Kapitel soll die geistlichen und theologischen Konsequenzen dieser Erfahrungen und deren Relevanz für die Gegenwart verdeutlichen.

---

1 KARL RAHNER, *Frömmigkeit früher und heute*, in: DERS., *Schriften zur Theologie, Bd. 7*, Einsiedeln 1966, 11-31, hier 23.

1. Das Dunkel der Gotteserfahrung

1.1 Finsternis als Urzustand und Dunkel als Kennzeichen der Theophanie im AT

Gen 1,1f.: „Im Anfang schuf Gott Himmel und Erde, die Erde aber war wüst und wirr, Finsternis lag über der Urflut, und Gottes Geist schwebte über dem Wasser." Das hebräische Wort für wüst und wirr „Thohuwabohu" bringt einen grauenhaften, unheimlichen Zustand zum Ausdruck, der Gegenbegriff zur Schöpfung ist. Das ist auch die Bedeutung des griechischen „Chaos": Kluft, Abgrund, Finsternis. Auf diesem Hintergrund wird deutlich, dass Finsternis zunächst nicht als objektives Naturphänomen, sondern als ein Aspekt des der Schöpfung entgegengesetzten Zustandes gemeint ist und als unheimlich empfunden wird. Es handelt sich nicht um die normale Finsternis der Nacht, sondern um eine chaotische, ungeordnete Finsternis. Im AT wird das Chaos nun nicht als eigenständige Macht gesehen, sondern als von Gottes schöpferischem Machtwort bewältigt. Das kommt in Gen 1,3-5 deutlich zum Ausdruck: „Gott sprach: Es werde Licht. Und es wurde Licht. Gott sah, dass das Licht gut war. Gott schied das Licht von der Finsternis, und Gott nannte das Licht Tag, und die Finsternis nannte er Nacht." Durch Gottes Wirken wird die chaotische Finsternis zur Nacht, die dem geschaffenen Licht des Tages gegenüber steht. Die Finsternis wird als Dunkel durch die Erschaffung des Lichtes zum Bestandteil des Kosmos. Eine entsprechende Intention findet sich in Ps 74,16: „Dein ist der Tag, dein auch die Nacht" oder noch deutlicher, weil dynamischer, in Jes 45,7. Gott spricht dort: „Ich erschaffe das Licht und mache das Dunkel, ich bewirke das Heil und erschaffe das Unheil. Ich bin der Herr, der das alles vollbringt." Die Erschaffung der Welt und das Heilschaffen Gottes werden hier parallelisiert, wobei deutlich wird, dass nichts, auch nicht das Dunkel und das Unheil, als der göttlichen Schöpfermacht entzogen gedacht werden können. Die Dunkelheit ist deshalb nicht ein Bereich außerhalb Gottes, sondern sie bestimmt sich als schöpfungsgemäßer Gegensatz zum Licht. Die

Dunkelheit ist trotz alles Bedrohlichen immer nur eine vorletzte Größe.

Wenn Gott auch Licht ausstrahlt (vgl. Hab 3,4) und die Finsternis bei ihm nicht finster ist (vgl. Ps 139,11f.), so drückt die Dunkelheit auch Gottes Verborgenheit aus und wird so zum Motiv der Theophanie: „Als die Priester aus dem Heiligtum traten, erfüllte die Wolke das Haus des Herrn. Sie konnten wegen der Wolke ihren Dienst nicht verrichten; denn die Herrlichkeit des Herrn erfüllte das Haus des Herrn. Damals sagte Salomo: Der Herr hat die Sonne an den Himmel gesetzt; er selbst wollte im Dunkel wohnen. Ich habe ein fürstliches Haus für dich gebaut, eine Wohnstätte für ewige Zeiten." (1 Kön 8,10-13). „Er neigte den Himmel und fuhr herab, zu seinen Füßen dunkle Wolken. Er fuhr auf dem Kerub und flog daher; er schwebte auf den Flügeln des Windes. Er hüllte sich in Finsternis, in dunkles Wasser und dichtes Gewölk wie in ein Zelt." (Ps 18,10-12). Bei der Übergabe der Zehn Gebote heißt es: „Das Volk hielt sich in der Ferne, und Mose näherte sich der dunklen Wolke, in der Gott war." (Ex 20,21). In Erinnerung an dieses Ereignis formuliert Dtn 4,11: „Ihr wart herangekommen und standet unten am Berg, und der Berg brannte: Feuer, hoch bis in den Himmel hinauf, Finsternis, Wolken und Dunkel." In der Theophanie fallen auch gegensätzliche Paare wie Feuer und Finsternis zusammen. Diese Motive dienen der Darstellung der Souveränität Jahwes. Die dunkle Wolke ist dabei ein spezielles Mittel der Offenbarung und gleichzeitig der Verhüllung der Gegenwart Gottes.[2]

Ein weiteres Motiv, das nicht direkt mit Finsternis zu tun hat, doch indirekt darauf hinweist, ist die in Ex 33,20-23 und andernorts belegte Auffassung, dass der Mensch Gott nicht von Angesicht zu Angesicht schauen kann ohne daran zu sterben. Gott lässt sich nur von hinten sehen, wenn er vorübergegangen ist. Auch in diesem Bild findet sich die Spannung zwischen enthüllt und verhüllt, zwischen der Gegenwart und der Verborgenheit

---

2 Vgl. ERNST JENNI, Art. 'anan Wolke, in: DERS./CLAUS WESTERMANN (Hg.), Theologisches Handwörterbuch zum Alten Testament, Bd. II, München/Zürich 1984, 352.

Gottes. Eine weitere Erfahrung steckt in diesem Bild, denn häufig wird Gottes Gegenwart erst im Nachhinein erfahren, wenn er vorüber gegangen ist, und nicht in dem Augenblick, in dem er begegnet. Oft zeigt sich Gottes Wirken erst im Rückblick als roter Faden in der Geschichte des Volkes und des einzelnen. Auch diese Erfahrung gehört zum Kontext der Theophanie und macht deutlich, dass es nicht nur eine verhüllte, sondern auch eine erkenntnismäßig verzögerte Theophanie gibt, ja dass diese die Regel ist, weil man Gott nicht von Angesicht zu Angesicht zu schauen vermag. Dieses Motiv ist deshalb in unserem Zusammenhang sehr wichtig, weil es unterstreicht, dass über die Gegenwart Gottes keine Aussage gemacht werden kann. Auch in der Erfahrung äußerster Gottverlassenheit kann Gott anwesend sein, was aber subjektiv erst im Rückblick erkannt wird. Das heißt, auch die Erfahrung der Nacht kann ein Vorübergang Gottes sein, dessen Präsenz aber erst im Blick auf seinen Rücken erfahrbar wird.

Der Umgang mit der Erfahrung von Gottes Dunkel erfolgt z. T. in Form der Klage. Nicht nur in den so genannten Klagepsalmen (z. B. Ps 13; 22; 74 u.a.) wird dies thematisiert, sondern etwa auch in der Prophetenklage (vgl. z. B. Jer 15,10-18; 20,7-10) oder in der Klage Ijobs:

„So wehre ich nicht meinem Mund, mit bedrängtem Geist will ich reden, mit betrübter Seele will ich klagen. Bin ich das Meer, der Meeresdrache, daß du gegen mich eine Wache stellst? Sagte ich: Mein Lager soll mich trösten, mein Bett trage das Leid mit mir!, so quältest du mich mit Träumen, und mit Gesichtern jagtest du mich in Angst. Erwürgt zu werden, zöge ich vor, den Tod diesem Totengerippe. Ich mag nicht mehr. Ich will nicht ewig leben. Laß ab von mir; denn nur ein Hauch sind meine Tage. Was ist der Mensch, daß du groß ihn achtest und deinen Sinn auf ihn richtest, daß du ihn musterst jeden Morgen und jeden Augenblick ihn prüfst? Wie lange schon schaust du nicht weg von mir, läßt mich nicht los, so daß ich den Speichel schlucke? Hab' ich gefehlt? Was tat ich dir, du Menschenwächter? Warum stellst du mich vor dich als Zielscheibe hin? Bin ich dir denn zur Last geworden? Warum nimmst du mein Vergehen nicht weg, läßt du meine Schuld nicht nach? Dann könnte ich im Staub mich betten; suchtest du mich, wäre ich nicht mehr da." (Ijob 7,11-21)

Es ist eine Art Abrechnung mit diesem Gott, Ijob überhäuft ihn mit Vorwürfen. Er schreit seine Verbitterung und Enttäuschung hinaus, auf Gott hin. Angst, Leid und Trauer haben Platz in der Gottesbeziehung und auch das Leiden an Gott darf sich artikulieren in der Klage. Das ist nicht zu verwechseln mit einem wehleidigen Lamentieren vor Gott. Die Nacht in der Gotteserfahrung ist ein klagender Aufschrei aus der Tiefe. Klage ist in ihrem Wesen eine letzte und radikale Bejahung Gottes, sie meint diesen Gott und zielt auf ihn ab. Wenn daher ein Mensch Gott in dieser Form gleichsam „belagert" mit seiner Klage, dann tritt u. U. das ein, von dem viele Klagepsalmen berichten (z. B. Ps 13; 22 u. a.), dass sich plötzlich Durchblicke auftun auf ein neues Gottes-, Menschen- und Wirklichkeitsbild hin.

Die Geschichte vom Kampf Jakobs (vgl. Gen 32,23-33) verdeutlicht einen weiteren Aspekt: die Begegnung mit Gott bleibt nicht ohne Folgen. Jakob verlässt den Platz als Gesegneter, aber auch als Hinkender, als Gezeichneter, und er bekommt einen neuen Namen. Diese Begegnung mit Gott, dieses Ringen hat ihn verändert, zu einem anderen gemacht. Wer mit Gott ringt, sich mit dem dunklen Angesicht Gottes auseinandersetzt, verlässt das Geschehen als Gezeichneter und Gesegneter mit einem neuen Namen, denn diese Erfahrung hat ihn, seine Bilder von sich selbst, von Gott, Mensch und Welt verändert.

Die Beispiele aus dem AT machen deutlich, dass es sich bei der Begegnung mit Gott um ein durchaus ambivalentes Ereignis handelt. Gott begegnet als der sich offenbarende und der sich verbergende zugleich. Die Begegnung mit ihm ist nicht harmlos. Im wahrsten Sinne des Wortes, sie hinterlässt „Harm", das alte deutsche Wort für Kummer und Leid. Diese ambivalente Gottesbegegnung verändert den Glauben und den Glaubenszugang derer, die Gott in dieser Weise erfahren.

1.2 Finsternis und Nacht bei den Synoptikern

Die Nacht ist bei den sog. Synoptikern – also im Markus-, Lukas- und Matthäusevangelium – der bevorzugte Ort des eschatologischen Heilshandelns Gottes. Gerade in der Nacht wird Gottes rettendes Eingreifen durch Jesus erfahrbar, um „denen zu leuchten, die in Finsternis sitzen und im Schatten des Todes." (Lk 1,79) In der Erzählung vom Seewandel Jesu kommt er in der vierten Nachtwache zu den Jüngern (Mt 14,25 par.). Im Gleichnis von den zehn Jungfrauen kommt der Bräutigam mitten in der Nacht (Mt 25,6). Die Hirten halten Nachtwache bei ihren Herden, als die Engel erscheinen (Lk 2,8). Gottesvisionen ereignen sich des Nachts, bei Paulus (Apg 16,9; 18,9; 23,11; 27,23) oder im Traum, etwa bei Josef (Mt 2,14). Das Dunkle meint das Verborgene (Mt 10,27/Lk 12,3f.), das Wesen der Offenbarung ist es, aus ihrem verborgenen, d. h. überweltlichen Ursprung in der Verkündigung ans Licht zu kommen, in die Öffentlichkeit durchzubrechen. „Das Volk, das im Dunkel war, hat ein großes Licht gesehen, denen, die im Schatten des Todes saßen, ist ein Licht aufgegangen." (Mt 4,15f.) Matthäus zitiert Jes 9,1f., wobei die ursprüngliche griechische Übersetzung des AT (Septuaginta) futurisch formuliert, während Matthäus Perfekt verwendet: die Verheißung ist in Jesus erfüllt.

Die Nacht ist daher auch der Raum für die Glaubensentscheidung. In Mt 26,31 sagt Jesus am Ölberg: „Ihr werdet alle in dieser Nacht an mir Anstoß nehmen." Und: „In dieser Nacht, noch ehe der Hahn kräht, wirst du mich dreimal verleugnen." (Mt 26,34) Außerdem ist die Finsternis, die zur Stunde der Kreuzigung Jesu über die Erde kommt (Mt 15,33/Mk 27,45/Lk 23,44), ein eschatologisches Zeichen, sie bricht an in der Mitte zwischen Kreuzigung und Tod, um die sechste Stunde. Sie weist auf die kosmische Dimension des Sterbens Jesu hin und bezieht sich auf den Tag Jahwes, der mit Finsternis einhergeht. Die Verfinsterung ist schließlich allgemeines Element des Weltendes und wird als real kosmisch gedacht (Mk 13,24/Mt 24,29), sogar die Lichter der Nacht, die Sterne, werden sich verfinstern.

1.3 Getsemani

Jesus fleht im Garten Getsemani – am tiefsten Punkt seiner Not – um Rettung und stirbt später schreiend am Kreuz:

„Sie kamen zu einem Grundstück, das Getsemani heißt, und er sagte zu seinen Jüngern: Setzt euch und wartet hier, während ich bete. Und er nahm Petrus, Jakobus und Johannes mit sich. Da ergriff ihn Furcht und Angst, und er sagte zu ihnen: Meine Seele ist zu Tode betrübt. Bleibt hier und wacht! Und er ging ein Stück weiter, warf sich auf die Erde nieder und betete, daß die Stunde, wenn möglich, an ihm vorübergehe. Er sprach: Abba, Vater, alles ist dir möglich. Nimm diesen Kelch von mir! Aber nicht, was ich will, sondern was du willst (soll geschehen). Und er ging zurück und fand sie schlafend. Da sagte er zu Petrus: Simon, du schläfst? Konntest du nicht einmal eine Stunde wach bleiben? Wacht und betet, damit ihr nicht in Versuchung geratet. Der Geist ist willig, aber das Fleisch ist schwach. Und er ging wieder weg und betete mit den gleichen Worten. Als er zurückkam, fand er sie wieder schlafend, denn die Augen waren ihnen zugefallen; und sie wußten nicht, was sie ihm antworten sollten. Und er kam zum drittenmal und sagte zu ihnen: Schlaft ihr immer noch und ruht euch aus? Es ist genug. Die Stunde ist gekommen; jetzt wird der Menschensohn den Sündern ausgeliefert. Steht auf, wir wollen gehen! Seht, der Verräter, der mich ausliefert, ist da." (Mk 14,32-42)

Gott geht den Weg ins Leiden hinein und nicht um das Leiden herum. Die Härte des Leidens wird dadurch betont, dass bei Markus nichts von einer göttlichen Antwort auf Jesu Gebet gesagt wird. Mehrfach wiederholen sich sein Gebet und das Auffinden der schlafenden Jünger. So wird die Not Jesu unterstrichen, die Intensität seines Betens und seine Einsamkeit. Er ist in seinem Todesringen von schlafenden, ihn nicht begreifenden Menschen umgeben. Diese Darstellung widerspricht den jüdischen und christlichen Martyriumsschilderungen. Jesus ist nicht der gelassene, Halleluja singende jüdische oder christliche Märtyrer, nicht einer der sieben Brüder, die für das Gesetz mit ihrer Mutter das Martyrium erlitten (vgl. 2 Makk 7), er ist auch nicht ein Ignatius von Antiochien, der darauf brennt, sich von den Zähnen der Löwen mahlen zu lassen und die römische Gemeinde beschwört, ihm nicht zur Unzeit eine Gunst zu erweisen, um ihn vor dem Martyrium zu retten,³ sondern Jesus bittet voller Angst und Entsetzen, dass dieser Kelch des Leidens und des Todes an ihm vorübergehen möge. Der sich ängstigende Christus ist ein Ja zum Leben, denn er zeigt, dass das Todeslos dem menschlichen Lebenswillen und der Bestimmung des Menschen zum Leben widerstreitet.

Ähnlich wie im AT ist also auch im NT die Nacht ein wichtiges Begleitmoment des Handelns Gottes, wobei im NT tendenziell stärker das Licht des Glaubens an Jesus Christus in den Gegensatz zur Finsternis des Unglaubens tritt. Das Motiv des Ringens mit Gott in der Nacht wird im Garten von Getsemani virulent. Auch diese Auseinandersetzung mit Gottes „dunklem" Willen wirkt verändernd, ohne dass die Bitte Jesu um Verschonung erhört wird.

2. Erfahrungen mit Gott in dunkler Nacht

Auf dem biblischen Hintergrund sollen nun vier Beispiele aus der neueren Spiritualitätsgeschichte angeführt werden, die verdeutlichen, welche Auswirkungen die Erfahrung des dunklen Gottes auf die Glaubensbezeugung und auf die Sprache des Glaubens hat. Der Glaube verliert seine Naivität und wird zu einer kritischen Instanz gegenüber einem allzu einfachen und fast „positivistischen" Glaubensverständnis von Zeitgenossen.

Die Darstellung beginnt mit Therese von Lisieux, deren Image eher ein frommes und süßliches ist, da ihre Schriften mit ihrem blumigen Stil zu einer solchen Interpretation verführen. Bei genauerer Lektüre allerdings stellt sich heraus, dass Therese von Lisieux aufgrund ihrer eigenen Nachterfahrung zu einer kritischen Zeitgenossin eines allzu triumphalistischen Verständnisses von Katholizismus wird.⁴ Die zweite Frau, die hier darge-

---

3   Vgl. IGNATIUS VON ANTIOCHIEN, *Brief an die Römer*, 4,1-2.
4   Zum zeitgeschichtlichen Hintergrund vgl. ANDREAS WOLLBOLD, *Therese von Lisieux. Eine mystagogische Deutung ihrer Biographie*, Würzburg 1994.

stellt werden soll, Marie Noël, lebte wie Therese in Frankreich. Ihre Glaubenserfahrung lässt sie das zeitgenössische Missionsverständnis kritisieren, die katholisch bürgerliche Frömmigkeitsidylle hinterfragen und die klerikalen Übergriffe anprangern.⁵ Karl Rahner steht für eine kritische Theologie im Umgang mit Gotteserfahrung und formuliert vor diesem Hintergrund Anfragen an und Herausforderungen für die Pastoral. Michel de Certeau sieht in der Nachterfahrung eine Chance zur Neuartikulation des Glaubens: in Zeiten – geprägt von Übergängen und Brüchen – ergibt sich so der Ansatz einer neuen Glaubwürdigkeit.

2.1 Therese von Lisieux (1873-1897)

Therese von Lisieux schreibt in einem Brief an ihre Schwester Agnès de Jésus am 10. Mai 1890: „Wie glücklich bin ich, für immer Gefangene im Karmel zu sein. Ich habe kein Verlangen, nach Lourdes zu gehen und Ekstasen zu haben. Ich ziehe (die Eintönigkeit des Opfers) vor!" (Brief 106/138). Sie wendet sich damit – für ihre Verhältnisse sehr direkt – gegen die Wundersucht ihrer Zeit, die Suche nach dem Außergewöhnlichen im Glauben. An anderer Stelle schreibt sie: „Er, der Lehrer der Lehrer, unterrichtet ohne Wortgeräusch (...) Nie hörte ich ihn sprechen, aber ich fühle, daß Er in mir ist, jeden Augenblick (...)".⁶

Therese hat Christus nie reden hören, d. h. sie hat keine außergewöhnlichen Erfahrungen im Glauben gemacht, wie sie ihre Zeit gerne den Heiligen und sog. Mystikerinnen und Mystikern zugeschrieben hat. Für Therese von Lisieux bedeutet Glauben das alltägliche Ringen um die Gestaltung der Beziehung zu Gott, zu einem Gott, der sich vernehmen lässt im Wort

---

5 Zum zeitgeschichtlichen Hintergrund vgl. FRANZISKA KNAPP, „Lieben – Sein Herz zum Fenster hinauswerfen". Die Botschaft der Liebe in Leben und Werk Marie Noëls auf dem Hintergrund der französischen Spiritualität, Würzburg 1998.
6 THERESE VOM KINDE JESU, Selbstbiographische Schriften, Einsiedeln ⁸1978, 184f.

der Schrift, in der Feier der Sakramente und vor allem in der Begegnung mit dem Nächsten. Dies ist ein oft sehr nüchterner und unspektakulärer Vorgang, ein Alltagsglaube, der ohne Wunder, Visionen, Auditionen und ähnliche Erscheinungen auskommt. Es ist in diesem Sinne ein moderner Glaube, der sich eher der Tradition der dunklen Nacht verpflichtet weiß als einem gesicherten und unhinterfragten Glauben.

Diese Radikalität des alltäglichen Glaubens und das Ernstnehmen der eigenen Berufung im Rahmen des Ganzen der Kirche führt Therese von Lisieux zu einem kühnen Satz:

> „Die Märtyrer litten mit Freuden, der König der Märtyrer mit Traurigkeit. Ja, Jesus hat gesagt: ‚Vater, nimm diesen Kelch weg von mir' (Mt 26,29). (...) Ah! ich fühle wohl, es ist keineswegs das, was dem Lieben Gott in meiner kleinen Seele gefällt; ihm gefällt zu sehen, daß ich meine Kleinheit und meine Armut liebe, meine blinde Hoffnung auf seine Barmherzigkeit (...) Das ist mein einziger Schatz."[7]

Die Heilige von Lisieux wird noch radikaler, wenn sie am 18. Juli 1893 an ihre Schwester Céline schreibt:

> „Ich habe diese Erfahrung gemacht: wenn ich nichts empfinde, wenn ich UNFÄHIG bin zu beten, die Tugend zu üben, dann ist es an der Zeit, kleine Gelegenheiten zu suchen, Nichtigkeiten, die Jesus Freude bereiten, mehr Freude als die Herrschaft über die Welt oder sogar mehr als das großmütig erlittene Martyrium, beispielsweise ein Lächeln, ein liebes Wort, wenn ich nichts sagen oder ein verdrießliches Gesicht machen möchte usw. usw. (...)".[8]

Therese von Lisieux empfindet gerade durch ihre Nähe zum leidenden Christus die verherrlichenden Märtyrerlegenden als Zumutung. Am Leiden gibt es nichts zu verherrlichen! Deshalb lehnt sie diese Art der christlichen Geschichtsschreibung ab und stellt dem triumphalen Gang der Märtyrer in den Tod den flehenden Christus in Getsemani und den schreiend sterbenden Christus am Kreuz gegenüber. Konsequent wendet sie nun die-

---

7 THERESE MARTIN, *Briefe*. Deutsche authentische Ausgabe, Leutesdorf ²1977, 303.
8 DIES., ebd. 204.

se Erkenntnis auf ihr alltägliches Leben an, und so verändern sich ihre Maßstäbe grundlegend. Ein Lächeln, obwohl ich nicht lächeln möchte, eine gute Tat, obwohl mir eigentlich nicht danach ist, werden für sie zu den eigentlichen Heldentaten des Christentums, und sie stellt sie in ihrer Werteskala über das großmütig erlittene Martyrium. Die Erfahrung des dunklen Gottes führt Therese von Lisieux zu einer pointierten und radikalen Kritik aller Heldenverehrung und aller heldenhaften Posen im Christentum.

In ihren von den Mitschwestern aufgezeichneten letzten Gesprächen findet sich neben der Auseinandersetzung mit ihrem eigenen Leidensweg eine sehr markante Aussage zur Marienverehrung ihrer Zeit. Therese von Lisieux sagt am 21. August 1897, ca. fünf Wochen vor ihrem Tod:

„Man sollte nicht unwahrscheinliche Dinge sagen oder Dinge, die man nicht weiß, wie zum Beispiel, daß sie (gemeint ist Maria, M.P.), als sie noch ganz klein war, als Dreijährige, in den Tempel gegangen ist, um sich Gott in glühender Liebe und mit ganz außerordentlichen Gefühlen darzubringen; in Wirklichkeit ist sie vielleicht einfach hingegangen, um ihren Eltern zu gehorchen. (...) Damit mir eine Predigt über die Heilige Jungfrau gefällt und nützt, muß ich ihr Leben vor mir sehen, wie es wirklich war, aber nicht ein erdachtes Leben; und ich bin überzeugt, daß ihr wirkliches Leben ganz einfach gewesen sein muß. Man stellt sie unnahbar dar, aber man müßte sie nachahmbar zeigen, ihre Tugenden aufzeigen, sagen, daß sie aus dem Glauben lebte wie wir, die Beweise aus dem Evangelium dafür anführen, wo wir lesen: ‚Sie verstanden nicht, was Er zu ihnen sagte'. Und diese andere, nicht minder geheimnisvolle Stelle: ‚Seine Eltern waren voll Bewunderung über das, was man über Ihn sagte'. Diese Bewunderung setzt ein gewisses Staunen voraus (...) Es ist gut, daß man von ihren Vorzügen spricht, aber man sollte nicht ausschließlich von ihnen sprechen, denn wenn man in einer Predigt von Anfang bis Ende unablässig Ah! Ah! ausrufen muß, dann kriegt man es über! Wer weiß, ob das nicht manche Seele soweit bringt, daß sie schließlich einem dermaßen überlegenen Geschöpf gegenüber eine gewisse Entfremdung fühlt (...)".[9]

---

9 DIES., *Ich gehe ins Leben ein. Letzte Gespräche der Heiligen von Lisieux.* Deutsche authentische Ausgabe, Leutesdorf 1979, 177f.

Interessant ist der konsequente Schriftbezug, den Therese hier einfordert und der Jahrzehnte nach ihrem Tod, nämlich im Rahmen des Reformprozesses des Zweiten Vatikanischen Konzils, zum Kriterium der Marienverehrung generell wird. Therese fordert auch bei der Marienverehrung die Abkehr von jeglicher legendenhafter Schwülstigkeit. Sie lehnt eine Verehrung ab, die auf Übertreibungen und phantasievollen Geschichten fußt. Ihr Verdacht ist, dass diese Marienverehrung Maria den Menschen entfremdet, anstatt sie ihnen nahe zu bringen. Für unseren Zusammenhang bedeutsamer ist jedoch die Tatsache, dass die Bibelstellen, die Therese von Lisieux im Rahmen dieses Textes zur Marienverehrung zitiert, vom Leiden, vom Unverständnis und Staunen Mariens sprechen. Gerade also jene Maria, die das Geschehen um ihren Sohn nicht versteht, die eben nicht nach der Verkündigung bereits alles wusste, der der steinige Weg zum Glauben nicht erspart blieb, gerade jene Maria ist für Therese von Lisieux die Glaubwürdige, diejenige, die sie verehren will und die sie auch als ihre Mutter im Glauben anerkennen kann. Nicht das Ja der Verkündigung, sondern das Unverständnis, das Nichtbegreifen Mariens ist für Therese von Lisieux der Beleg ihres authentischen Glaubens.

Therese von Lisieux erlebte ihren Glaubens- und vor allem auch ihren Leidensweg als solidarischen Weg mit den Menschen, die ihren Glauben in der Moderne verloren hatten. Sie erlebt und durchlebt dieses Glaubensdunkel wie sie in ihren „Selbstbiographischen Schriften" bezeugt:

„In den so fröhlichen Tagen der Osterzeit ließ Jesus mich fühlen, daß es tatsächlich Seelen gibt, die den Glauben nicht haben, die durch den Mißbrauch der Gnaden diesen kostbaren Schatz verlieren, Quell der einzig reinen und wahren Freuden. Er ließ zu, daß dichteste Finsternisse in meine Seele eindrangen und der mir so süße Gedanke an den Himmel bloß noch ein Anlaß zu Kampf und Qual war (...) Man muß durch diesen dunklen Tunnel gewandert sein, um zu wissen, wie finster er ist."[10] „Suche ich Ruhe für mein durch all die Finsternis ringsum ermattetes Herz in der Erinnerung an das lichtvolle Land, nach dem ich mich sehne, so verdoppelt sich meine Qual; die Stimme der

---

10 THERESE VOM KINDE JESU, s. Anm. 6, 219.

Sünder annehmend, scheint die Finsternis mich zu verhöhnen und mir zuzurufen: Du träumst von Licht, von einer mit lieblichsten Wohlgerüchen durchströmten Heimat, du träumst von dem ewigen Besitz des Schöpfers all dieser Wunderwerke, du wähnst eines Tages den Nebeln, die dich umfangen, zu entrinnen! Nur zu, nur zu, freu dich über den Tod, der dir geben wird nicht, was du erhoffst, sondern eine noch tiefere Nacht, die Nacht des Nichts."[11]

Diese Erfahrungen machen verständlich, warum Therese mit dem triumphalen Glaubensverständnis der Kirche ihrer Zeit nichts anfangen kann. Die naive und sich in Übertreibungen ergehende Heiligenverehrung, wie sie sich in Märtyrerlegenden, in Heiligenviten und in der Marienverehrung ihrer Zeit niedergeschlagen hat, ist Therese zutiefst zuwider. Sie kann die darin beschriebene Erfahrung nicht verifizieren und nicht mit ihrer eigenen Glaubenserfahrung in Einklang bringen. Sie erfährt Gott nicht als die Lösung aller ihrer Fragen, sie erfährt Gott nicht als denjenigen, der ständig durch irgendwelche außergewöhnlichen Ereignisse in den Gang der Schöpfung und der Geschichte eingreift,[12] und sie erfährt Gott nicht als denjenigen, der sich in seiner Verherrlichung entzieht, sondern sie erfährt Gott als denjenigen, der im Leiden nahe ist und damit aber immer auch fraglich und dunkel bleibt. Therese von Lisieux glaubt trotz ihrer Erfahrung des dunklen Gottes:
„ (...) es ist kein Schleier mehr für mich, es ist eine bis zum Himmel ragende Mauer, die das gestirnte Firmament verdeckt (...) Wenn ich das Glück des Himmels, den ewigen Besitz Gottes besinge, so empfinde ich dabei keinerlei Freude, denn ich besinge einfach, was ICH GLAUBEN WILL. Manchmal freilich erhellt ein ganz kleiner Sonnenstrahl meine Finsternis, dann hört die Prüfung für einen Augenblick auf, aber nachträglich läßt die Erinnerung an diesen Lichtstrahl, statt mir Freude zu bereiten, meine Finsternis nur noch dichter werden."[13]

Therese von Lisieux ist daher zu Recht eine Heilige der Moderne genannt worden und es ist nicht unerheblich, dass sie, die

---
11 Dies., ebd. 221.
12 „Jesus aber schwieg und gebot dem Sturm nicht (...)". Dies., ebd. 226.
13 Dies., ebd. 222f.

in dieser Weise ihren Glauben lebte und bezeugte, von Papst Johannes Paul II. zur Kirchenlehrerin ernannt wurde.

2.2 Marie Noël (1883-1967)

Die in Frankreich sehr bekannte und verehrte Dichterin Marie Noël, die dort vor allem wegen ihrer Poesie geschätzt wurde und wird,[14] hat in ihren sog. „Notes intimes", einer Art geistlichem Tagebuch, sehr bewegende Texte hinterlassen. Sie beschreibt darin ihre Gotteserfahrung, die zeitlebens von Zweifeln und Unverständnis, von dunklen Erlebnissen geprägt ist.

„Dieses Ich, meine innerste Wahrheit, mein verborgenstes Ich: Unruhe (...) Als Gott über meinen Erdenstaub geblasen hat, um daraus meine Seele zu formen, muss er zu heftig geblasen haben. Ich habe mich nie mehr von diesem Anhauch Gottes erholt. Ich habe nie mehr aufgehört, wie eine flackernde Kerze zu zittern, zwischen zwei Welten."[15]

„Ich treibe im Dunkel wie ein Ertrinkender, der von Zeit zu Zeit noch einmal an die Wasseroberfläche kommt. Ich klammere mich, so gut ich kann, an die verstreuten Trümmer meines Glaubens.

Was soll ich anderes tun?

In jenem Abgrund, in den ich vergangenes Jahr gestürzt bin, habe ich Gott flüchtig gesehen und ich kann ihn nicht mehr vergessen ... Gott! ... aber nicht den Gott, der mir von Kindheit an vertraut war, den Lieben Gott, ‚Unseren Vater', ... meinen Freund, ... Nein! einen Anderen!

Einen anderen, der dahinter verborgen und so furchterregend war, dass mein Verstand ins Wanken geriet. Es ist Der, welcher nur ein einziges Gebot auf seine stummen Tafeln geschrieben hat: ‚Du sollst töten ... du sollst getötet werden', und der sich nie die Mühe gegeben hat, es auf eine andere Weise zu erklären als durch den unerbittlichen Lauf des Universums. Wozu ist es gut? Es leitet uns viel sicherer im Dunkel unserer Instinkte, als das Wort Gottes durch seine Offenbarungen und die Zustimmung unseres Denkens.

---

14 In ihrer Promotion hat FRANZISKA KNAPP eine Auswahl aus den Gedichten in Französisch mit deutscher Übersetzung veröffentlicht: FRANZISKA KNAPP, s. Anm. 5.
15 MARIE NOËL, *Erfahrungen mit Gott*, Mainz 2005, 24.

Es ist der Meister, zu dem man umsonst fleht, der uns beugen und aller Hoffnung zum Trotz vernichten wird, wann Er will, zu seiner Stunde. Wir sind Ihm im Voraus in die Falle gelaufen. Ganz gleich welcher Weg uns dorthin führt. (…)
Er hat unseren Gott, unseren Christus vor Seinem Angesicht zu Boden gedrückt, im Garten, in der Stunde der ‚Macht der Finsternis'. Er lässt uns keine andere Aussicht für das Jenseits, als die Ruhelosigkeit und den fortdauernden Schmerz (…).
Oh! Ich lehne mich nicht auf. Nie habe ich mich aufgelehnt. Er ist erhaben! Ich bete ihn an, ich füge mich, heute ebenso andächtig wie einst, vor seinem unermesslichen Gedanken, dessen Opfer ich bin. Und ich akzeptiere mich heiter, ohne Hoffnung auf Sein, mich, das Nichts, seinen Absichten geopfert."[16]

Auf dem Hintergrund ihrer Glaubenserfahrungen kritisiert Marie Noël bestimmte Formen des Katholizismus und des Klerikalismus ihrer Zeit. Sie wendet sich gegen ein ungebrochenes Missionsverständnis, das die Achtung vor dem anderen verloren hat. Sie empfindet diese Art von Verkündigung als übergriffig und verletzend:

„Apostel sein (…) heißt mehr sein als ein predigender Mund und eine strahlende Seele. (…) So wie es ‚Vertreter' für Lebensmittel gibt – oder Wahlredner – so sind sie Vertreter in Sachen des Glaubensbekenntnisses. Betriebsam, unternehmungslustig, schwatzhaft bieten sie jedem, der zu ihnen kommt, ihren Schund an, sie setzen leidenschaftlich Glaubensartikel oder ähnliches ab, Andachtsartikel nach dem ‚letzten Schrei', sogar politische Meinungen. Wertvolles und Trödel. Diese Sorte von ‚Apostel' mag ich für meinen eigenen Bedarf nicht. Es sind Leute – aller Glaubensrichtungen – die meinen, es stehe ihnen zu oder sie seien gar beauftragt, ihren viel zu großen Fuß in das Innerste der anderen zu setzen.
Die Ehrlichen muss man respektvoll empfangen (…) auf der Türschwelle. Derjenige aber, welcher eintritt, der, welcher in den geheimsten Winkel eindringt, der empfangen wird, das ist ein anderer. Das ist der Heilige."[17]

In ihren eindrucksvollen Bildern und Vergleichen beschreibt Marie Noël drastisch die Folgen dieser ständigen Grenzüber-

---
16 Dies., ebd. 25f.
17 Dies., ebd. 37.

schreitungen vor allem seitens der Kleriker. Sie empfindet diese Art der Seelsorge als gewalttätig.[18] Aber auch was die Verwirklichung des Christseins anlangt, entwickelt Marie Noël ein feines Gespür dafür, dass sich dieses Christsein nicht im Halten kleinlicher ethischer Normen und religiöser Vorschriften erschöpfen kann und darf. Dieses Milieu christlich-bürgerlicher Wohlanständigkeit ist nicht in der Lage, wirklicher Krisenerfahrung standzuhalten bzw. in Krisen, wirklichen Krisen, hilfreich zu begleiten. Marie Noël beschreibt den seichten bürgerlichen Glauben, der sich mehr auf Wohlanständigkeit als auf die Botschaft Jesu Christi gründet:

„Die traditionelle Familie der Provinz besteht aus Leuten, die – besonders die Frauen – unaufhörlich zusammen treffen. Da immer dieselben zu den Feierlichkeiten erscheinen, treffen sie sich stets zuverlässig fröhlich am Neujahrsmorgen und stets zuverlässig traurig zu Allerheiligen. Alle versammeln sich festlich gekleidet im Hause der Braut, und alle eilen zur gleichen Zeit zum ‚Trauerhaus', um ‚dem Toten die letzte Ehre zu erweisen' und ihr Beileid auszusprechen. (...) Diese Verwandten, ob wohlwollend oder nicht, helfen als gute Verbündete bei Anlässen wie öffentlichen Unglücksfällen, Sterbefällen, Geburten, Unfällen, Krankheiten. Da aber keine von ihnen die andere in ihrem Innersten kennt – und das sicher noch weniger als die Außenstehenden – stehen sie im Falle ernsthafter Krisen, in den geheimnisvollen Stunden des wirklichen Unglücks, mit leeren Händen da."[19]

Auch wird Marie Noël jede Form von Gruppenideologie und Ausgrenzung suspekt:
„Ich mag den Wahlspruch der jungen katholischen Arbeiterinnen nicht besonders.
‚Unter uns, durch uns, für uns.'
Die Brüderlichkeit der ‚Klasse', die den ‚Menschen' um sie her ausschließt, die den ‚Nächsten' auf eine Gruppe beschränkt, scheint mir nicht von Christus zu stammen.
Das ‚uns' ist immer nur der Plural von ‚ich'.
Unter uns, für uns: der Egoismus vieler.
An diesem Wahlspruch möchte ich zumindest ein einziges Wort ändern: UNTER UNS, DURCH UNS, FÜR ALLE. "[20]

---
18 Vgl. Dies., ebd. 61.
19 Dies., ebd. 24.
20 Dies., ebd. 187.

Marie Noël wird aufgrund ihrer geistlichen Erfahrungen zu einer aufmerksamen Beobachterin und kritischen Querdenkerin innerhalb der Kirche, der sie sich stets zugehörig und verbunden weiß.[21] Das Vorwort zu ihren Tagebuchaufzeichnungen beginnt mit folgender Widmung, die von Pater Mugnier, dem geistlichen Begleiter Marie Noëls, stammt, die sie aber ausdrücklich bejaht: „Für die verirrten Seelen, ihre Schwester".[22] Derselbe P. Mugnier sagte zu ihr eines Tages: „Ihr seid ganz und gar nicht für den Glanz und die öffentliche Zurschaustellung gemacht. Jeder hat seinen Weg, die Mission seiner eigenen Seele. Euer Reichtum ist das dunkle Geheimnis. Ihr herrscht aus dem Geheimnis und durch das Geheimnis."[23] Marie Noël konnte nur in der Bedrängnis, in der Situation des Angefragt- und Angezweifeltseins die angemessene Form des Christseins sehen. Angemessen angesichts der Welt, des eigenen „Seins zum Tode" (M. Heidegger) und in Achtung vor der Freiheit des Nächsten.

2.3 Karl Rahner (1904-1984)

In dem bereits eingangs zitierten Artikel macht Karl Rahner auf die Situation zunehmender Säkularisierung aufmerksam, die einher geht mit einer Individualisierung des Glaubenslebens. Die bisher tragenden Stützen der Gesellschaft, des Milieus fallen nach und nach weg, die persönliche Entscheidung der Glaubenden ist trotz aller Eingebundenheit in kirchliche Strukturen zunehmend gefragt, denn die Zugehörigkeit zu einer glaubenden Gemeinschaft ist nicht mehr selbstverständlich und nicht mehr durch gesellschaftliche Standards oder durch eine eindeutig christlich geprägte Bildungsarbeit gestützt.[24] Es ist gerade heute von „größerer Bedeutung als jemals zuvor"[25], dass eine Unmit-

---

21 Vgl. DIES., ebd. 60.
22 DIES., ebd. 13.
23 DIES., ebd. 272.
24 Vgl. KARL RAHNER, s. Anm. 1.
25 DERS., *Unmittelbare Gotteserfahrung in den Exerzitien*, in: GEORG SPORSCHILL (Hg.), *Horizonte der Religiosität. Kleine Aufsätze*, Wien 1984, 25-34, hier 27.

telbarkeit zwischen Gott und dem Menschen erfahren wird, eine „letzte radikale, nackte, alle Vermittlungen noch einmal übersteigende Unmittelbarkeit zu Gott".[26] Denn in einer säkularisierten und pluralistischen Gesellschaft, in der alle gesellschaftlichen Stützen der Religiosität zunehmend wegfallen, kann sich christliche Frömmigkeit nur lebendig und stark erhalten nicht durch „Hilfen von außen, auch nicht durch Hilfen kirchlicher Art, nicht einmal durch Hilfen – unmittelbar und für sich allein genommen – sakramentaler Art, sondern nur durch eine letzte unmittelbare Begegnung des Menschen mit Gott."[27] In dieser Situation, so betont Rahner, wird die Frömmigkeit bescheiden und karg sein müssen:

„Wenn einer es heute fertig bringt, mit diesem unbegreiflichen, schweigenden Gott zu leben, den Mut immer neu findet, ihn anzureden, in seine Finsternis glaubend, vertrauend und gelassen hineinzureden, obwohl scheinbar keine Antwort kommt als das hohle Echo der eigenen Stimme, wenn einer immer den Ausgang seines Daseins freiräumt in die Unbegreiflichkeit Gottes hinein, obwohl er immer wieder zugeschüttet zu werden scheint durch die unmittelbar erfahrene Wirklichkeit der Welt, ihrer aktiv von uns selbst zu meisternden Aufgabe und Not und von ihrer immer noch sich weitenden Schönheit und Herrlichkeit, wenn er es fertig bringt ohne die Stütze der ‚öffentlichen Meinung' und Sitte, wenn er diese Aufgabe als Verantwortung seines Lebens in immer erneuter Tat annimmt und nicht nur als gelegentliche religiöse Anwandlung, dann ist er heute ein Frommer, ein Christ."[28]

Karl Rahners Anliegen ist es, gerade auch Erfahrungen der Leere, der Einsamkeit, der Dunkelheit, der Verzweiflung, des Fallens als wichtige Elemente der Glaubenserfahrung zu etablieren:

Man müsse „von dem Menschen, wie er heute ist, ausgehen, dem resignierten, depressiven, skeptischen Menschen, der müde ist, dem alles Pathos wie leere Sprüche vorkommt. Insofern wäre vielleicht eine Radikalisierung bis ins Allerletzte der heutigen Gestimmtheit des Menschen der Weg, um einen solchen

---

26 DERS., ebd. 33.
27 DERS., ebd. 27.
28 DERS., ebd. 21.

Durchbruch zu erfahren oder zu erzielen. Wenn die Mystik von der Nacht der Sinne und des Geistes redet, ist das nicht einfach zu identifizieren mit irgendwelchen physiologisch oder soziologisch induzierten Depressionen, unter denen der heutige Mensch leidet. Aber diese Dinge haben etwas miteinander zu tun. Ein letztes Fertigwerden mit diesen heutigen Schwierigkeiten des Menschen ist im Grunde genommen nur in der letzten, liebenden und hoffenden Kapitulation des Menschen in das unbegreifliche Geheimnis hinein, das wir Gott nennen, möglich."[29]

Es geht Rahner in allem immer wieder um die je neue Offenheit und Ausgerichtetheit des Menschen auf den je größeren und je anderen Gott.[30] Es geht um den alten jesuitischen Grundsatz des Gottfindens in allen Dingen,[31] um die Mystik des Alltags, die nüchterne Trunkenheit des Geistes.[32] Deshalb plädiert Rahner für einen differenzierten Umgang mit dem „Etikett" Gottes- bzw. Geisterfahrung und merkt kritisch an: „Ich kann doch heute nicht mehr im Sinne der Nachfolge Christi jede etwas freundliche Stimmung bereits als Pneumaerfahrung werten."[33]

Karl Rahner bleibt nicht bei theoretischen Überlegungen stehen, sondern versucht auch praktisch-theologische Konsequenzen zu beschreiben. Für die Predigt etwa fordert er das Ernstnehmen der ständigen Angefochtenheit des personalen Glaubens und die Rücksicht auf das mystische Moment der individuellen Glaubensgeschichte:

---

29 DERS., ebd. 31.
30 Vgl. DERS., *Vom Offensein für den je größeren Gott. Zur Sinndeutung des Wahlspruches: „Ad maiorem Dei gloriam"*, in: Geist und Leben 39 (1966) 183-201.
31 In der Satzung der Gesellschaft Jesu (Text B) heißt es unter Nr. 288: „Und man ermahne sie [die Jesuiten] häufig, in allen Dingen Gott unseren Herrn zu suchen, indem sie, so sehr es möglich ist, die Liebe zu allen Geschöpfen von sich entfernen, um sie auf deren Schöpfer zu richten und ihn in allen Dingen zu lieben und alle in ihm, gemäß seinem heiligsten und göttlichen Willen."; zit. nach: IGNATIUS V. LOYOLA, *Gründungstexte der Gesellschaft Jesu*, übersetzt von PETER KNAUER, Deutsche Werkausgabe, Bd. II, Würzburg 1998, 670.
32 Vgl. KARL RAHNER, *Erfahrung des Heiligen Geistes*, in: DERS., *Schriften zur Theologie, Bd. 13*, Einsiedeln 1978, 226-251.
33 DERS., *Mystik – Weg des Glaubens zu Gott*, in: GEORG SPORSCHILL (Hg.), s. Anm. 25, 11-24, hier 24.

„(...) wäre nicht vielen in der Erfahrung ihrer individuellen Glaubensgeschichte geholfen und deren Bestehenkönnen besser gesichert, wenn die existentielle Seite des Glaubens und deren Geschichte den Hörern der Glaubenspredigt von vornherein vorausgesagt würde: Glaube als Aushalten des Schweigens Gottes; die ‚Nacht' des Glaubens; das scheinbare ‚Schrumpfen' des Glaubens als eine Verdichtung; der Glaube (trotz seiner material differenzierten Inhaltlichkeit) als Schweigen über Gott; das Erkennen des Herrn allein im ‚Brechen des Brotes' für den ‚Fremdling' (Lk 24,31); die dauernde Auferstehung des Glaubens aus dem Grab des Unglaubens usw. Wo das alles (und vieles mehr) nicht kerygmatisch vorhergesagt wird, erlebt der, der glauben will, in seiner Glaubensgeschichte vieles als Anstoß, Versuchung, ja als die scheinbare Pflicht, nicht zu glauben, was doch nur legitime Momente und Phasen dieser Geschichte sind."[34]

„Soll die Predigt der Kirche heute Glauben weckend und fördernd sein, muß sie sich hüten, Evangelium und Glaube indiskret und in einem unechten Optimismus zu einfach als eine das Leben siegreich gestaltende und erhellende Macht darzustellen. (...) Im Grunde ist die ‚Lösung' aller Lebensfragen durch das Christentum deren entschlossene Offenhaltung ohne den Kurzschluß des radikalen Pessimismus und Skeptizismus und ohne einen lügnerischen Optimismus, der meint, die Lösung jetzt schon zu ‚haben', ist ‚Hoffnung wider alle Hoffnung', Bergung aller Unbegreiflichkeiten nicht in eine durchschaubare Lösung, sondern in das unbegreifliche Geheimnis Gottes und seiner Freiheit. Damit ist nichts ‚gelöst', sondern jene ‚Unlösbarkeit' des Geheimnisses bedingungslos angenommen, das Gott heißt. Und eben das heißt: glauben und hoffen und lieben."[35]

Es geht in diesem Zusammenhang um ein Hinterfragen des Gottesbildes der pastoral Handelnden, denn wer selber nicht Geheimnis, Unbegreiflichkeit und auch die Finsternis Gottes wahrnimmt bzw. erlebt hat, kann kaum „lehren, dem unbegreiflichen Gott nahe zu sein", ihn auszuhalten. Wer sich auf Gott einläßt, wer ihn als den erkennt und bekennt, der immer schon unterwegs ist auf der Suche nach Mensch und Welt, wird erfah-

---

34 KARL RAHNER, *Glaubensvollzug und Glaubenshilfe*, in: FRANZ X. ARNOLD u. a. (Hg.), *Handbuch der Pastoraltheologie, Bd. III*, Freiburg i.Br. 1968, 518-528, hier 522.
35 DERS., ebd. 524f.

ren müssen, daß „nicht nur Licht, sondern auch Finsternis, nicht nur Gutes, sondern auch Böses, nicht nur Einheit, sondern auch Vielfalt, nicht nur Klarheit, sondern auch Wirrnis – alles von Ihm geprägt ist, dessen Gegenwart lebens- und sterbenslang wahrgenommen und eingeübt sein will."[36] Gegen jede Erfahrungssucht und Erleberei ist festzuhalten, dass Erfahrung und Nicht-Erfahrung gleichermaßen zur Gottesbegegnung gehören und dass sich das Geheimnis Gottes jeglicher Machermentalität entzieht. Mystische Erfahrung, so dringend notwendig auch immer, ist und bleibt Geschenk. „Der, der darin Gott heißt, ist weder zu machen noch zu haben – und ‚Gotteserfahrung' ist deshalb christlich ein höchst ambivalentes Wort."[37] Dabei gilt es, den Umgang mit dem schweigenden Gott, die Erfahrung des ohnmächtigen Gottes zu thematisieren. Das bedeutet für eine mystagogische Pastoral: „Immer wieder die Erfahrung Gottes suchend und seinen Willen, und immer neu erfahrend, daß sie sich irrt, ist sie per se skeptisch gegenüber den eigenen Handlungszielen und Entwürfen, allzeit bereit, sie veränderten Situationen anzupassen. Darum ist sie nie rein deduktiv dogmatisch ausgerichtet, sondern immer auch orientiert an der harten Realität des individuellen und sozialen Alltags, in dem sie die Tradition des Glaubens lebendig werden lassen möchte."[38]

Gegen eine neue „Art der Erfahrung, eine neue Art der Wahrnehmung: eine ganzheitliche, die nicht kritisch reflektiert, sondern sich harmonisch einfügt in den Kreislauf allen Geschehens, die teilnimmt an einer kosmischen Entgrenzung und sich einreiht in den Prozeß des evolutionären Geschehens"[39], wie sie etwa eine esoterische Wellnessspiritualität propagiert, ist an der Gebrochenheit menschlicher Wirklichkeit festzuhalten und das

---

36 GOTTHARD FUCHS, „Die Arbeit der Nacht" und der Mystik-Boom. Zum unterscheidend Christlichen, in: Lebendige Seelsorge 39 (1988) 341-349, hier 341.
37 DERS., ebd. 348.
38 FRANZ-JOSEF BÄUMER, „… und die Hirten sollen sich nicht selbst weiden" (Ez 34,10) – Zum Zusammenhang von Mystagogie und Pastoral in der Moderne, in: Franziskanische Studien 73 (1991) 297-309, hier 307.
39 TIEMO R. PETERS, Mystik – Mythos – Metaphysik. Die Spur des vermißten Gottes, Mainz/München 1992, 128.

Schweigen Gottes, seine Finsternis wahrzunehmen. Der nüchterne Alltag darf nicht zugedeckt werden: „Angesichts der leisen, ja, fast stummen und gleichwohl gewaltigen und sich immer wieder entziehenden Nähe Gottes, seiner Selbstmitteilung in der ‚Mystik des Alltags', fehlt der mystagogischen Pastoral eher das verkündigende Wort als daß es ihr lose auf der Zunge läge. Sie bedarf darum der Sprache kirchlicher Tradition und der Sprache der Schrift; aber: sie wird sich hüten, diese hülsenhaft und bar jeder Erfahrung zu benutzen, im Gegenteil: fehlt ihr der Anhalt im erfahrungsgetragenen Verständnis christlicher Glaubenstradition, dann gibt sie das zu und schweigt lieber, um Gottes und der ansonsten geplagten Zuhörer willen."[40]

2.4 Michel de Certeau (1925-1986)

Bezugnehmend auf Michel de Certeau beschreibt Stefan Lüttich in seiner Dissertation die Nacht als Chance der Artikulation des Glaubens in der Gegenwart, in Zeiten von Übergang und Bruch:
„Der christliche Glaube ist Erfahrung der Zerbrechlichkeit, er ermöglicht es, einen anderen zu beherbergen, der verunsichert und gleichzeitig Leben ermöglicht."[41]

Jeder Versuch, sein Leben in Übereinstimmung mit dem christlichen Glauben zu gestalten, muss lernen, mit dem Paradox umzugehen, an die Abwesenheit des Objektes gebunden zu sein, auf das es sich eigentlich bezieht. Die Beziehung zum historischen Urgrund und lebendigen Mittelpunkt des Christentums ereignet sich als Prozess der Abwesenheit, und glauben heißt: Praktizieren der Differenz. Gerade die ambivalente Beschreibung der Dunkelheit und der Nacht in der Tradition eignet sich zum Ausdruck dieses paradoxen Phänomens. Die nächt-

---

40 FRANZ-JOSEF BÄUMER, s. Anm. 38, 308f.
41 MICHEL DE CERTEAU, *La Faiblesse de croire*, hg. v. LUCE GIARD, Paris 1987, 304; Übersetzung nach STEPHAN LÜTTICH, *Nacht-Erfahrung. Theologische Dimension einer Metapher*, Würzburg 2004, 300 Anm. 1657.

liche Atmosphäre ist geprägt von Bergen der Dunkelheit und befremdender Uneindeutigkeit. Die theologischen Entwürfe, die von der Metaphorik der Nacht geprägt werden und auf diese Weise platte Klarheit und Rechthaberei vermeiden, setzen wie das Denken de Certeaus eine Schwäche des Glaubens voraus und ermöglichen so eine Schwäche für den Glauben. Sie nehmen die Entfremdungen, die biografischen Brüche und das individuelle Leben des Glaubenden ernst und erweisen sich gerade darin als starke Möglichkeit, ein Christentum nach Ende der Christenheit in einer glaubensfremden oder -feindlichen Gesellschaft als Möglichkeit der Lebensgestaltung, als Stil, der sich als Praxis verwirklicht, erneut vorzuschlagen.

Michel de Certeaus konkrete Anfragen und Forderungen an eine zeitgemäße Theologie beziehen sich vor allem auf die Negativarbeit, die nötig ist, um ihre einerseits in scholastischer Formelhaftigkeit erstarrte, andererseits zu scheingelehrter Banalität verkommene Sprache zu erneuern.[42]

„Mit dem Alter (…) bemühe ich mich immer mehr um die Geheimnisse, die sperrigen Einzelheiten, die Schatten, die die Dinge und uns selbst vor einer allgemeinen Durchsichtigkeit schützen. Ich halte mich fest an diesen winzigen Überresten der Nacht."[43]

3. Konsequenzen für die Gegenwart

Die hier in Kurzform dargestellten Personen mit ihren Erfahrungen des dunklen Gottes und den daraus folgenden Konsequenzen im Umgang mit der Situation des Glaubens in ihrer Zeit bzw. der Theologie und der Seelsorge haben vor allem eines gemeinsam, nämlich eine hohe Sensibilität und Aufmerksamkeit für die Realitäten des Lebens, die Nüchternheit des Glaubens und die Erfahrungstatsache, dass die Begegnung mit Gott nicht harmlos ist und ein ambivalentes Geschehen bleibt.

---

42 Vgl. STEPHAN LÜTTICH, s. Anm. 41, 303-306.
43 MICHEL DE CERTEAU, s. Anm. 41, 308; Übersetzung nach STEPHAN LÜTTICH, s. Anm. 41, 309.

Auf dem Hintergrund dieser Entwicklungen des ausgehenden 19. und des 20. Jahrhunderts wirken heutige fromme Texte oft seicht und zeichnen sich durch eine neue unreflektierte Naivität aus. Der Glaube, die Suche nach Gott und erst recht die Begegnung mit ihm taugen nach der Erfahrung der hier angeführten Zeuginnen und Zeugen nicht als Allheilmittel, als Ersatzdroge zur leichteren Gestaltung des Lebens. Dieses kritische Potential für die Gegenwart soll anhand einiger Beispiele aufgezeigt werden.

3.1 Nicht Komplexitätsreduktion, sondern Komplexitätssteigerung tut Not

Im Leben charismatischer Gruppen spielen die Bekehrung und die mit ihr verbundenen Erfahrungen eine wichtige Rolle. Dem Betroffenen dient sie einerseits als Orientierungspunkt, nach dem er seine Biografie ordnen kann; andererseits werden Bekehrungsgeschichten häufig erzählt, um andere Menschen ebenfalls zu diesem Schritt zu bewegen. Die Bekehrungsentscheidung soll durch überzeugende Berichte plausibel und schmackhaft gemacht werden. Thomas Kern berichtet von einem Beispiel, das als paradigmatisch angesehen werden kann:
Von der Bekehrung an „nahm sein Leben, von einigen Rückschlägen abgesehen, eine positive Entwicklung, die in wenigen Sätzen geschildert wird. Seine Story läuft auf ein Happyend hinaus. Das Leben zuvor wird in traurigen und erschreckenden Farben geschildert, während alles weitere in rosigem Licht erscheint. Diese Art von Bekehrungsliteratur wird für die einzelnen Charismatiker oft zum Maßstab für ihre eigenen Erfahrungen, so dass ich bei meinen Gesprächen in Frankfurt nicht selten den Eindruck hatte, dass sich Personen, die keine spektakuläre Bekehrungsgeschichte (...) aufweisen konnten, unterschwellig dafür entschuldigten. (...) Die Bekehrung wird zum Dreh- und Angelpunkt ihrer neuen Identität. Plötzlich steht dem Menschen ein geschlossenes Sinnsystem zur Verfügung, durch das er Orientierung, Sicherheit und festen Boden unter die Füße bekommt. Dieses Erlebnis empfindet er in der Regel als Befreiung von einer schweren Last. Soziologen sprechen in diesem Fall von Komplexitätsreduktion."[44]

Mit Blick auf die oben im zweiten Kapitel ausgeführten Beispiele muss deutlich unterstrichen werden, dass der Glaube und die Gottsuche gerade nicht zu einer Komplexitätsreduktion führen, sondern im Gegenteil eher zu einer Komplexitätssteigerung im Sinne einer sensiblen und den Horizont weitenden Wahrnehmung der Wirklichkeit. Das Wesentliche dieses Verständnisses besteht darin, dass die Komplexität nicht reduziert oder verdrängt, sondern ausgehalten wird. Das Sinnsystem ist nicht geschlossen, sondern wird immer wieder in Frage gestellt. Die Begegnung mit Gott oder eine Bekehrung wird nicht als Allheilmittel für die bisherigen Probleme erlebt, sondern als ein entscheidender Bezugspunkt, diese zu bestehen. An Christus zu glauben, bedeutet im Spiegel dieser Erfahrungen also gerade nicht, dass alles plötzlich einfacher und überschaubarer wird, dass sich ein bisher dunkles und verpfuschtes Leben in strahlendes Licht verwandelt, dass aus der Klage ein Halleluja wird. Im Gegenteil, für den Glaubenden wird das Leben schwerer, weil es an Tiefe und an Weite gewinnt. Die Frage, der Zweifel, das Dunkel gehören zur Gottesbeziehung dazu und bleiben deshalb erhalten. Werden sie ausgeblendet, droht eine Simplifizierung der christlichen Botschaft dahingehend, dass sie auf Gefühle des Wohlbefindens reduziert wird. Dieses Wohlgefühl wird dadurch erreicht, dass die komplexe Wirklichkeit ausgeblendet bzw. in bestimmten Gruppen und Zirkeln „niedergesungen" wird. Wer stundenlang entsprechende geistliche Lieder singt, muss schon sehr resistent sein, wenn er nicht eine „positive Erfahrung" macht. Dabei handelt es sich allerdings nicht um die Erfahrung Gottes, sondern um die Erfahrung von Religion, um ein religiöses Feeling.

---

44 THOMAS KERN, *Schwärmer, Träumer & Propheten? Charismatische Gemeinschaften unter der Lupe. Eine soziologische Bestandsaufnahme*, Frankfurt a. M. 1998, 61-63.

3.2 „Im Christentum ist das Interessanteste seine Ohnmacht, die Tatsache, daß es die Welt nicht beherrschen kann." (Franz Overbeck)[45]

Nach einer großen Beschreibung des „Erdbebens der Postmoderne" wie er es nennt, kommt Piero Coda in einem Artikel unter dem Titel „Für eine Kultur der Auferstehung" zu folgender Schlussfolgerung: „Daraus ergibt sich für die Kirche eine doppelte Versuchung: Einerseits der Vergangenheit nachzutrauern, indem man hartnäckig kulturelle und soziale Formen aufrecht erhält, welche die Neuheit Christi nicht mehr transportieren; andererseits der Mode und dem Geschmack des Augenblicks nachzurennen, indem man es der Welt überlässt, die Tagesordnung der Kirche zu bestimmen. Es geht hingegen darum, einen anderen, neuen Weg einzuschlagen, der (...) so alt ist wie das Evangelium Christi. Es ist der Weg der entwaffneten und kreativen Offenheit dem gegenüber, was ‚der Heilige Geist der Kirche sagt' (vgl. Offb 2,7), und ihr damit den Weg im Drama der Geschichte aufzeigt und erleuchtet, damit sie in der Lage ist, die neuen Ansprüche, die sich im Herzen der Welt oft widersprüchlich und konfus artikulieren, abzuwägen und Lösungsansätze zu formulieren, die glaubwürdig und wirksam sind, weil sie aus der Wahrheit Christi hervorgehen und an ihr gemessen werden."[46]

Das Christentum wird von Coda also als die entscheidende Kraft zitiert, die die vorher sehr drastisch dargestellten Probleme der Welt und der Gegenwart zu überwinden weiß, weil es aus der Wahrheit Christi und im Hl. Geist seinen Weg im Drama der Geschichte geht. Man fragt sich als kritischer Zeitgenosse unwillkürlich, warum das Christentum ausgerechnet jetzt darauf kommen sollte, einen die Welt erlösenden Heilsansatz zu verwirklichen und dazu offensichtlich 2000 Jahre gebraucht hat,

---
45 Zit. nach: Tiemo R. Peters, s. Anm. 39, 66.
46 Piero Coda, *Für eine Kultur der Auferstehung. Die communio-Spiritualität der Neuen Geistlichen Gemeinschaften*, in: Christoph Hegge (Hg.), *Kirche bricht auf. Die Dynamik der Neuen Geistlichen Gemeinschaften*, Münster 2005, 76-93, hier 77.

denn die Wirklichkeit, auf die sich Coda bezieht, ist so alt wie das Evangelium Christi. Stünde es einem gegenwärtigen Christentum nicht wesentlich besser an, deutlich zuzugeben, dass es eben auch nicht die Lösung der Weltprobleme hat, sondern dass es darum geht, als Christen einen spezifischen Beitrag zu einer friedlicheren und gerechteren Welt leisten zu wollen im Dialog mit all den anderen Menschen guten Willens und vor allem im Dialog mit all den anderen Religionen? Diese neuerlich „positivistische" Sicht des christlichen Glaubens, wie sie Piero Coda vorträgt, ist nicht dazu angetan zu einer wirklichen Aufarbeitung der eigenen dunklen Geschichte des Christentums beizutragen, wie sie eben auch der von Coda immer wieder zitierte Papst Johannes Paul II. angestoßen hat.

3.3 Vom großen Fuß im Innersten der anderen[47] – Missionsverständnis

Salvatore Martinez beschreibt die Schwächung der kath. Gemeinschaft von heute, die er an folgenden Phänomenen verdeutlicht: „Einer christlichen Gemeinschaft, die nicht durch ein echtes und tiefes Hinhören auf den hl. Geist geprägt ist, wird es nur schwer gelingen, die idealen Voraussetzungen zu schaffen, damit die Familien den Glauben vermitteln und sich Berufungen im Dienste der Kirche entwickeln können. (...) Eine Gemeinschaft, die nicht auf dem missionarischen Schwung gründet, der eine Auswirkung von Pfingsten ist, kann weder die Heiden wirksam evangelisieren, noch jene erreichen, die in der Apostasie[48] leben, und schon gar nicht in Fülle den grundlegenden Auftrag der Kirche verwirklichen."[49] Hier wird offensichtlich wie-

---

47 Vgl. hierzu unter 2.2 meine Ausführungen zu Marie Noël.
48 „Apostasie nennt man die Ablehnung des christlichen Glaubens im ganzen." (CIC Can. 751). Der Apostat zieht sich die Tatstrafe der Exkommunikation zu (vgl. CIC Can 1364 §1.).
49 SALVATORE MARTINEZ, „Was der Geist den Gemeinden sagt." Die Wiederentdeckung des Heiligen Geistes in den Neuen Geistlichen Gemeinschaften, in: CHRISTOPH HEGGE (Hg.), s. Anm. 46, 55-75, hier 57.

derum genau das Missionsverständnis propagiert, das Marie Noël so treffend kritisiert hat. Im Vollbesitz der Wahrheit befindlich, beflügelt durch den Hl. Geist wird der wirklich Gläubige nach diesem Autor die Kraft haben, arme Heiden zu missionieren und erst recht die, die in der Apostasie leben, zu bekehren.

Ähnlich wie bei der Anmerkung zu den charismatischen Gruppen ist auch hier deutlich, dass der Geist Gottes instrumentalisiert und zur Durchsetzung der eigenen Ziele, zur Aufwertung der eigenen Gruppe bei gleichzeitiger Abwertung der anderen, missbraucht wird. Der Autor unterstellt, dass ideale Voraussetzungen konstruiert werden können, mit Hilfe des Geistes natürlich, dass also alle, die dies nicht schaffen, also alle, die keine ideale Familie hinbekommen, die daran scheitern und vielleicht zerbrechen, nicht echt und tief auf den Geist hören. Diese Unterstellung ist gleichermaßen anmaßend und ausgrenzend, sie widerspricht der Praxis Jesu im Umgang mit den Gescheiterten und kann nur zu dem Schluss führen, dass sich Geistbegabung im geglückten Leben im Sinne der idealen Voraussetzungen zeigt. Offensichtlich erschöpft sich die „Dynamik der Neuen Geistlichen Gemeinschaften" nach Martinez in Abgrenzung, Ausgrenzung und Selbstvergewisserung unter Missbrauch des Hl. Geistes und Ausblendung der Unterscheidung der Geister.

3.4 Das „Erleiden Gottes"

Ein vielzitiertes Wort Karl Rahners darf in diesem Zusammenhang nicht fehlen, hat es doch in fast „prophetischer" Weise einen Trend zur religiösen Erfahrung vorhergesehen, den wir heute allenthalben innerhalb und außerhalb der Kirche vorfinden.

> „Der Fromme von morgen wird ein ‚Mystiker' sein, einer, der etwas ‚erfahren' hat, oder er wird nicht mehr sein, weil die Frömmigkeit von morgen nicht mehr durch die im voraus zu seiner personalen Erfahrung und Entscheidung einstimmige, selbstverständliche öffentliche Überzeugung und religiöse Sitte

aller mitgetragen wird, die bisher übliche religiöse Erziehung also nur noch eine sehr sekundäre Dressur für das religiös Institutionelle sein kann."⁵⁰

Spiritualität ist häufig zu einem Wort für religiöse Erfahrung geworden. „Nur ein spirituell erfahrener Mensch gilt etwas. Nur wer spirituell etwas ‚erlebt' hat, darf sich zu Wort melden und Authentizität beanspruchen."⁵¹ Dabei wird religiöses Erleben oft sehr schnell als Gotteserfahrung qualifiziert. Gerade die oben zitierten Stellen Rahners machen deutlich, dass sein Erfahrungsbegriff wesentlich breiter, aber auch wesentlich differenzierter ist. Zur Erfahrung Gottes gehört auch dessen Nicht-Erfahrung, die Reduktion auf ein positives Erleben reduziert auch Gott auf das Maß des Menschen bzw. die Erfüllung seiner religiösen Bedürfnisse.

Pseudo-Dionysius Areopagita spricht bezüglich der Gotteserfahrung vom „Erleiden Gottes":
„Das meint nicht nur die Haltung des Wartens und menschliche Passivität. Wenn ‚Gott weh tut', ist der Mensch weniger in Gefahr, Gott als Ventil oder als Kompensation zu gebrauchen. Im Bild gesprochen: Gott ist nicht einfach der passende Deckel auf das Gefäß der menschlichen Bedürfnisse. Das Erleiden Gottes führt zur Ahnung: Gott ist anders. Für die Wesensbestimmung christlicher Spiritualität besagt das Motiv ‚Gott erleiden' ferner: Spiritualität ist etwas, was am Menschen geschieht, insofern das Leben des Glaubens ein Werk des Heiligen Geistes ist."⁵²

Im Sinne der Unterscheidung der Geister bleibt darüber hinaus die Frage nach den Früchten einer Erfahrung das entscheidende Kriterium.⁵³ Diese Früchte beschreiben ein menschliches und spirituelles Wachstum im Sinne der transformatio im Zusammenwirken von menschlich-asketischer Anstrengung und göttlichem Gnadenwirken. Das Institut für Spiritualität an der

---

50 KARL RAHNER, *Frömmigkeit früher und heute*, s. Anm. 1, 22f.
51 CHRISTOPH BENKE, *Was ist (christliche) Spiritualität? Begriffsdefinitionen und theoretische Grundlagen*, in: PAUL M. ZULEHNER (Hg.), *Spiritualität – mehr als ein Megatrend*, Ostfildern 2004, 29-43, hier 41.
52 DERS., ebd.
53 Vgl. JOSEF WEISMAYER, *Unterscheidung der Geister – Unterscheidung der Spiritualitäten*, in: PAUL M. ZULEHNER (Hg.), s. Anm. 51, 189-203.

Philosophisch-Theologischen Hochschule in Münster hat den Begriff der transformatio (= Umformung) in den Mittelpunkt seiner Definition von Spiritualität gestellt: „Spiritualität ist die fortwährende Umformung eines Menschen, der antwortet auf den Ruf Gottes."[54] Alle Wachstums-, Veränderungs- und Umformungsprozesse haben den Anteil des Loslassens und oft den Anteil der Krise. Diese Erfahrung der zum Wachstum herausfordernden Krise in der Gottesbegegnung gehört etwa nach Johannes vom Kreuz zu geistlichem Leben, zu Spiritualität fast unausweichlich hinzu.

„DUNKLE NACHT (noche oscura) ist ein Bildwort für eine komplexe geistig-geistliche Wirklichkeit, die eintritt, wenn Gott einen Menschen zur tieferen Gotteinung führt. Psychologisch äußert sie sich als eine vorübergehende oder auch andauernde Verfaßtheit des Menschen, die durch Sinnverlust im Hinblick auf alles, was ihn bisher erfüllte, Frustration im Hinblick auf vertraute religiöse Formen und Gottesbilder, Angst und Verlassenheitsgefühle, aber auch brennende Liebessehnsucht gekennzeichnet ist. In diesem Sinn ist die ‚dunkle Nacht' die Folge der Kontemplation, die den Menschen läutert und ihn dazu geeignet macht, mit Gott geeint zu werden. Der Weg zu Gott ist Nacht für den ungeläuterten Menschen, weil ihm alles entfällt, was ihm bisher Erfüllung und Sicherheit gab; aber auch Gott selbst ist Nacht für den Menschen, weil er der ganz Andere bleibt, dessen übergroßes Licht der Mensch in diesem Leben zwar bruchstückhaft, aber nicht in seiner ganzen Fülle erfahren kann. In diesem Sinn stehen nicht nur einzelne Phasen, sondern das ganze Leben unter dem Zeichen der Nacht. Wenn der Mensch die passive, von Gott bewirkte Nacht durch aktives Bejahen bzw. durch Loslassen der Dinge und Hergeben seiner religiösen Vorstellungen und Erfahrungen mitgestaltet, kann sich die Gotteinung des Menschen auf wunderbare Weise in der Nacht vollziehen."[55]

Gotthard Fuchs benennt noch einen weiteren Aspekt dieser Erfahrung Gottes in dunkler Nacht:

---

54 INSTITUT FÜR SPIRITUALITÄT (Hg.), *Grundkurs Spiritualität, Bd. 1*, Stuttgart 2000, 10.
55 Zit. aus: *Anhang/Erklärung wichtiger Begriffe*, in: JOHANNES VOM KREUZ, *Die Dunkle Nacht*, Freiburg i. Br. 1995, 205f.

„Scheitern und Glücken werden in abgründiger Einheit, in der dunklen Nacht der Sinne und des Geistes, gelebt und bewährt. Je mehr so um Gott besorgt, können Menschen selbstlos für diese Welt besorgt sein, handelnd und leidend, Gott beistehend in seiner Not."[56]

Die Erfahrung der dunklen Nacht kann also durchaus auch heißen: Teilnahme an Gottes Mitleiden und an Gottes Ohnmacht in dieser Welt und hat als Folge einen unterscheidend christlichen Umgang in Solidarität mit den Leidenden und Ohnmächtigen. Bereits bei den oben angeführten vier Zeuginnen und Zeugen, bei denen es sich durchwegs um aktive und produktive Menschen handelte, wurde deutlich, dass dunkle Nacht durchaus nicht einfach als Erleiden verstanden und definiert werden kann, als Aushalten oder Durchstehen, als Erleben von Unverständnis, als Zweifel und passive Not, sondern dass die Erfahrung der dunklen Nacht solidarisches Handeln und das Teilen dieser Erfahrung („Für die verirrten Seelen, ihre Schwester."[57]) einschließt. Dieses Teilen der Erfahrung der Krise des Glaubens als dessen selbstverständlicher und ihn dynamisierender Anteil fordert, wie oben zitiert, Karl Rahner für eine mystagogische Seelsorge bzw. Verkündigung.[58]

Das Reifestadium schließlich des Christseins zeigt sich in der befreiten Selbstlosigkeit des selbstbewusst gewordenen Menschen, sich des armen Gottes selbst anzunehmen.

„Alle Haben-Mentalität ist in solch einem Menschen verwandelt. Nicht länger ist entscheidend, was der Mensch von Gott hat oder kriegt. Nicht länger steht unmittelbare Befriedigung und ‚Tröstung' im Blickpunkt der Erwartungen, gleichsam konsumistisch und narzißtisch. Auch die Angst vor Gott ist dahin. An ihre Stelle ist die Angst um Gott getreten, die Sorge um seinen Willen und seine Welt."[59]

---

56 GOTTHARD FUCHS, *Scheitert Gott? Theologische Überlegungen in praktischer Absicht*, in: Concilium 26 (1990) 437-443, hier 442.
57 MARIE NOËL, s. Anm. 15, 13.
58 Vgl. 2.3.
59 GOTTHARD FUCHS, *Rhythmen der Christwerdung. Aus dem Erfahrungsschatz christlicher Mystik*, in: Katechetische Blätter 116 (1991) 245-254, hier 252.

3.5 „In der Unrast schenkst du Ruh ..."

Stephan Langton, der Dichter der Pfingstsequenz „Veni, Sancte Spiritus", hat um 1200 die Erfahrung des Geistes Gottes in Situationen der Bedrängnis und der Not auf die prägnante Formel gebracht:
„In der Unrast schenkst du Ruh, hauchst in Hitze Kühlung zu, spendest Trost in Leid und Tod."[60]

Bernhardin Schellenberger machte in einem seiner ersten Bücher, damals noch Trappist, auf ein kleines, aber entscheidendes Wort aufmerksam:
„Besonders zu beachten ist in diesen Zeilen das Wort ‚in': es bezeichnet die paradoxe Erfahrung der Ruhe gerade in (nicht nach) der Unrast, der Kühlung in (nicht nach) der Hitze, des Trostes im (nicht nach dem) Leid. Nicht von ungefähr steht diese Strophe in einem Gesang zum Heiligen Geist, zur personenhaften Beziehung zwischen Vater und Sohn: solche Ruhe gründet in einem unaufhebbaren Bezogensein auf jemanden und ist nicht ein psychischer Zustand an sich. Mitten in der Bedrängnis, mitten im Stress und mitten im – psychologischen – Zustand der Verzweiflung gibt es ein geheimnisvolles Gehaltensein, eine – transzendentale – ‚Ruhe in der Gnade gegenseitiger Liebe' (Aelred von Rievaulx)."[61]

Dieser Zusammenhang wurde an den Beispielgestalten deutlich. Marie Noël bleibt diesem für sie oft dunklen Gott verbunden, gerade in ihrem stetigen Zweifel, für sie ist dies ihre Form der Frömmigkeit.[62] In ihren sog. „Letzten Gesprächen" betont Therese von Lisieux immer wieder die Erfahrung des Friedens auf dem Grund der Seele inmitten von tiefster Nacht und Finsternis. Am 28. August 1897: „Schauen Sie! Sehen Sie dort unten das schwarze Loch (unter den Kastanienbäumen neben dem Friedhof), wo man nichts mehr unterscheiden kann; in einem

---

60 Vgl. BISCHÖFE DEUTSCHLANDS UND ÖSTERREICHS u. a., *Gotteslob. Katholisches Gebet- und Gesangbuch*, Stuttgart 1997, 304.
61 BERNHARDIN SCHELLENBERGER, *Ein anderes Leben. Was ein Mönch erfährt*, Freiburg i. Br. 1980, 72f.
62 Vgl. MARIE NOËL, s. Anm. 15, 25f.

solchen Loch bin ich mit Seele und Leib. O ja! Was für Finsternisse! Aber ich bin darin im Frieden!"[63] Genau hier wird der Unterschied im Grundverständnis von Religion deutlich. Handelt es sich um eine erlebnisbezogene „Wohlfühlreligion", dann müssen negative, das Wohlgefühl störende Erfahrungen möglichst schnell behoben werden durch bestimmte Versenkungs- und Meditationstechniken oder durch berauschende Elemente. Handelt es sich um eine Religion, bei der die Beziehung Gottes zum Menschen und des Menschen zu Gott im Mittelpunkt steht, dann werden auch diese Situationen der Bedrängnis und der Not lebbar und unter Umständen zu fruchtbaren Zeiten des verändernden Wachstums. Es geht nun in der christlichen Spiritualität fundamental um das Stehen in einer Beziehung zu Jesus Christus im Hl. Geist und nur aus dieser Beziehung

„erwächst dem Menschen die Kraft der Integration aller Bruchstücke seines Lebens zu einem organischen Ganzen, erwächst ihm jene Art ‚Ruhe', die keine Frage des Zeit- und Mußehabens ist, sondern eine Frage des Getragenwerdens von einem letzten Sinn. Wo aber diese Beziehung, dieser letzte Sinn verloren gegangen ist, da sind und bleiben alle Methoden und Übungen, zur Ruhe zu kommen, bloße Symptombekämpfung und führen nicht zur Heilung an der Wurzel. Hier liegt das eigentliche Problem der Ruhelosigkeit und Hektik unseres Zeitalters: es ist zutiefst kein Problem des Zeithabens, der Freizeitgestaltung, der Entwicklung neuer Formen von Kult und Feier, sondern ein Problem der Beziehungslosigkeit und Sinnlosigkeit."[64]

Glück lässt sich im christlichen Kontext nicht mehr als äußerliches Wohlergehen beschreiben, sondern als Leben in und aus einer Beziehung. Der Trost ist die Erfahrung der Geborgenheit und des Gehaltenseins aufgrund dieser Beziehung in aller äußeren Not und aller inneren Bedrängnis. Der Tag, bildlich gesprochen, beginnt nicht jenseits der Nacht, sondern ist eine Wirklichkeit inmitten der Nacht, das Licht ist eine Erfahrung in der Finsternis und nicht danach, ohne dass Nacht und Finsternis deshalb aufgehoben werden müssten. Es ist dies die Erfahrung christlicher Mystiker(innen) quer durch die Jahrhunderte; der

---
63 THERESE MARTIN, s. Anm. 9, 191f.
64 BERNHARDIN SCHELLENBERGER, s. Anm. 61, 75.

tiefe innere Friede als Frucht der Gottesbeziehung ist eine Wirklichkeit inmitten von äußerer und innerer Nacht und Finsternis.[65]

Auf diesem Hintergrund wird deutlich, warum der Pastoraltheologe Ottmar Fuchs, wohl bewusst auf der Linie von Karl Rahners Anforderungsprofil für eine zeitgemäße Pastoral, fordert: „Im heutigen Religionstrubel sind Brachflächen und Ruhezonen des Religiösen nötig, um Religion wieder tiefer erfahren zu können. Denn die gefällige Religionisierung des Alltags stumpft ab. Es geht um die Entwicklung einer Religion ‚des blinden Flecks', einer Religion, die nicht wohlfeil ist für alles, weil sie sich nicht dazu zur Verfügung stellt, alles mit einer religiösen Aura zu beleuchten. Damit begibt sie sich in die Askese des Religiösen in einem überreligiös aufgeladenen Kontext, um die Qualität des Religiösen zu retten. Um wieder Raum für das Unerhörte zu eröffnen, neue Aufmerksamkeit und Wachsamkeit für die Entdeckung des ‚Nichts' zu wecken, wo noch nichts mit verfügbarer Religion besetzt ist, das darüber hinaus noch Unerlöste außerhalb der gängigen religiösen Muster suchend. (…) Kontrastiv ist der unbesetzte Raum zu sichten, die Pause, der leere Kanal, die Dunkelphase, das Singuläre-Unwiederholbare."[66]

Die christliche Spiritualität hat immer wieder vor einem mystisch-charismatischen Rausch der Religion gewarnt, der auf alles das Etikett Gott oder Hl. Geist aufklebt ohne kritische Unterscheidung, ob es sich nicht doch vielleicht um den eigenen Wunsch, um eine ideologisch bedingte Phantasie, kurz, um eine Projektion handelt. Johannes vom Kreuz vermerkt dazu kritisch im Sinne der Unterscheidung der Geister:

---

65 Vgl. BERND JASPERT (Hg.), *Leiden und Weisheit in der Mystik*, Paderborn 1992; MICHAEL SCHNEIDER, *Krisis. Zur theologischen Deutung von Glaubens- und Lebenskrisen. Ein Beitrag der theologischen Anthropologie*, Frankfurt a. M. 1995; PETER KING, *Dark Night Spirituality. Thomas Merton – Dietrich Bonhoeffer – Etty Hillesum*, London 1995; GERALD G. MAY, *The Dark Night of the Soul*, San Francisco 2003.
66 OTTMAR FUCHS, *Die Pastoral im Kontext der religiösen Zeitzeichen*, in: WOLFGANG ISENBERG (Hg.), *Emotionalität erlaubt? Kitsch in der Kirche*, Bensberg 1998, 9-39, hier 28.

„Ich wundere mich sehr über das, was in diesen Zeiten geschieht, nämlich dass jeder beliebige Mensch, der für vier Groschen Betrachtung besitzt, so manche inneren Ansprachen, die er verspürt, wenn er ein bisschen gesammelt ist, das alles gleich als von Gott kommend tauft, und in der Annahme, dass das so ist, heißt es dann: ‚Gott sagte mir', ‚Gott antwortete mir'; doch es ist nicht so, sondern, wie wir gesagt haben, sprechen sie meistens zu sich selbst."[67]

Im Umgang mit religiöser Erfahrung jeglicher Art ist vor allem eines gefordert, nämlich Wachsamkeit im Sinne kritischen und auch rationalen Unterscheidungsvermögens.

4. Schlussbemerkung

Die Erfahrung Gottes in dunkler Nacht, die Auseinandersetzung mit dem ganz anderen und unverständlichen Gott, das Leiden an diesem Gott und schließlich das Leiden mit diesem Gott, sind keine marginalen Erfahrungen einer ansonsten enthusiastisch-euphorischen Spiritualität, sondern sie gehören – wie hoffentlich deutlich wurde – zum Fundament und Zentrum christlicher Spiritualität. Gerade in der gegenwärtigen Auseinandersetzung mit neuer Religiosität ist die kritische Kompetenz dieser Erfahrungen wichtig. Das Christentum in seiner spirituellen Gestalt kann sich eben nur sehr bedingt einer Patchworkreligiosität öffnen, die sich orientiert am Kriterium des Wohlfühlens oder der vermeintlich körperlichen und seelischen Gesundheit. Christliche Spiritualität kann und darf die Ge- und Zerbrechlichkeit des Menschen, sein „Sein zum Tode" (M. Heidegger) nicht ausblenden, sie muss sich den kritischen Fragen der Gerechtigkeit im globalen Maßstab stellen und sie muss all diese Fragen vor allem Gott stellen. Dabei geht es nicht um dogmatische Fragen oder um Rechthaberei, sondern es geht fundamental um den Menschen und um die in den Zeugnissen von Christinnen und Christen immer wieder vorfindliche grundle-

---
67 JOHANNES VOM KREUZ, *Aufstieg auf den Berg Karmel*, Freiburg i. Br. 1999, 308.

gende Erfahrung, dass menschliches Wachsen und Reifen sich nicht in Wohlgefühl und in spirituellen Kuschelgruppen ereignet, sondern in Situationen des Infragestellens und der Krise. Dass der, den wir Gott nennen, uns zu diesem Wachstum und zu dieser Befreiung ruft und dass er in diesen Situationen gegenwärtig ist, stellt eine Herausforderung des Glaubens da, die nur im Rahmen eines Beziehungsgeschehens bewältigt werden kann. Auch deshalb ist mir das Fazit von Paul M. Zulehner und Regina Polak am Ende der groß angelegten und aufgelegten Untersuchung zu „Spiritualität – mehr als ein Megatrend" zu simpel und zu seicht: „Als Pastoraltheologe, als Pastoraltheologin können wir nur formulieren: Hoffentlich schrumpfen die Kirchen noch. Aber wir hoffen auf eine Zeit, in der Kirchen das werden, wozu sie beauftragt sind: Ein Ort der erlebbaren Nähe Gottes zu uns Menschen, was uns zu einer spirituellen Gemeinschaft formt, die gottnah und menschennah in einem ist. Ein Ort, wo Menschen das werden, woraufhin sie Gott erschaffen hat: Liebende in der Art jenes Gottes, der die Liebe ist. So können wir vielleicht auch einer der ersten und besten gesellschaftlichen Orte für jene spirituellen Wanderer werden, die wir oben beschrieben haben. Schön wäre es, wenn sie ein Stück unseres Weges mit uns gehen wollten und wir dabei voneinander lernen können."[68]

Hätten in dieser respiritualisierten Kirche Menschen wie Therese von Lisieux, Marie Noël, Karl Rahner und Michel de Certeau mit ihren ganz anderen Erfahrungen, mit ihrer oft stammelnden Sprache und ihrem kritischen Blick einen Platz? Oder würden sie nicht zu sehr die Harmonie von Gott, Mensch und Welt stören, wenn sie deutlich machen, dass die „erlebbare Nähe Gottes" keineswegs nur angenehm, sondern auch furchterregend, dass sie ambivalent und nicht harmlos ist. Es ist schön, mit „spirituellen Wanderern" Wege zu gehen, doch sollten die Kirchen nicht besser darauf achten, mit den Marginalisierten und

---

68 REGINA POLAK/PAUL M. ZULEHNER, *Theologisch verantwortete Respiritualisierung: Zur spirituellen Erneuerung der christlichen Kirchen*, in: PAUL M. ZULEHNER (Hg.), s. Anm. 51, 204-227, hier 227.

Armen, denen die am Rand stehen, ihren Weg zu gehen? Der Weltenrichter fragt nicht nach den Höhenflügen des spirituellen Erlebens und ob wir diese den „spirituellen Wanderern" vermittelt haben, er fragt nach den Früchten des spirituellen Lebens der Kirche und die zeigen sich an ihrem Umgang mit den Hungernden und Dürstenden, den Obdachlosen und Kranken, den Sterbenden und den Toten (vgl. Mt 25,31-46). Eine respiritualisierte Kirche sollte deshalb besser im Bereich der Spiritualität dem Rat des Pastoraltheologen Ottmar Fuchs folgen, eine „Religion des blinden Flecks" zu entwickeln[69], anstatt sich den Bedürfnissen einer Religiosität anzupassen, die es vor allem auf Erlebnisdichte, Gesundheit, Erfolg und langes Leben abgesehen hat.[70] Es geht, um es noch einmal deutlich zu machen, um den Menschen und sein Heil, gerade auch in der Spiritualität, und deshalb sind die Erfahrungen des Gottes in dunkler Nacht so wichtig. Sie machen deutlich, dass Heil nicht einfach persönliches Wohlergehen, Gesundheit und Abwesenheit von Leid meint. Christlich verstanden setzt Heil viel tiefer an, nämlich dort, wo alles Tun und Erleben an ein Ende kommt: im Tod geschieht Heil als Erlösung, und diese hat und behält eine kosmische Dimension, die immer wieder das persönliche Wohlergehen hinterfragt, solange Menschen leiden, ausgebeutet werden und verhungern – vielleicht sogar deshalb, weil es mir körperlich und spirituell wohl ergeht, weil ich mich heil fühle.

---

69 Vgl. OTTMAR FUCHS, s. Anm. 66, 28.
70 Vgl. DERS., ebd.

DOMINIK BURKARD

Vom Leiden an der Inquisition
Gottes Verdunkelung im institutionellen Handeln der Kirche

„Wer nichts gelitten hat, was weiß denn der?" fragt ein alter Weiser.[1] Eine Zeit lang hatten Bücher über das „Leiden an der Kirche" Hochkonjunktur. Die Autoren verband ein Gefühl der Enttäuschung und Verbitterung, meist im Hinblick auf die Nichtrealisierbarkeit ihrer eigenen (theologischen) Vorstellungen angesichts entgegenstehender „kirchenamtlicher" Weisungen; mitunter war es die Verarbeitung persönlicher Erfahrungen mit dem kirchlichen Lehramt, der römischen Kongregation für die Glaubenslehre, der in die Gegenwart prolongierten alten „Römischen und universalen Inquisition". Hier entstand ein eigenes literarisches Genre, dessen sich Theologen und andere Betroffene immer wieder bedienten.[2]

Aus historischer Perspektive ist dies freilich kein neues Phänomen. Schon immer suchten lehramtlich belangte bzw. zensierte Theologen das öffentliche Urteil. Ein regelrechtes Panoptikum bietet für die ältere Zeit der zum Altkatholizismus konvertierte Bonner Alttestamentler und Kirchenhistoriker Franz Heinrich Reusch (1825-1900) in seinem umfangreichen Werk *Der Index der verbotenen Bücher. Ein Beitrag zur Kirchen- und*

---

1 Nach HUGO LANG, *Otto Karrer zum 75. Geburtstag (geb. 1888)*, in: WILLIBALD MATHÄSER, *Aus dem literarischen Schaffen von Abt Hugo Lang OSB (1892 bis 1967)*, St. Ottilien 1973, 66-68, hier 67.
2 Vgl. etwa BERNHARD HÄRING, *Meine Erfahrung mit der Kirche*, Freiburg u. a. 1989; HEINRICH FRIES, *Leiden an der Kirche*, Freiburg u. a. 1989; HERIBERT HAAG, *Mein Weg mit der Kirche*, Zürich 1991; DERS., *Den Christen die Freiheit. Erfahrungen und widerspenstige Hoffnungen*, Freiburg u. a. 1995; JACQUES GAILLOT, *Eine Kirche, die nicht dient, dient zu nichts. Erfahrungen eines Bischofs*, Freiburg u. a. 1995; UTA RANKE-HEINEMANN, *Nein und Amen. Mein Abschied vom traditionellen Christentum*, München 2002. Es handelt sich dabei nicht nur um ein katholisches Phänomen. Vgl. HELMUT THIELICKE, *Leiden an der Kirche. Ein persönliches Wort*, Hamburg 1965.

Literaturgeschichte.³ Die Studie wurde sogar in Rom angezeigt, dort aber nicht verboten, vielmehr zur Grundlage einer Indexreform, die zum „schlanken" Index Leos XIII. (1900) führte.⁴ Bei der Lektüre von Reuschs Werk wird deutlich, dass man von einem Dauerthema „Leiden an der Inquisition. Gottes Verdunkelung im Handeln der Kirche" sprechen kann.

Wird der Kirchenhistoriker um einen Beitrag zum Thema „Dunkler Gott und die Inquisition" gebeten, so liegt es für ihn nahe, die „Opferperspektive" einzunehmen, gleichwohl sich in der Forschung in den vergangenen Jahren aufgrund der Öffnung der vatikanischen Archivbestände zur römischen Inquisition eher eine „Täterperspektive" durchgesetzt hat. Denn es lässt sich nunmehr endlich Genaueres sagen über die „Gesichter" der Inquisition, über jene, die „qua officio" zu untersuchen, zu urteilen und zu entscheiden hatten, über ihren biographischen Hintergrund, ihre theologische Prägung, ihr Denken.⁵

Derartige „Aufklärung" war früheren Zeiten, zumal den Betroffenen nicht gegönnt. Das lehramtliche Gegenüber, die agierenden Personen, ihre Motive und die Gründe für das schlussendliche Urteil blieben verborgen hinter der entpersonalisierten, mitunter unmenschlich scheinenden Maske „der In-

---

3 FRANZ H. REUSCH, *Der Index der verbotenen Bücher. Ein Beitrag zur Kirchen- und Literaturgeschichte*, 2 Bde., Bonn 1883-1885.
4 Dazu HUBERT WOLF, *Die „deutsche" Indexreform Leos XIII. Oder: Der ausgefallene Fall des Altkatholiken Franz Heinrich Reusch*, in: Historische Zeitschrift 272 (2001) 63-106; DERS., *Die „deutsche" Reform des römischen Index der verbotenen Bücher*, in: DERS. (Hg.), *Inquisition – Index – Zensur. Wissenskulturen der Neuzeit im Widerstreit*, Paderborn 2001, 23-41.
5 Vgl. DOMINIK BURKARD, *Teilprojekt B 4: Inquisition, Indexkongregation und Imprimatur in der Neuzeit*, in: Sonderforschungsbereich/Forschungskolleg 435 Wissenskultur und gesellschaftlicher Wandel, Frankfurt a. M. 2001, 29-31; HUBERT WOLF, *Autoren – Zensoren – Inquisitoren. Ein neues Forschungsprojekt der DFG zur „Römischen Inquisition und Indexkongregation in der Neuzeit"*, in: Herder-Korrespondenz 56 (2002) 361-364.

quisition".[6] Das „Dunkel" blieb gewahrt, auch dank eines strengen *secretum*, welches die Mitarbeiter der Inquisition bei ihrem Amtsantritt zu schwören hatten. Nicht zuletzt diese Dunkelheitserfahrung der Betroffenen, nicht über die eigentlichen Beweggründe einer Verurteilung aufgeklärt zu werden und nicht die Möglichkeit einer argumentativen Auseinandersetzung mit erhobenen Vorwürfen zu haben, ist wohl dafür verantwortlich, dass die Inquisition zur Chiffre für das Böse schlechthin (Victor Conzemius) mutierte. Sie dürfte viele an den (auch religiösen) Abgrund geführt haben.

Doch nicht erst die Erfahrung der Inquisition brachte Leiden, oft war es das Leiden selbst (an der Kirche, an theologischen Positionen, an Ausschließlichkeiten), welches Theologen in die Arme der Inquisition trieb. Hier wäre etwa der Philosoph und Priester Antonio Rosmini-Serbati (1792-1855) zu nennen, der in seinem Buch *Delle cinque piaghe della Santa Chiesa*[7] seinen Finger auf die Wunden der Kirche legte. In seiner Sorge um die Kirche angesichts eingeschlichener Missstände und gleichzeitig getrieben von einer großen Liebe zu dieser Kirche thematisierte er das Leiden der Kirche an den faktischen Verhältnissen und an sich selbst. Die Heilmittel, die er vorschlug, die Wunden zu beseitigen: Eine lebendige Einheit zwischen Klerus und Laien im einen Gottesvolk, die bewusste Partizipation an der Liturgie, eine bessere Bildung der Geistlichen, Überwindung der Scholas-

---

6   Zur Weigerung des Index, die Gründe eines Verbots anzugeben, vgl. HERMAN H. SCHWEDT, *Papst Paul VI. und die Aufhebung des römischen Index der verbotenen Bücher im Jahre 1965*, in: Römische Quartalschrift 98 (2003) 236-271, hier 247f. Demgegenüber hatte die Konstitution „Sollicita ac provida" von 1753 festgesetzt, dass vor Publizierung des Verbots ein katholischer Autor gehört und ihm die Möglichkeit zur Verbesserung des Buches eingeräumt werden müsse. Vgl. HANS PAARHAMMER, *„Sollicita ac provida". Neuordnung von Lehrbeanstandung und Bücherzensur in der katholischen Kirche im 18. Jahrhundert*, in: ANDRÉ GABRIELS/HEINRICH J.F. REINHARDT (Hg.), *Ministerium iustitiae*, Essen 1985, 343-361, hier 350f. Ein zu düsteres Bild zeichnet: FRITZ LEIST, *Vom Leiden des Christen an der Kirche*, in: HANS J. SCHULTZ (Hg.), *Kritik an der Kirche*, Stuttgart u. a. 1958, 73-87, hier 82f.

7   ANTONIO CONTE DI ROSMINI-SERBATI, *Delle cinque piaghe della Santa Chiesa*, Lugano 1848.

tik, die Zustimmung der Gläubigen zur Wahl ihres Bischofs, die Neubelebung des Bildes vom Bischof als Vater seiner Diözese, Freiheit der Kirche von aller politischen Gewalt, Armut von Klerus und Gläubigen, die „Überwindung des individuellen Denkens" und anderes mehr. Rosminis Werk wurde 1849 indiziert. Der Autor, dessen Ernennung zum Kardinal somit verhindert wurde, zog sich daraufhin in sein Ordenshaus nach Stresa zurück.

Symptomatisch auch – keine hundert Jahre später – der Breslauer Kirchenhistoriker Joseph Wittig (1879-1949), der 1922 in seinem berühmten Aufsatz *Die Erlösten* mit autobiographischen Zügen das Leiden seiner Generation am toten System der Scholastik und die Sehnsucht nach einer erneuerten Theologie und seelsorgerlichen Praxis beschrieb:

„Getröst, getröst, wir sind erlöst! Die Hölle ward zu schanden.' Ein schönes Lied. Echter Osterjubel. Aber nur für Menschen, welche die ganze Trostlosigkeit des Unerlöstseins, die ganze Macht der Hölle, die ganze Finsternis und Qualen eines sündigen Herzens, den schweren Druck und die harten Fesseln des inneren Lebens erfahren haben. Wir Jungen brauchten keinen Trost. Wenn nur erst die [Schul-] Stunde vorüber war und die Pause begonnen hatte, dann war uns Pferdestall, Hof und freies Feld Trost genug. Es ging uns so wie wohl den meisten katholischen Christen, welche die Lehre von der Erlösung zwar als Katechismuskapitel und Predigtthema gelernt haben, aber weder in ihrem äußeren noch in ihrem inneren Leben etwas davon spüren. Nur wenn wir an der alten Schule vorbeizogen und an ihren Fenstern die anderen Kinder sahen, fanden wir eine passende Verwendung für jenes Osterlied und sangen: ‚Getröst, getröst, wir sind erlöst!' (...) Was heißt denn das: Wir sind erlöst? Wir Katholiken, auch schon die katholischen Dorfschuljungen, sind so geschult, daß wir auf alle Fragen eine wenigstens uns selbst beruhigende Antwort geben können. Unser Glaube stimmt, das wissen wir. Also muß auch, so meinen wir, jede Erklärung stimmen, wenn sie nur den Glauben bejaht. Wehe dem, der eine solche Erklärung in Zweifel ziehen wollte! Er könnte tausendmal gläubiger sein als wir, er geriete doch in den Verdacht der Ungläubigkeit. Religionsunterricht und Predigt, die alle möglichen Einwürfe erörtern und immer sieghaft erledigen, als ob nun jetzt nur noch ein ganz blöder oder verstockter Mensch etwas dagegen haben könnte, gewöhnen uns daran, jeden Erklärungsversuch oder jede Erklärungsmöglichkeit schon für eine befriedi-

gende, zwingende Erklärung zu halten. Mit solcher Sicherheit beantwortete ich mir damals die Frage nach der Erlösung. (...) Ich konnte an das Dogma von der Erlösung glauben."[8]
„Aber war auch alles wahr? Wie kann man nur so fragen, da es doch die katholische Lehre von der Erlösung so eindrucksvoll bestätigt! Ich glaubte es einstweilen, glaubte an die Dunkelzeichnung des Heidentums und an das lichte Bild des Christentums, an den Sturz böser Götzen – daß die schönen Marmorstatuen so zertrümmert wurden, hat meinem jungen Bildhauerherzen freilich immer Beschwerden gemacht – und an die Herrschaft der seligmachenden Kirche Christi auf der ganzen Erde. (...) Aber unbemerkt von Lehrer und Schülern waren uralte, unzufriedene, verrottete Fragen aus den Tiefen der Menschheit aufgestiegen und waren durch den einstigen Pferdestall geschlichen und hatten dämonisch gelacht, daß sie nicht beantwortet werden konnten. Auf dem Nachhausewege ging ein heftiger Dezembersturm. Die Dämonen hatten von allen Jungen mich ausgewählt, um mit mir den langen, einsamen Weg zu gehen. Und sie sprachen zu mir: ‚Die Menschen glauben, daß sie von der Sünde erlöst sind, aber sie sündigen doch sehr viel; sie müssen ja sooft zur Beichte gehen. Sie sündigen gern, aber beichten gehen sie nicht gern. Sie möchten gar nicht gern so erlöst sein. Nein, der Heiland hat es nicht fertig gebracht, sein Volk zu erlösen von seinen Sünden! Die Sünde hat er nicht beseitigt, er hat nur ein neues Leiden gebracht, nämlich das Beichten.' Ich antwortete: ‚Aber wenn ich beichte und dann gleich sterbe, dann bin ich von der Sünde erlöst für alle Ewigkeit!' ‚Ja: wenn, wenn!' riefen die Dämonen. ‚Wenn du tausend mal tausend Taler hättest, wärest du ein Millionär.' Da kam der Heiland einher, so von der Seite, daß ich ihn nicht gerade sah, aber doch wußte, daß er bei mir war. Ich flehte ihn an: ‚Sage mir: Bin ich erlöst?' ‚Vertrau auf mich!' antwortete er mir. Der Dezembersturm hörte auf zu heulen (...)."[9]

Auch Wittigs *Die Erlösten* wurden 1925 zusammen mit weiteren Schriften des Autors auf den römischen Index der verbotenen Bücher gesetzt; der Autor verfiel 1926 aufgrund seiner Weigerung, den bereits früher geleisteten Antimodernisteneid zu wiederholen, der Strafe der Suspendierung und der Exkom-

---

8 JOSEPH WITTIG, *Die Erlösten*, in: Hochland 19 (1922) II, 1-26, hier 1-3.
9 DERS., ebd. 3-4.

munikation. 1927 heiratete Wittig, 1946 wurde er kirchlich rekonziliiert.[10]

Die Liste ähnlicher Fälle könnte beliebig fortgesetzt werden. Die Frage, um die es hier gehen soll, ist jedoch: Wie wirkte die Indizierung, wie die Verurteilung in den Betroffenen? Veränderte das lehramtliche Vorgehen gegen die Theologen deren Gottesbild? Etwa dergestalt, dass es die dunklen Seiten Gottes erfahrbar machte? Die Frage ist schwierig zu beantworten. Sie führt zur Suche nach einer Typologie des Umgangs mit lehramtlicher Maßregelung. Wie sieht die Opferperspektive aus, von den Anfängen der (neuzeitlichen) Römischen Inquisition bis in die Gegenwart? Eine solche Typologie ist an dieser Stelle nicht zu leisten, es kann hier nur um eine Problemskizze gehen. So sollen im Folgenden lediglich zwei ausgewählte Selbstreflexionen im Sinne einer impressionistischen Blütenlese zu Wort kommen.

Das erste Beispiel: Der Freiburger Kirchenhistoriker Franz Xaver Kraus (1840-1901). Geboren in Trier, absolvierte Kraus sein Theologiestudium in dem von konservativen Kräften gelenkten Trierer Priesterseminar, wandte sich nach seiner Priesterweihe 1864 jedoch unter Führung des Freiburger Kirchenhistorikers Johannes Alzog der Kirchengeschichte zu und wurde zum Doktor der Theologie promoviert. Bereits durch seine frühen Schriften, in denen Kraus sich kritisch mit der in Trier verehrten Reliquie des hl. Nagels auseinandersetzte, machte er sich in den kirchlichen Kreisen Triers missliebig. Dennoch konnte er 1872 als außerordentlicher Professor für Christliche Archäologie in Straßburg einen theologischen Lehrstuhl erlangen. 1878 trat er als Kirchenhistoriker die Nachfolge seines Lehrers Alzog in Freiburg an, wo er bis zu seinem Tod mit großem Erfolg forschte und lehrte und Berufungen auf Lehrstühle in Bonn, Breslau, München und Würzburg ablehnte. Immer wieder zog sich Kraus, wohl weniger aufgrund „liberaler" theologischer An-

---

10 Vgl. mit Hinweisen auf die zahlreiche Literatur: KARL HAUSBERGER, Der „Fall" Joseph Wittig (1879-1949), in: HUBERT WOLF (Hg.), Antimodernismus und Modernismus in der katholischen Kirche. Beiträge zum theologiegeschichtlichen Vorfeld des II. Vatikanums, Paderborn 1998, 217-239.

schauungen[11] als vielmehr wegen seiner staatskirchlichen Haltung im Badischen Kulturkampf den erbitterten Zorn innerkirchlicher Gegner zu. Dieser kulminierte in den Jahren 1883-1886 in den denunziatorischen und publizistischen Agitationen vor allem der Jesuiten gegen das von Kraus herausgegebene *Lehrbuch der Kirchengeschichte*.[12]

Über die äußeren und inneren Vorgänge sind wir durch die Krausschen Tagebücher bestens unterrichtet.[13] Die Nachricht aus Rom, Kardinal Hergenröther wolle das Lehrbuch auf den Index der verbotenen Bücher setzen lassen, traf Kraus Anfang Februar 1883 zutiefst. Den Auftakt zur Hetzjagd durch sämtliche ultramontanen Blätter hatte der Kirchenhistoriker Hartmann Grisar SJ in einer Rezension des Lehrbuchs gegeben. Kraus schloss in seiner unmittelbaren Reaktion auf diese Nachricht das Schlimmste nicht aus: „Es ist eine wichtige Stunde, nicht nur für meine Stellung im Leben, sondern vor allem für meine innere Stellung. Was wird aus mir, wenn ich die Überzeugung nicht mehr abwehren kann, daß Recht und Wahrheit innerhalb der katholischen Kirche keine Stätte mehr haben?"[14]

Näheren Aufschluss über seine Seelenhaltung gibt ein Brief an Freund Anton Stöck gut einen Monat später:

„Wie gern schriebe ich Dir, daß es in meiner Seele heiter und freundlicher aussähe. Ich kann es, aufrichtig gestanden, nicht. Ich muß Dir beichten, daß sich mehr und mehr eine düstere Bitterkeit über mich legt. Ich bekämpfe die Erbitterung gegen die Menschen; ich bete für die, welche mir Wehes tun. Ich meine stets, Meister zu bleiben über die niedrigen Gedanken der Leidenschaft, aber was ich nicht mehr bemeistern kann, das ist der unaussprechliche Ekel, mit dem ich mich von den Menschen abkehre; der Ekel, der mich angesichts unserer innerkirchlichen Zustände erfüllt; der Ekel gegen eine die Kirche und das Schönste, was uns Gott gegeben, ausbeutende Gesell-

---

11 Vgl. etwa RUDOLF REINHARDT, *Wie „liberal" war Franz Xaver Kraus?*, in: Zeitschrift für Kirchengeschichte 105 (1994) 229-233.
12 FRANZ X. KRAUS, *Lehrbuch der Kirchengeschichte für Studierende*, Trier ²1882.
13 DERS., *Tagebücher*, hg. v. HUBERT SCHIEL, Köln 1958.
14 DERS., ebd. 454 (Eintrag vom 5. Februar 1883).

schaft oder Sekte, die sich der Herrschaft erfreut; der Ekel endlich am Leben selbst, das keinen Reiz mehr für mich hat."[15]

Gemeint waren die Machenschaften seiner Gegner. Kraus fährt fort:

„Ich kann Dir nicht sagen, wie mich dies Geschichtchen empörte. (...) Das Schlimme ist der immer klaffender werdende Riß in meiner Seele, welche nur Gedanken des Friedens hatte und dafür die Überzeugung gewinnen muß, daß mit einer ganzen großen, in der Kirche der Gegenwart alles beherrschenden Richtung für mich nicht zu leben ist, daß man Feindschaft will und daß man daran arbeitet, mich ebenso wie einst Gioberti, Döllinger und so manche andere durch eine Reihe fortgesetzter Mißhandlungen aus der Kirche herauszuwerfen. (...) Du weißt auch, daß ich nicht leben kann in der Entfernung von Jesu und von der Kirche, die mir Ihn, unsern angebeteten Herrn, gibt. Du weißt also auch, daß keine noch so schlechte Behandlung mich dahin bringen wird, etwas zu tun oder zu schreiben, wodurch ich meinen Gegnern recht gäbe. *Sedebo solitarius et silebo.* Soweit meine Person in Betracht kommt, werde ich jede Mißhandlung auch fürder ansehen als eine mir von Gott gesandte Buße für meine Sünden und denken: *bonum mihi quia humiliasti me.* Aber etwas anderes ist's, was aus meiner öffentlichen Stellung wird. Folge ich der Eingebung meiner Entrüstung, so verlasse ich im Falle einer Zensurierung das theologische Lehramt und erbitte mir von meinem Landesherrn die Versetzung in die Philosophische Fakultät. Ich gewinne dann volle Freiheit der literarischen Aktion für mich, ich brauche tausenderlei Rücksichten nicht mehr zu nehmen und habe weniger Last auf mir. Aber kann ich mich freiwillig trennen von einem Beruf, der das Glück – das bißchen Glück meines Lebens – bildet? Kann ich noch einen Tag froh sein, wenn ich nicht mehr wohne *in tabernaculis Domini*? Wenn mein Tagewerk nicht mehr dem Einen gilt, das not tut? Ich könnte es nicht."[16]

Anfang Oktober erschien die von Joseph Schroeder gegen Kraus herausgegebene Kampfschrift *Der Liberalismus in Theologie und Geschichte*[17] – ein, wie Kraus notierte – „giftiges Pamphlet von ausgesuchter Bosheit".

---
15 DERS., ebd. 458–459 (Eintrag vom 18. März 1883).
16 DERS., ebd. 459–460 (Eintrag vom 18. März 1883).
17 JOSEPH SCHROEDER, *Der Liberalismus in Theologie und Geschichte. Eine theologisch-historische Kritik der Kirchengeschichte des Professors Dr. F. X. Kraus*, Trier 1883.

„Ich kann nicht darauf antworten, die Seele ist mir zu weh und trüb ob des ganzen Zustandes, als daß ich Laune und Zeit fände, mich mit dieser Kanaille herumzuschlagen. Gott verzeih ihnen! Ich kann nicht sagen, wie viel ich innerlich und körperlich leide. Kein Tag ohne Schmerzen, ohne tödliche Ermattung. Und dauernd das schmerzliche Bewußtsein, so weit hinter dem zurückzubleiben, was Gott von mir verlangt! Mein Gott und mein Herr! *Cor mundum crea in me, et spiritum rectum innova in visceribus meis!*"[18]

Und im Dezember:
„Ich muß bekennen, daß für mein inneres Leben diese Wahrnehmung im höchsten Grade fatal ist und ich sehr, sehr große Mühe habe, mich aus dem Zustand unendlichen Ekels vor der ganzen sich katholisch nennenden Presse und der offiziellen Leitung dieses modernen Pharisäismus innerlich zu erretten. Natürlich denke ich daran, dieser Meute zu antworten: ich kann nur weiter über das Thema meditieren: *Jesus autem tacebat.*"[19]

Die Indizierung des Werkes konnte schließlich verhindert werden, nicht zuletzt mit Hilfe der Indexkongregation selbst. Doch musste Kraus zahlreiche Korrekturen vornehmen, bis die dritte, kirchlich approbierte Auflage erscheinen konnte. Kraus fand nicht zuletzt Halt in der Beschäftigung mit Rosmini. So vertraute er 1888 seinem Tagebuch an:
„Von hohem Genuß war mir die Ausarbeitung meines Essais über Rosmini: Nie habe ich etwas mit größerer Andacht und hellerer Freude gearbeitet; über dieser Arbeit ist mir erst klar geworden, welch ein Mann der Vorsehung Don Antonio gewesen, und an diesem Urteil kann der Umstand nichts ändern, daß er und sein Werk bis auf diese Stunde schwere Verfolgungen zu leiden gehabt haben. Ich kann mich an seinem Beispiel trösten. Zwar hat die sogenannte Meinung unter den Katholiken, bezw. den katholischen Presseorganen, sich seit dem Erscheinen meiner 3. Auflage der ‚Kirchengeschichte' wesentlich zu meinen Gunsten verändert. Aber die tonangebenden Journale des Ultramontanismus (…) haben aus der Feder der Schroeder und Scheeben neue Angriffe gebracht. Es ist nicht nötig zu sagen, daß ich es tief unter mir erachtete, auf diese Nichtswürdigkei-

---

18 Franz X. Kraus, s. Anm. 13, 466 (Eintrag vom 8. Oktober 1883).
19 Ders., ebd. 468 (Eintrag vom 23. Dezember 1883).

ten zu antworten; aber nicht leugnen kann ich, daß der Anblick derselben mir stets ein neuer Beweis für die trostlose Erkrankung unseres kirchlichen Organismus ist, der solche Pestbeulen an sich duldet. Wie Balsam ist mir da das Wort des seligen Thomas von Kempen (I[mitatio] C[hristi] III c. 36.): *Paulus egit satis pro aliorum aedificatione et salute, quantum in se erat et poterat: sed ne ab aliis aliquando iudicaretur vel non despiceretur, cohibere non potuit.*"[20]

Ein zweites Beispiel: Der Würzburger Priester und Exeget Thaddäus Engert (1875-1945). Geboren in Ochsenfurt (Unterfranken), hatte Engert zwischen 1895 und 1899 in Würzburg Theologie studiert, unter anderem bei dem Kirchenhistoriker Sebastian Merkle und dem Apologeten Herman Schell, die beide ebenfalls mit der Zensur in Schwierigkeiten gerieten. Nach seiner Priesterweihe erhielt Engert die Gelegenheit zu weiterführenden exegetischen Studien und wurde 1901 in Würzburg zum Doktor der Theologie promoviert. Nachdem das Bischöfliche Ordinariat 1902 bereits die Druckerlaubnis für seine Studie *Der biblische Schöpfungsbericht* verweigert hatte, beanstandete es kurze Zeit darauf auch einen in der Zeitschrift „20. Jahrhundert" publizierten Artikel über *Ursprung und Zweck des biblischen Schöpfungsberichtes*.[21] Als Kaplan erregte Engert in den folgenden Jahren weiteren Anstoß, jedenfalls wurde er nach Beschwerden aus dem Klerus 1904 vom Ordinariat über seine Ansichten über die Lehre von der Todsünde, der Ewigkeit der Höllenstrafe und der stellvertretenden Genugtuung Christi vernommen. 1906 erhielt er ein Staatsstipendium zu einem Studienaufenthalt in Berlin, wo er neben anderen den protestantischen Alttestamentler Hermann Gunkel, den Kirchen- und Dogmenhistoriker Adolf Harnack und den Orientalisten Friedrich Delitzsch hörte. Im November 1906 veröffentlichte Engert ohne kirchliche Druck-

---

20 DERS., ebd. 532 (Eintrag vom 26. Januar 1888). Das Zitat aus der „Nachfolge Christi" des Thomas von Kempen lautet nach einer Übersetzung von PAUL MONS (in: *Die vier Bücher der Nachfolge Christi*, Regensburg 1959, 202): „Paulus wirkte, soviel an ihm lag und möglich war, zur Erbauung und zum Heil anderer. Aber er konnte nicht hindern, daß er von anderen verurteilt oder verachtet wurde."

21 THADDÄUS ENGERT, *Ursprung und Zweck des biblischen Schöpfungsberichtes*, in: 20. Jahrhundert 2 (1902) 544-548.

erlaubnis seine Studie *Die Urzeit der Bibel, Bd. I: Die Weltschöpfung. Mit einer allgemeinen Einführung in die Exegese*[22], in der er sich auch gegen die Lehre von der Irrtumslosigkeit der Schrift und das Inspirationsverständnis der Enzyklika *Providentissimus Deus* von 1893 wandte. Nachdem 1907 das Antimodernismusdekret *Lamentabili* und die Enzyklika *Pascendi* erschienen waren, musste sich Engert im Herbst 1907 vor einer bischöflichen Untersuchungskommission verantworten. Da er die in seiner Schrift angeblich enthaltenen Irrtümer nicht förmlich widerrief, erklärte ihn der Würzburger Bischof ipso facto für exkommuniziert. Es folgte ein kanonisches Gerichtsverfahren, das 1908 mit der Feststellung von Häresie und mit förmlicher Exkommunikation endete.

Engert ging es „um die selbständige Entfaltung und sittliche Verantwortung des Einzelnen anstatt blinden Gehorsams und gedankenlosen Befolgens von Vorschriften; um eine wissenschaftliche, dem evolutiven Charakter des Depositum fidei Rechnung tragende Glaubensbegründung anstatt kritiklosen Fürwahrhaltens überkommener Formeln; um die persönliche Gottbegegnung und religiöse Innerlichkeit anstatt veräußerlichter, mechanischer Frömmigkeit; letztlich um die Befreiung des Binnenkerns der Religion ‚von all dem Wuste, der im Laufe von Jahrhunderten sich darauf gelagert.'"[23]

In einem Brief an Harnack vom Januar 1907 erläutert Engert den Zwiespalt, in den er geraten war:

„Die letzten Jahre meines Studiums brachten mir gewaltige Aufregungen und seelische Erschütterungen. Ein Schüler Schells, begeistert von hohen Idealen, mußte ich schweren Herzens ein Ideal um das andere verlieren, sobald ich den Realismus des Lebens, der Geschichte kennenlernte. Nun droht mir aller Boden unter den Füßen zu sinken. Ich stehe im allgemeinen auf Loisys Standpunkt, nur konsequenter in der Durchführung der Prinzipien. Ich habe lange geschwankt mit meinen Veröffentlichungen, weil ich, von wohlmeinenden Freunden

---

22 DERS., *Die Urzeit der Bibel, Bd. I: Die Weltschöpfung. Mit einer allgemeinen Einführung in die Exegese*, München 1907.
23 KARL HAUSBERGER, *Thaddäus Engert (1875-1945). Leben und Streben eines deutschen „Modernisten"*, Regensburg 1996, 121.

gewarnt, wohl einsah, daß die Zukunft dann vor mir liege. Doch sagte ich mir zuletzt: besser Kampf und Arbeit als Heuchelei. Mein Standpunkt wird wohl schwer sein, denn unser Bischof ist einer der unkundigsten und reaktionärsten, aber ebenso absolutistisch gesinnt. Jedenfalls werde ich keiner Macht, nur Beweisen weichen."[24]

In der Tat blieb Engert im Würzburger Verfahren hart und machte in einem Schreiben an seinen Bischof im November 1907 klar, dass er sich keine Beschränkungen auferlegen lassen werde:
„Ich denke wohl daran, daß ich einst Gehorsam gelobt, dieser aber darf mit Einschränkung kein äußerlicher sein; aus tiefstem Innern muß er kommen; aus Gewissenspflicht muß er geleistet sein. So wird er nicht immer zwar aufgefaßt, wofür ich Beispiele aus jüngster Zeit genug anführen könnte. Ich will meinem Gewissen folgen. Dann brauche ich auch keine Angst vor der Ewigkeit zu haben. Wären es philosophische oder spekulative Fragen gewesen, ich hätte nicht gezaudert, zurückzuweichen, da hier ein Irrtum leicht möglich. So aber handelt es sich um Tatsachen, die in ihrer Gesamtheit auf katholischer Seite in Deutschland noch nicht dargestellt worden."[25]

Der Weg Engerts führte nach seiner Exkommunikation von der Kirche weg. 1910 trat er aus der Kirche aus und fand Aufnahme in die evangelische Landeskirche Sachsens. Wie schwer dieser Abschied war, offenbaren seine autobiographischen Aufzeichnungen:
„Die Entwicklung in der wissenschaftlichen Anschauung läßt sich so leicht skizzieren. Der aber, der den Katholiken und den Priester kennt, der allein kann ermessen, wieviel innere Not, welch heißes Ringen zwischen diesen Zeilen steht. Sich losringen von ererbten Anschauungen, sich losreißen von Sitte und Brauch, der sich in Seele und Leben seit frühester Kindheit eingelebt hat, und dabei nicht äußerlich mechanisch nur die Pflichten des Amtes erfüllen, bedeutet einen Kampf, so unsagbar schwer, daß er mit Worten nicht zu schildern ist, bedeutet bald jubelnden Sieg, bald tiefste Niedergeschlagenheit, bald völlige Gleichgültigkeit gegen alles Hergebrachte in Lehre und Sitte,

---

24 THADDÄUS ENGERT, zit. nach: KARL HAUSBERGER, s. Anm. 23, 46-47.
25 DERS., zit. nach: KARL HAUSBERGER, s. Anm. 23, 63-64.

bald schlaflose Nächte und Wochen mit bittersten Vorwürfen. Und das Allerschlimmste ist, daß man gegen niemand sich aussprechen kann; es ist ja eine Todsünde, ist ja ein Verbrechen, zu zweifeln. Vor allem ist's nicht möglich, an einen Priester sich zu wenden, einem solchen offen seines Herzens bittere Kämpfe zu bekennen. Zu spät erst macht man die Erfahrung, daß auch andere gekämpft, wenn auch sich nicht durchgekämpft haben. Das Martyrium des selbständigen katholischen Priesters ist namenlos schwer".[26]

Noch unmittelbarer äußerte sich Engert 1908 in einem knappen Artikel im „20. Jahrhundert":
„In dunkler Nacht verließ ich das Haus, in dem ich jahrelang gerungen. An der Ecke der Kirche sah ich mich nochmals um. Ein wehmütiger Blick streifte zum letzten Mal die mir so lieb gewordenen Räume, die Zeugen meiner Qualen und Freuden. Wehmütig – denn es hieß Abschiednehmen auf immer. Auf immer! Daran zweifelte ich nicht und nie. Und der Gedanke, nun frei zu sein, frei von einer hemmenden Last, die mir jede Lust vergällt, scheuchte rasch die Wehmut. Dunkel lag freilich die Zukunft vor mir. Eine zahlreiche Familie mußte ich zurücklassen, die auf meine Hilfe gehofft, einen edlen Bruder, der in seiner idealen Auffassung des geistlichen Amtes volle Befriedigung darin fand. Doch es mußte sein (...). Ich mußte den lieben Eltern diesen Schmerz bereiten. Wie schwer der ist, können nur gläubige Katholiken ermessen."[27]

Soweit die beiden Beispiele, die bei unterschiedlicher Entscheidung – hier *Widerständigkeit und Bruch mit der Kirche* dort *Unterwerfung und innere Emigration* – Einblick geben in ähnliche Nöte und Erfahrungen von „Dunkelheit". 1984 veröffentlichte der Historiker Christoph Weber eine Studie zum Thema *Kirchengeschichte, Zensur und Selbstzensur. Ungeschriebene, ungedruckte und verschollene Werke vorwiegend liberal-katholischer Kirchenhistoriker aus der Epoche 1860-1914.* In seinem Vorwort resümierte Weber: „Praktisch alle in dieser Studie behandelten Autoren ha-

---

26 DERS., zit. nach: KARL HAUSBERGER, s. Anm. 23, 67. Die Orginalquelle ist THADDÄUS ENGERT, *Vom konservativen katholischen Priester zum liberalen Protestanten. Der Lebensweg eines deutschen Modernisten*, hg. von WOLFGANG ENGERT, Neumarkt/Oberpfalz 1986 (Privatdruck).
27 THADDÄUS ENGERT, zit. nach: KARL HAUSBERGER, s. Anm. 23, 68f.

ben unter diesen Zumutungen sehr gelitten; ihre Reaktionen waren aber unterschiedlich. Sie reichten nachweislich von nächtlichen Weinkrämpfen, von der Herausbildung stärkster Depressionen, der Entwicklung neurotischer Streitsüchtigkeit oder kaum zu verhehlenden Verfolgungswahns über die Benutzung raffinierter Tarnungen und paradoxer Ironie bis zum erbitterten Sarkasmus und dumpfer Verzweiflung. Selten nur fand ein einmal etablierter Kirchenhistoriker durch rückhaltlose Darlegung der nach bestem Wissen und Gewissen gewonnenen Erkenntnisse den Weg ins Freie. Oft erfolgte einfach nur eine Verlegung der Forschungstätigkeit auf harmlosere Gebiete oder auf das weite Feld der Quellenedition. Das Ausmaß der hier behandelten Zensur- und Selbstzensurphänomene wird sich erst dann in etwa überblicken lassen, wenn die freiwillige und unfreiwillige Selbstbeschränkung katholischer Bibelwissenschaftler, aber auch der Dogmatiker, Dogmenhistoriker, Kirchenrechtshistoriker und Moraltheologen näher bekannt sein wird."[28]

---

28 CHRISTOPH WEBER, *Kirchengeschichte, Zensur und Selbstzensur. Ungeschriebene, ungedruckte und verschollene Werke vorwiegend liberal-katholischer Kirchenhistoriker aus der Epoche 1860-1914*, Köln u. a. 1984, XV.

AUTORINNEN UND AUTOREN

Georg Beirer
Dr. theol., Dipl.-Päd. (Univ.), geb. 1952, Bischberg bei Bamberg, verheiratet, Vater zweier Kinder, Moraltheologe und psychotherapeutische Ausbildung. Arbeitet freiberuflich in eigener Praxis für „psychotherapeutische Theologie, pastorale Supervision und geistliche Begleitung". Schwerpunkt seiner Arbeit: Begegnung von Mystik, Spiritualität und Psychotherapie.

Dominik Burkard
Prof. Dr. theol., geb. 1967, Professor für Kirchengeschichte des Mittelalters und der Neuzeit an der Bayerischen Julius-Maximilians-Universität in Würzburg. Forschungsschwerpunkte: Katholizismus-, Wissenschafts- und Theologiegeschichte, Verhältnis Staat-Kirche, Römische Inquisition und Indexkongregation.

Margit Eckholt
Prof. Dr., Professorin für Dogmatik an der Phil.-Theol. Hochschule der Salesianer Don Boscos, Benediktbeuern. Studium der Theologie, Romanistik und Philosophie. 1993/4 Gastprofessur in Santiago de Chile. Leiterin des Stipendienwerkes Lateinamerika-Deutschland e.V., Vorsitzende der Theologischen Kommission des Katholischen Deutschen Frauenbundes (KDFB), Mitglied von AGENDA – Forum katholischer Theologinnen e.V.

Georg Langenhorst
Prof. Dr., geb. 1962, Professor für Didaktik des Katholischen Religionsunterrichts an der Erziehungswissenschaftlichen Fakultät der Universität Erlangen-Nürnberg. Forschungsschwerpunkte: Theologie und Literatur; Auseinandersetzung um Leid zwischen Theodizee und Trost; zukunftsfähige Religionsdidaktik.

Maria Katharina Moser
Dr. theol., geb. 1974, Studium der Theologie in Wien und der interkulturellen Frauenforschung in Manila, Assistentin am Lehrstuhl für Sozialethik und praktische Theologie an der Universität des Saarlandes. Forschungsschwerpunkte: theologische Frauen- und Geschlechterforschung, feministische Ethik, philippinische Befreiungstheologie, Opfertheorie.

Martin Neubauer
geb. 1963, Rezitator, Schauspieler, Leiter des Brentano-Theaters Bamberg. Verfasser von Rundfunksendungen. CD-Einspielungen mit Werken von Clemens Brentano („Stern und Blume"; „Geist und Kleid"); CD mit Texten der Weltreligionen („Unser Gott ist Euer Gott", erschienen im Verlag Litraton). Schwerpunkte: Clemens Brentano, Romantik, Verbindung von Literatur und Religion.

Michael Plattig O.Carm.
Prof. P. DDr., geb. 1960, Professor für Theologie der Spiritualität und Leiter des Instituts für Spiritualität an der Phil.-Theol. Hochschule Münster. Forschungsschwerpunkte: Geistliche Begleitung, Unterscheidung der Geister, Dunkle Nacht und Depression.

Hanspeter Schmitt O.Carm.
P. Dr. theol., geb. 1959, Studium der Philosophie und Theologie in Bamberg. 1987/8 Ausbildung im Pastoralseminar an der Phil.-Theol. Hochschule in

Münster. Arbeit in der Jugend-, Berufungs- und Gemeindepastoral. Vertritt das Fach Moraltheologie an der Kath.-Theol. Fakultät der Universität Bamberg. Forschungsschwerpunkte: Ethik der Empathie, Glaube und Moral, Könnensethik, Wertkommunikation.

QUELLENNACHWEIS

Seite 21f.: Aus: Eva Zeller, Sage und Schreibe, © Deutsche Verlags-Anstalt München. In der Verlagsgruppe Random House GmbH 1971, S. 65-67;
24: Aus: Johannes R. Becher: Gesammelte Werke. 18 Bände (Hrsg. vom Johannes-R.-Becher-Archiv der Akademie der Künste der Deutschen Demokratischen Republik); Band 6: Gedichte 1949-1958, © Aufbau-Verlag Berlin/Weimar 1973, S. 43;
26: Aus: Nelly Sachs, aus: Fahrt ins Staublose, © Suhrkamp Verlag Frankfurt 1988, S. 95;
29f.: Paul Celan, Gesammelte Werke, Band 1: Gedichte I, © Suhrkamp Verlag Frankfurt 1983, S. 214f.;
105: Hartwig Schultz, Clemens Brentano, Stuttgart 1999, 147. © Philipp Reclam jun. Verlag Ditzingen;
112: Günter Scholz, Anna Katharina Emmerick. Kötterstochter und Mystikerin. © Aschendorf Verlag Münster 2003, S. 61; 99ff; 114; 111;
120f.: Aus: Bertolt Brecht, Denn wovon lebt der Mensch, aus: Werke. Große kommentierte Berliner und Frankfurter Ausgabe, Band 11, © Suhrkamp Verlag Frankfurt 1988, S. 2;
159f. Liedtext, aus CD „Lust und Liebe", Anfragen und Bestellungen an Claudia Mitscha-Eibl, Chimanigasse 1, A-2100 Korneuburg oder www.beginn.at/claudia. © Claudia Mitscha-Eibl, Korneuburg;
170: Aus: Therese Martin, Briefe. Deutsche authentische Ausgabe, Leutesdorf ²1977, © Paulinus Verlag Trier;
171: Aus: Therese Martin, Ich gehe ins Leben ein. Letzte Gespräche der Heiligen von Lisieux. Deutsche authentische Ausgabe, Leutesdorf 1979, © Paulinus Verlag Trier;
172f., 173: Aus: Therese vom Kinde Jesu, Selbstbiographie. Übertragen von Otto Iserland und Cornelia Capol. Vorwort von Hans Urs von Balthasar, © Johannes Verlag Einsiedeln/Freiburg 2003, S. 15;
174f., 175, 176: Aus: Marie Noël, Erfahrungen mit Gott, © Matthias-Grünewald-Verlag Mainz 2005;
178f.: Aus: Karl Rahner, Unmittelbare Gotteserfahrung in den Exerzitien, in: Georg Sporschill (Hg.), Horizonte der Religiosität. Kleine Aufsätze, Wien, © Verlag Herder Freiburg i.Br. 1984;
180: Aus: Karl Rahner, Glaubensvollzug und Glaubenshilfe, in: Franz X. Arnold u. a. (Hg.), Handbuch der Pastoraltheologie, Bd. III, © Verlag Herder Freiburg i.Br. 1968;
184: Thomas Kern, Schwärmer, Träumer & Propheten? Charismatische Gemeinschaften unter der Lupe. Eine soziologische Bestandsaufnahme, Frankfurt a. M. 1998, 61-63. © Verlag Josef Knecht, Freiburg;
188f.: Aus: Karl Rahner, Frömmigkeit früher und heute, in: Ders., Schriften zur Theologie, Bd. 7, Einsiedeln, © Verlag Herder, Freiburg i.Br., 1966;
189: Christoph Benke, was ist (christliche) Spiritualität? Begriffsdefinitionen und theoretische Grundlagen aus: Paul M. Zulehner (Hg.), Spiritualität – mehr als ein Megatrend, © Schwabenverlag Ostfildern 2004, 29-43, hier 41;
190: Aus: Anhang/Erklärung wichtiger Begriffe, in: Johannes vom Kreuz, Die Dunkle Nacht, © Verlag Herder Freiburg im Breisgau 1995;
191: Aus: Gotthard Fuchs, Rhythmen der Christwerdung. Aus dem Erfahrungsschatz christlicher Mystik, in: Katechetische Blätter 116, © Verlag Herder Freiburg i.Br. 1991;

Quellennachweis

192: Bernhardin Schellenberger, Ein anderes Leben. Was ein Mönch erfährt, © Verlag Herder Freiburg i. Br. 1980;
195: Johannes vom Kreuz, Aufstieg auf den Berg Karmel, © Verlag Herder Freiburg i. Br. 1999.

Wir haben uns bemüht, die Rechte an Fremdtexten zu ermitteln, die Erlaubnis zum Abdruck einzuholen und den Nachweis entsprechend anzugeben. Es ist uns nicht bei allen Texten gelungen. Wir wären dankbar, wenn Sie uns im Einzelfall darauf aufmerksam machen würden.